学前教育模式的创新探析

冉强红　施杰红　黄　彦◎著

哈尔滨出版社
HARBIN PUBLISHING HOUSE

图书在版编目（CIP）数据

学前教育模式的创新探析 / 冉强红, 施杰红, 黄彦
著. -- 哈尔滨 : 哈尔滨出版社, 2025. 3. -- ISBN 978-
7-5484-8466-0

Ⅰ. G612

中国国家版本馆CIP数据核字第2025B6T678号

书　　名：**学前教育模式的创新探析**
XUEQIAN JIAOYU MOSHI DE CHUANGXIN TANXI

作　　者：冉强红　施杰红　黄　彦　著
责任编辑：李　欣
封面设计：研杰星空

出版发行：哈尔滨出版社（Harbin Publishing House）
社　　址：哈尔滨市香坊区泰山路82-9号　　邮编：150090
经　　销：全国新华书店
印　　刷：北京鑫益晖印刷有限公司
网　　址：www.hrbcbs.com
E-mail：hrbcbs@yeah.net
编辑版权热线：（0451）87900271　87900272
销售热线：（0451）87900202　87900203

开　　本：787mm×1092mm　　1/16　　印张：18.5　　字数：311千字
版　　次：2025年3月第1版
印　　次：2025年3月第1次印刷
书　　号：ISBN 978-7-5484-8466-0
定　　价：78.00元

凡购本社图书发现印装错误，请与本社印制部联系调换。
服务热线：（0451）87900279

前　言

　　本书旨在系统分析学前教育发展历程、当前态势与未来发展趋势。随着社会经济和文化的不断发展，学前教育作为基础教育的起点，对儿童身心、智力和情感发展有着重要影响。在这个时代背景下，学前教育的模式创新成了提升教育质量和促进儿童全面发展的必然要求。

　　学前教育不仅是知识传授的起点，更是儿童社会化和个性化发展的重要阶段。儿童在这一阶段的学习、生活和心理体验，直接影响其未来的学习能力和社会适应能力。然而，尽管全球教育界对学前教育日益关注，现有的教育模式和教育资源仍难以完全满足儿童的多元需求。尤其是随着全球化进程的推进和科技的飞速发展，传统的学前教育模式面临着前所未有的挑战。如何在这一背景下设计出能够应对新时代需求的学前教育模式，成为学术界和教育实践者亟待解决的问题。

　　本书首先回顾了学前教育模式的演变与发展，阐述了学前教育如何在不同的文化背景和社会环境下形成各具特色的教育体系，尤其是对我国学前教育的变革进行了深刻分析，揭示了当前教育体系中存在的不足与创新需求。通过对当代学前教育的主要模式和发展趋势的探讨，书中指出，学前教育不仅为儿童提供基本的教育服务，更是社会发展、文化传承及儿童社会性和认知发展的基石。

　　书中深入探讨了创新学前教育模式的必要性，并结合理论与实践进行了全面剖析。随着教育理念的更新和科技手段的逐步融入，传统的教育模式已经不能有效满足儿童在认知、情感、语言等多方面的全面发展需求。创新的学前教育模式需要更好地融合跨学科知识体系，注重个性化教育、差异化教学及情感与社会性发展的培养。为了适应这种需求，学前教育模式必须从内容、方法、实践形式、环境创设等多个维度进行创新与优化。

在此基础上，本书重点分析了学前教育美术活动的设计与创新，探讨了美术教育在学前教育中的作用与影响。美术教育不仅有助于提升儿童的艺术表现力，更对其情感、认知、社会性等多个方面的发展起到了积极的促进作用。通过结合心理学、教育学和艺术学等学科的理论，本书提出了一种融合创意美术活动的教育理念，强调在实际教学中融合多元智能理论，充分激发儿童的创造力与思维潜力。此外，本书还探讨了如何通过科技工具进行教学，利用数字化与智能化教育手段为学前教育模式注入新的活力。

此外，本书还探讨了学前教育中的个性化与差异化教育，提出了针对不同背景和需求的儿童设计教育方案的思路。在这一过程中，家庭教育和亲子关系也被充分考虑，书中分析了家庭教育在学前阶段的作用，强调家庭、幼儿园和社会应当形成合力，共同促进儿童的全面发展。

在全球化和信息化的背景下，本书进一步展望了学前教育模式的发展趋势，指出数字化与智能化教育将是学前教育模式持续创新的重要推动力。通过先进的科技手段，我们不仅可以丰富学前教育的内容和形式，还可以更加精准地评估儿童的学习与发展状况，从而实现个性化、定制化的教育目标。

总之，本书不仅为学前教育领域的研究人员提供了丰富的理论资源，也为教育工作者和政策制定者提供了新的视角。书中结合当前学前教育面临的实际问题，提出了一系列创新的教育模式和实践策略，为推动学前教育质量提升、促进儿童全面发展提供了宝贵的理论支持与实践经验。在这个充满挑战与机遇的时代，学前教育的创新必将成为未来教育改革的重要组成部分，而本书的研究成果也将为这一创新过程提供强有力的理论指导与实践支持。

本书中，冉强红撰写了第一、二、三、四、五、六章，约 12 万字；施杰红撰写了第七、八、九、十三、十四、十五章，约 12 万字；黄彦撰写了第十、十一、十二章，约 6 万字，其余部分由大家共同完成。

目　　录

第一章　学前教育模式的演变与发展

　　学前教育作为儿童教育的起点，历史悠久且历经变革。随着社会的发展和科学技术的进步，学前教育的模式也在不断演变。从最初的传统教育模式到现代化的教育模式，学前教育的历史演变体现了教育理念、社会需求和文化背景的深刻变化。在不同历史时期，教育模式的更新和改革都直接影响着儿童的早期发展，尤其是在认知、情感、社会性和创造性的塑造等方面。本章我们将从学前教育的历史演变出发，分析当前学前教育的主要模式及其所面临的挑战，并探讨学前教育发展的趋势和创新的必要性。近年来，随着全球化进程的加速和教育理念的深刻转变，学前教育面临着前所未有的机遇与挑战。如何在全球化背景下重新审视和创新学前教育模式，如何有效应对教育质量与公平的矛盾，如何结合科技进步和儿童发展的特点，成了当前学前教育研究的核心问题。因此，本章我们将重点分析创新学前教育模式的必要性，以期为未来学前教育的改革和实践提供理论支持。

第一节　学前教育的历史演变

一、古代学前教育的起源与发展

　　学前教育作为一种专门为幼儿提供的教育形式，虽在现代已成为全球教育体系的重要组成部分，但其起源可追溯至古代文明的早期阶段。在古代，学前教育并未作为独立的、系统化的教育阶段存在，人们通过家庭、宗教场所及社区集体活动等多种形式，潜移默化地影响着儿童的成长与发展。尽管古代社会的教育制度尚不完善，且其形式和内容均未得到明确界定，但培养儿童早期认知与社会适应能力的活动早已在各种文明中悄然展开。

在古埃及，教育虽然主要面向成年群体，尤其是贵族阶层，但其对于儿童的早期教育也有着相当的关注。古埃及的儿童教育通常与家庭及社会宗教活动紧密相关。幼儿从小便在父母的陪伴下学习基本的生活技能和社会行为规范。家庭是当时学前教育的主要阵地，父母作为儿童最早的启蒙老师，传授幼儿日常的生存技能，同时也向他们灌输社会规范和道德伦理知识。特别是在祭祀、仪式等宗教活动中，儿童会参与其中，其不仅会初步接触宗教知识，还会接受社会行为规范的潜移默化教育。通过这种方式，古埃及社会为儿童的成长提供了温床，使得他们在漫长的成长过程中能够适应并融入复杂的社会体系。

同样，古希腊也在某种程度上为后世学前教育的发展提供了基础。尽管古希腊没有专门的学前教育机构，但家庭和公共场所的早期教育活动仍然极具启发性。在古希腊社会，教育开始逐步渗透到各个阶层，尤其是儿童的教育活动成为社会关注的焦点。儿童从小便接受父母的精心照料，并在家庭内外的各种互动中学习到行为规范、语言技巧及基本的生活智慧。特别是在古希腊的集市、剧院等公共场所，儿童常常会与成人一同参与讨论和活动，这不仅为他们提供了丰富的社会经验，还培养了他们的沟通和合作能力。

此外，古代中国的学前教育也有着悠久的历史，尤其是在儒家思想的影响下，家庭教育起到了至关重要的作用。古代中国的儿童教育不仅局限于知识的传授，更强调道德的培养。儿童的早期教育通常是通过父母和长辈的言传身教实现的，家长通过生活中的点滴教诲，培养幼儿的品德、行为规范及基本的社交技能。儒家经典《孝经》中强调孝顺与礼仪，这便是早期教育中不可忽视的重要内容。通过与父母和其他家庭成员的互动，儿童逐渐建立起对社会规范和道德行为的基本认知，这对于他们日后的成长和社会适应至关重要。

除了家庭教育外，古代希腊和中国的一些公共活动也间接地促进了学前教育的发展。例如，古希腊的祭典活动、戏剧表演及运动会等集体活动，都为儿童提供了丰富的社会实践机会。这些活动不仅增强了儿童的身体素质，还提高了他们的团队协作精神和社会交往能力。与此同时，古代中国的节令活动、亲朋聚会等也是儿童学习社交礼仪、礼节和文化传统的重要场所。尽管这些活动并非系统的学前教育，但它们为儿童的成长提供了重要的社会和文化背景。

在古代，学前教育的内容多集中于社会适应性教育、道德教育和基本生活技能的培养。由于当时教育的形式较为松散且缺乏系统性，教育的主要方式依赖于口耳相传，儿童通过观察、模仿及参与社会活动逐渐学习到社会的规则与行为方式。这种非正式、零散的教育形式虽然没有明确的教育目标和制度安排，但其对儿童的认知与行为塑造产生了深远的影响。

从这些古代文明的学前教育形态中，我们可以看出，尽管古代社会尚未形成专门的学前教育体系，但儿童在家庭、宗教和社区等生活环境中的学习过程早已形成了具有教育意义的实践。在这个过程中，儿童的早期认知能力、语言能力、社会适应能力及道德观念逐渐得到培养。这些教育活动不仅是对儿童生理和心理发展所需的基础技能的培育，同时也为他们日后进入更为正式的教育阶段打下了坚实的基础。

二、近现代学前教育的萌芽与制度化

学前教育作为一种独立的教育形式，经历了漫长的发展过程。最初，儿童的教育主要是由家庭承担的，教育内容以基本的生活技能和社会规范的传授为主。然而，随着社会结构的变迁和工业化进程的推进，传统的家庭教育逐渐无法满足日益增长的教育需求，尤其是在城市化迅速发展的背景下。19世纪末20世纪初，学前教育逐步从家庭教育中独立出来，并逐渐走向制度化的轨道。这一变革不仅是社会经济变迁的结果，也反映了人们对儿童教育功能认识的深化和对早期教育重要性的逐步关注。

在这一时期，欧洲一些国家，尤其是德国和法国，率先开展了学前教育的探索，成立了以幼儿园为代表的教育机构。幼儿园的设立不仅是为了解决女性劳动参与后，儿童看护的问题，更重要的是，它标志着学前教育的功能开始从纯粹的保育功能向教育功能转变。以德国的"幼儿园"为例，它最初由弗里德里希·威廉·弗雷贝尔于1837年创办，弗雷贝尔的幼儿园理念是强调通过游戏和集体活动来促进儿童的全面发展。他主张，幼儿教育应当注重儿童的自我发现和主动学习，教育活动应该是有趣的、富有创造性的，并且能够引导儿童通过与同伴的互动来提升语言、社交及认知能力。这一理念为学前教育提供了理论基础，也为后来幼儿园的发展指明了方向。

与此同时，法国的学前教育在这一时期也开始发展，并逐渐与公共教育系统相融合。法国的幼儿教育不仅强调儿童的基础教育，还非常重视儿童在早期阶段的社会化过程。在法国，学前教育的目标逐渐由简单的看护幼儿转向更为系统的教育，重视发展儿童的社交技能和情感表达能力。虽然这一阶段的教育依然带有很强的社会福利性质，但它为学前教育的普及化和制度化奠定了基础。

此时的学前教育开始逐渐系统化，课程内容也开始从单纯的生活照料扩展到认知、语言、情感、社交等各个方面。在教育内容上，早期的课程设计逐步涵盖儿童语言能力的培养、基础的数学认知训练及早期的科学知识启蒙。同时，人们也开始有意识地融入社交技巧、合作意识及情感调节等方面的内容。这一阶段，学前教育并不仅是为了保证儿童的身体健康和安全，更多的是以促进儿童全方位发展的目标为导向。这一转变，标志着学前教育从家庭教育的附属品，逐渐演变为独立的教育系统。

19世纪末至20世纪初，学前教育的制度化进程也受到了社会变革的影响。随着工业革命的深入推进，越来越多的女性进入职场，传统家庭的照顾功能逐步被社会机制所替代。在这一过程中，学前教育逐渐成为一种公共服务，国家和地方政府开始关注如何通过制度化的教育体系来保障儿童的早期成长和发展。尤其是在德国和法国，学前教育逐步被纳入公共教育体系之内，成为义务教育的前置环节。此时，学前教育不仅是为儿童提供看护服务，而是承载了更广泛的教育功能，逐渐被视为全社会共同责任的一部分。

与此同时，学前教育的普及也促进了教育方法和教学理念的多元化。尽管德国和法国的学前教育理念主张尊重儿童的天性、注重儿童自我学习，但其他国家在借鉴这些理念时，也根据本国的社会文化背景和教育需求进行了适当调整。例如，在英国，学前教育开始认识到早期语言发展的重要性，强调通过故事、诗歌等方式来提升儿童的语言能力；而在美国，学前教育则更多地融入了游戏教学和社交活动的元素，注重培养儿童的合作精神和团队意识。

随着学前教育的不断发展，课程内容逐步规范化，教学方法不断成熟，学前教育的理论也逐渐丰富。在这一时期，教育学者们开始探讨学前教育的核心理念、教育方法及教学评价等方面的理论问题。学前教育不再仅仅局限于幼儿的日常看护，而是逐渐发展成为一项科学的教育事业，强调教育内容的系统性、教育方法的针对性及教育活动的多样性。

在这一过程中，学前教育的制度化进程也不断深入。随着学前教育理念的逐步传播，许多国家开始在法律层面上进行保障和规范，设立专门的学前教育机构，并规定教育内容和教师资质标准。学前教育逐渐普及化和标准化，成为现代教育体系中不可或缺的一部分。教育学者们逐步认识到，学前阶段对儿童一生发展的重要性，因此各国政府和教育机构开始注重学前教育资源的配置，努力通过制度化建设来确保每一个儿童都能在早期获得公平的教育机会。

三、现当代学前教育的发展与影响

20世纪中后期，学前教育经历了深刻的转型，其功能发生转变，逐渐从单一的看护和照料功能转向了全面发展的教育功能。这一变革不仅体现了教育理念的进步，也反映了社会对儿童教育的重视程度日益提高。学前教育的演变与社会、经济、文化等多方面因素的变化密切相关。在这段时间里，学前教育不仅关注基础知识的传授，还注重培养儿童的社会性、情感、认知及创新能力等。与此同时，随着全球化进程的不断加深，学前教育的理念和模式在世界范围内逐渐实现了交流与融合，学前教育的内涵不断丰富，形式更加多样。

进入20世纪后半叶，许多国家认识到学前教育对于儿童身心发展和未来教育的重要性。学前教育逐渐从传统的"保姆式"看护形成转变为一种系统的教育形式。在此背景下，学前教育开始得到政府的政策支持和投入，许多国家逐步将学前教育纳入教育体系，并将其视为义务教育的一部分。这个变化标志着学前教育逐步从边缘化的社会服务行业转变为教育体系中不可或缺的一环。政府对学前教育的重视使得这一领域的研究、教学、管理等各方面不断得到加强。尤其是在经济发达的国家，学前教育的普及率逐年提高，许多国家将其作为保障儿童平等受教育权的重要手段，力求为所有儿童提供公平、优质的教育资源。

全球化的浪潮在推动学前教育发展的同时，也促进了各国学前教育理念与模式的相互交流与借鉴。随着信息技术的进步，国际间的教育资源和经验交流变得更加便捷，许多国家纷纷吸纳其他国家的学前教育经验，结合本国的国情与文化特色进行创新。在这种全球化的影响下，学前教育不仅注重传统的知识传授，更开始注重对儿童社会适应能力、情感发展的培养，以及创造性思维的激发。这些内容已成为学前教育中不可或缺的一部分，旨在为儿童提供一个全方位、多元化的学习平台。

学前教育的全球化发展，也让教育政策和教育理念不断发生深刻变化。许多国家不仅在学前教育的课程设置上进行改革，强调多元文化的融入和教育内容的跨学科整合，还更加注重培养儿童的创新能力与综合素质。一些国家的学前教育模式着重于通过探究式学习、合作学习等方式，促进儿童的自主学习和问题解决能力的培养。与此同时，学前教育的师资队伍建设也逐渐被提上了议事日程。各国纷纷提出了教师专业发展的相关政策，注重提高教师的教育素质和教学能力，以确保学前教育质量的提升。跨国的教育模式和理念为各国学前教育改革提供了丰富的经验和借鉴，推动了学前教育的国际化进程。

在全球化的背景下，学前教育不仅局限于学术知识的学习，更关注儿童的社会性发展和情感教育。随着社会对儿童全面发展需求的不断增长，学前教育的目标逐步从"学会知识"转向"学会生活"。许多国家的学前教育课程内容开始涵盖情感教育、道德教育、艺术教育等方面，尤其是在情感和社交技能的培养上，越来越多的幼儿园和机构重视幼儿的情感智力和人际交往能力的提升。这一转变意味着学前教育已经不再局限于课本知识的教学，而是将教育的焦点放在如何帮助儿童适应未来社会的复杂性上。因此，情感教育、社会性教育及文化理解等成为现代学前教育的重要组成部分。

教育的全球化还促进了儿童教育思维方式的转变。在全球化的教育环境下，创新思维、批判性思维和解决问题的能力被认为是未来社会所必需的核心素质。因此，现代学前教育不仅注重儿童的感知发展，还特别强调培养幼儿的创新精神和问题解决能力。许多国家的学前教育体系已经将创造性教学融入课程设计中，鼓励儿童通过探索和实践来激发想象力和创造力。这种基于游戏和活动的学习方式，赋予了学前教育更为丰富的内涵，也使儿童在轻松愉快的氛围中提升了多方面的能力。

全球化的教育背景下，学前教育不仅关注个体儿童的发展，更关注社会、文化及未来的发展。随着信息技术和教育理念的不断创新，学前教育的形态愈加丰富。通过跨国文化的碰撞与融合，学前教育已经不再仅仅局限于传统的课堂教育，而是发展成为一种包括情感教育、社交技能、文化理解和创新思维等多个方面的全人教育。不同国家和地区的教育体制、课程设置和教学模式逐步趋向多元化和个性化，力求为儿童提供一个更加全面、开放和适应未来社会需求的教育平台。在此过程中，学前教育不仅为个体儿童的成长奠定了基础，也为社会的持续发展和全球化进程提供了有力支持。

第二节　当代学前教育的主要模式

随着社会的快速发展和教育理念的不断革新，学前教育在全球范围内经历了深刻的变革。现代学前教育模式不仅反映了不同文化和社会背景下的教育理念，同时也响应了儿童身心发展、家庭教育和社会环境变化的需求。

一、传统教育模式

（一）主要特点

教师主导：教师在课堂上占据主导地位，负责知识的传授和课堂的管理。幼儿在教师的指导下进行学习，通常处于被动接受的状态。

知识传授为主：课程内容主要集中在基础知识和技能的传授，如语言、数学和基础科学知识。教学方法多为讲授法，强调记忆和重复。

纪律与秩序：课堂纪律严格，强调规矩和秩序。幼儿需遵循教师的指令，课堂氛围相对严肃。

统一评价标准：幼儿的学习成果通常通过标准化考试和测验来评估，评价标准统一，忽视了个体差异。

（二）优缺点分析

传统教育模式的优点：一是系统性强。传统模式有着系统化的课程设置和教学计划，适合实施大规模教育。二是易于管理。教师主导的课堂管理方式有助于维持课堂纪律，确保教学活动的顺利进行。三是基础知识扎实。注重基础知识和技能的传授，有助于幼儿建立坚实的知识基础。

传统教育模式的缺点：一是忽视个体差异。统一的教学和评价标准忽视了幼儿的个体差异，难以满足不同幼儿的学习需求。二是缺乏互动性。教师主导的教学方式限制了幼儿的主动性和创造力的发挥。三是应试导向。过于注重考试成绩，忽视了幼儿综合素质和能力的培养。

（三）现代转型与应用

尽管传统教育模式在现代学前教育中面临诸多挑战，但其系统性和基础性仍有独特价值。现代教育改革中，许多教育机构尝试将传统模式与现代教学理念相结合，如在课堂中引入互动式教学和多元评价方式，以提升教学效果和幼儿参与度。

二、发展性教育模式

（一）理论基础

发展性教育模式以儿童的身心发展规律为基础，强调教育活动应适应儿童的认知、情感和社会性发展需求。该模式深受皮亚杰和维果茨基等发展心理学家的理论影响，强调在儿童的认知发展阶段设计相应的教育活动。

（二）主要特点

儿童为中心：以儿童的兴趣、需求和潜能为出发点，尊重儿童的自主学习和主动探索。

灵活的教学方法：教师从知识的传递者转变为学习的引导者和支持者，采用互动式、启发式的教学方法，鼓励儿童进行探索和实践。

全面发展：不仅关注儿童的认知发展，还注重情感、社交技能和合作能力的培养。

环境支持：强调教育环境对儿童发展的重要性，注重家庭、社区和幼儿园环境的融合。

（三）教学策略

项目学习法：通过项目化的学习活动，鼓励儿童在实际操作中学习和解决问题。

游戏教学法：利用游戏作为主要的教学手段，激发儿童的兴趣并提升其参与度。

合作学习：鼓励儿童之间的合作与互动，促进社交技能的发展。

（四）优缺点分析

发展性教育模式的优点：一是个性化学习。关注儿童的个体差异，提供个性化的学习体验，促进全面发展。二是高参与度。通过互动和实践活动，提高儿童的学习积极性和主动性。三是综合素质提升。注重多方面能力的培养，有助于儿童综合素质的提升。

发展性教育模式的缺点：一是实施难度大。需要教师具备较高的专业素养和灵活的教学能力，实施难度较大。二是资源需求高。需要丰富的教学资源和良好的教育环境，增加了教育成本。

三、蒙台梭利教育法

（一）理论基础

蒙台梭利教育法由蒙台梭利创立，其核心理念是"自由、秩序、纪律与自主"。蒙台梭利认为，儿童具有自我指导的学习能力，教育的关键在于为儿童创造一种适宜的环境，促进其自主学习和全面发展。

（二）主要特点

自主学习：儿童在自主选择学习内容和方式的过程中，发挥主观能动性，教师作为引导者和观察者。

个性化教学：根据每个儿童的发展节奏和兴趣，提供个性化的教学内容和学习材料。

精心设计的学习环境：教室布置有序，教学材料丰富，旨在激发儿童的感官体验和实践能力。

尊重儿童的独立性：强调培养儿童的独立性和自律能力，通过自主学习促进自我管理。

（三）教学材料与环境

蒙台梭利教室配备了各种专门设计的教学材料，如感官教具、数学工具和语言学习材料。这些材料旨在为儿童提供具体的操作体验，帮助其理解抽象的概念和原理。

（四）教师角色

在蒙台梭利教育法中，教师的角色是观察者和引导者，而非知识的传递者。教师通过观察儿童的兴趣和行为，适时提供支持和指导，促进儿童的自主学习和探索。

（五）优缺点分析

优点：一是促进自主性。通过自主学习，培养儿童的自我管理和独立思考能力。二是个性化发展。尊重儿童的个体差异，提供个性化的学习体验，促进全面发展。三是高效学习。教学材料的设计促进了儿童对知识的深刻理解和应用。

缺点：一是实施成本高。蒙台梭利教室需要特定的教学材料和环境，增加了教育成本。二是教师培训要求高。教师需接受专业培训，具备观察和引导儿童的能力，教师资源相对有限。三是文化适应性。蒙台梭利教育法源于西方，如何在不同文化背景下有效实施仍需我们探索。

四、瑞吉欧教育法

（一）理论基础

瑞吉欧教育法源于意大利，强调儿童是"100 种语言"的表达者，倡导通过丰富的探索和表达机会，促进儿童的全面发展。

（二）主要特点

儿童是主动建构者：儿童在学习过程中是积极的参与者和知识的建构者，教师与儿童共同探索知识。

项目化学习：通过深入探讨某一主题或问题，开展跨学科的项目学习，促进儿童的综合能力发展。

多元表达方式：承认并鼓励儿童通过多种形式表达自己，包括语言、绘画、音乐、舞蹈等。

社会互动与合作：强调儿童之间、教师与儿童之间的合作与互动，促进儿童社会性技能的发展。

环境作为"第三教师"：教室环境设计精巧，充满探索和学习的机会，被视为促进学习的重要因素。

（三）教学策略

观察与记录：教师通过观察和记录儿童的行为和表达，了解其兴趣和需求，指导教学活动的设计。

开放性问题：通过提出开放性的问题，激发儿童的思考和探究，促进深度学习。

艺术表达：艺术活动在瑞吉欧教育法中占据重要地位，通过艺术表达促进儿童的创造力和情感发展。

（四）优缺点分析

优点：一是激发创造力。多元表达方式和项目化学习有助于激发儿童的创造力和创新思维。二是社会性发展。合作学习和社会互动提升了儿童的社交技能和团队合作能力。三是个性化学习。教师根据儿童的兴趣和需求设计教学活动，尊重儿童的个体差异。

缺点：一是实施难度大。需要教师具备高水平的观察和引导能力，教学活动设计复杂。二是资源需求高。项目化学习和多元表达需要丰富的教学资源和材料，增加了教育成本。三是评估难度大。多元化的学习成果难以通过传统的评价方式进行衡量和评估。

五、创造性教育模式

（一）理论基础

创造性教育模式强调培养儿童的创造力和创新精神，旨在通过开放性和探索性的教学活动，激发儿童的想象力和独立思考能力。该模式受到了加德纳的多元智能理论和吉尔福特的创造性思维理论的影响。

（二）主要特点

鼓励自由表达：提供开放式的学习机会，鼓励儿童自由表达自己的想法和感受。

创新与探索：注重培养儿童在日常生活中进行创新和问题解决的能力，鼓励他们对世界进行大胆探索。

跨学科整合：打破学科间的界限，进行跨学科的综合性学习，培养儿童的多元技能。

项目化与探究式学习：通过项目化和探究式学习，提升儿童的深入理解和实际应用能力。

（三）教学策略

开放性项目：设计开放性的问题或主题，鼓励儿童通过多种方式进行探究和表达。

合作学习：通过小组合作，促进儿童之间的交流与合作，提升团队协作能力。

多样化评估：采用多元化的评估方式，全面衡量儿童的创造力和创新能力。

（四）优缺点分析

优点：一是激发创造力。开放性和探索性的教学活动，极大地激发了儿童的创造力和创新思维。二是适应性强。跨学科的教学方式使得教育内容更加灵活，能够适应不同儿童的兴趣和需求。三是全面发展。促进儿童在认知、情感和社交等多方面的全面发展。

缺点：一是实施复杂。跨学科和项目化学习需要教师具备多学科的知识和灵活的教学能力，实施难度较大。二是资源需求高。创造性教育模式需要丰富的教学资源和材料，增加了教育成本。三是评估标准不一。创造力和创新能力的评估缺乏统一的标准，难以进行客观评估。

六、融合教育模式

（一）理论基础

融合教育模式最初源于特殊教育领域，旨在为不同背景和能力的儿童提供平等的教育机会。在学前教育中，融合教育模式强调普通儿童与特殊儿童的共同学习，提升社会的包容性和多样性。

（二）主要特点

包容性教育：不同文化、背景和能力的儿童共同参与课堂活动，打破传统的特殊教育与普通教育的界限。

多样化支持：根据儿童的不同需求，提供个性化的支持和帮助，确保每个儿童都能在适合自己的环境中学习和发展。

合作学习：鼓励不同能力的幼儿之间的合作与互动，通过互助学习促进社会交往能力的提升。

多元文化教育：培养儿童的跨文化意识和社会责任感，帮助他们理解和尊重多样性。

（三）教学策略

差异化教学：根据儿童的不同需求和能力，设计差异化的教学活动和课程内容。

团队合作：教师、特殊教育专家和家长共同合作，制订个性化的教育计划，提供全面的支持。

社会情感学习：通过社交技能训练和情感教育，促进儿童的情感和社交能力的发展。

（四）优缺点分析

优点：一是提升包容性。融合教育模式提升了社会的包容性和多样性，有助于儿童的社会化和情感发展。二是个性化支持。为不同能力的儿童提供个性化的支持，促进每个儿童的全面发展。三是增强社会责任感。通过共同学习和合作，培养儿童的社会责任感和团队精神。

缺点：一是资源需求高。融合教育模式需要更多的教育资源和专业支持，增加了教育成本。二是教师专业要求高。教师需具备特殊教育的知识和技能，培训和支持不足会影响教学效果。三是实施难度大。不同能力的儿童共同学习可能导致课堂管理和教学安排的复杂性增加。

当代学前教育模式多样且各具特色，反映了不同教育理念和社会需求的融合与创新。传统教育模式虽面临诸多挑战，但其系统性和基础性仍有独特价值。发展性教育模式、蒙台梭利教育法、瑞吉欧教育法、创造性教育模式和融合教育模式则各自从不同角度出发，强调儿童的主体性、创造力和全面发展。

未来，学前教育模式的发展将更加注重个体差异、社会适应性和创新能力的培养。在全球化和信息化的背景下，教育模式将继续融合多元文化和跨学科的元素，借助科技手段提升教育质量和效率。同时，教育政策和资源的支持将成为推动学前教育模式创新的重要因素。随着教育研究的不断深入和实践的不断积累，学前教育模式将在促进儿童全面发展的道路上不断前行，为社会培养出更多具有创新精神和社会责任感的未来公民。

第三节 创新学前教育模式的必要性

随着全球社会经济的快速发展和科技的不断进步，学前教育面临着前所未有的挑战与机遇。在此背景下，创新学前教育模式已成为提升教育质量、满足多元化教育需求、促进儿童全面发展的必然选择。

一、社会经济发展的需求

（一）经济结构的转型

随着全球经济结构的转型，知识经济和信息社会的兴起对人才提出了更高的要求。现代社会需要具备创新能力、批判性思维和跨学科知识的高素质人才。这些能力的培养应从幼儿阶段开始，因此，学前教育模式必须进行创新，以适应未来经济发展的需求。

（二）劳动力市场的变化

劳动力市场的快速变化要求教育体系具备更高的适应性和灵活性。传统的教育模式往往侧重于知识的灌输，忽视了技能的培养和个性的发展。创新的学前教育模式应注重培养儿童的多元能力，如问题解决能力、合作能力和创造力，以适应未来劳动力市场的多样化需求。

（三）社会对高质量教育的期望

随着社会对教育质量要求的提高，家长和社会对学前教育的期望也在不断上升。创新教育模式能够更好地满足社会对高质量、个性化教育的需求，提升学前教育的整体水平和社会认可度。

二、儿童发展理论的进步

（一）发展心理学的研究成果

近年来，发展心理学的研究成果为学前教育模式的创新提供了理论支持。皮亚杰和维果茨基等学者的研究强调了儿童在不同发展阶段的认知和社会性需求。这些理论指出，教育模式应根据儿童的认知发展规律和社会互动需求进行设计，从而促进其全面发展。

（二）多元智能理论的应用

加德纳的多元智能理论提出了人类拥有多种独立的智能类型，这一理论对学前教育模式的创新具有重要影响。传统教育模式往往侧重于语言和逻辑数学智能，而忽视了其他智能的发展。创新的学前教育模式应充分考虑儿童的多元智能，提供多样化的教育活动，促进儿童在不同智能领域的均衡发展。

（三）社会情感学习的重要性

社会情感学习在儿童早期发展中的重要性日益被认可。社会情感学习强调培养儿童的情感管理能力、人际交往能力和自我意识，这些能力对其未来的社会适应和心理健康具有重要影响。创新的学前教育模式应将社会情感学习纳入教育目标，通过合作学习、情感教育和社交活动等方式，促进儿童的社会情感发展。

三、科技进步的推动

（一）数字化教育资源的普及

科技的进步使得数字化教育资源在学前教育中得到广泛应用。通过互动式电子教材、教育软件和在线学习平台，教师可以更灵活地设计和实施教学活动，儿童也可以通过多媒体资源进行自主学习。创新的学前教育模式应充分利用科技手段，提升教学效果和学习体验。

（二）智能教育工具的应用

人工智能（AI）、虚拟现实（VR）和增强现实（AR）等智能教育工具在学前教育中的应用，提供了更加沉浸式和个性化的学习体验。例如，VR技术可以为儿童创造虚拟的学习环境，增强其探索和体验的能力；AI技术可以根据儿童的学习进度和兴趣，提供个性化的学习建议和反馈。这些技术的应用为学前教育模式的创新提供了新的可能性。

（三）信息技术支持的教师培训

信息技术的发展也为教师培训和专业发展提供了支持。通过在线培训课程、教育论坛和专业网络，教师可以不断更新教育理念和教学方法，提升自身的专业素养。创新的学前教育模式需要具备高素质的教师队伍，而信息技术的支持有助于实现这一目标。

四、全球化背景下的教育竞争

（一）国际教育标准的提升

全球化促使各国之间的教育竞争加剧，国际教育标准不断提升。为了在全球化竞争中保持教育优势，学前教育模式必须进行创新，提升教育质量，培养具备国际视野和跨文化交际能力的儿童。创新的教育模式能够帮助儿童更好地适应全球化背景下的多元文化环境，增强其国际竞争力。

（二）国际教育交流与合作

全球化背景下，国际教育交流与合作日益频繁。各国在学前教育领域的经验和资源共享，为教育模式的创新提供了丰富的参考和借鉴。例如，蒙台梭利教育法和瑞吉欧教育法等国际教育模式的引入，丰富了本土教育模式，促进了教育理念的融合与创新。

（三）多文化教育的必要性

全球化推动了多文化社会的形成，儿童需要具备跨文化理解和包容能力。创新的学前教育模式应融入多文化教育，帮助儿童理解和尊重不同文化背景，培养其全球化视野和社会责任感。这不仅有助于儿童的个人发展，也为构建和谐社会奠定了基础。

五、教育公平与包容性的提升

（一）确保教育机会的平等

教育公平是现代教育的重要目标，确保每个儿童无论其家庭背景、经济状况或能力水平，都能获得公平的教育机会。创新的学前教育模式应注重教育资源的均衡分配，提供多样化的教育服务，确保每个儿童都能在适合自己的教育环境中成长。

（二）包容性教育的发展

包容性教育强调不同能力、不同背景的儿童共同参与教育活动，提升社会的包容性和多样性。创新的学前教育模式应融入包容性教育理念，通过差异化教学、个性化支持和合作学习等方式，满足不同儿童的教育需求，促进其社会适应能力的发展。

（三）社会责任与教育公平

教育公平不仅是教育体系内部的问题，也与社会整体的公平与正义密切相关。创新的学前教育模式应关注社会责任，通过教育公平的实现，促进社会整体的和谐与进步。教育机构、政策制定者和社会各界应共同努力，推动学前教育的公平与包容性发展。

六、应对传统模式的局限性

（一）传统模式的局限性分析

传统学前教育模式虽然在过去发挥了重要作用，但随着社会和儿童需求的变化，其局限性日益显现：一是忽视个体差异。传统模式采用统一的教学和评价标准，忽视了儿童的个体差异，难以满足不同儿童的学习需求。二是缺乏互动性。教师主导的教学方式限制了儿童的主动性和创造力的发挥，学习过程缺乏互动和参与。三是应试导向。过于注重考试成绩，忽视了儿童综合素质和能力的培养，影响其全面发展。四是教学方法单一。传统模式的教学方法相对单一，缺乏多样性和创新性，难以激发儿童的学习兴趣和潜能。

（二）创新模式的必要性

为了克服传统模式的局限性，创新学前教育模式显得尤为必要：一是满足个性化需求。通过个性化教学和差异化支持，满足不同儿童的学习需求，促进其全面发展。二是提升互动性和参与度。采用互动式、启发式的教学方法，提升儿童的学习积极性和参与度，促进其主动学习和创造力的发展。三是注重综合素质培养。通过多元化的教育活动和项目化学习方式，注重儿童的认知、情感、社交等多方面能力的培养，促进其综合素质的提升。四是增强教育的灵活性和适应性。创新模式具备更高的灵活性和适应性，能够根据社会和儿童需求的变化进行调整和优化，保持教育的时效性和有效性。

七、政策与社会支持的需求

（一）教育政策的引导

创新学前教育模式需要得到教育政策的支持和引导。政府应制定相应的教育政策，鼓励教育模式的创新和多样化发展，如提供资金支持、政策优惠和资源等，推动学前教育的改革与发展。

（二）社会各界的支持

学前教育的创新不仅依赖于教育机构和教师的努力，还需要社会各界的广泛支持。家长、社区、企业和非政府组织等应积极参与，提供资源、支持和合作，共同促进学前教育模式的创新与优化。

（三）教育资源的投入

创新学前教育模式需要充足的教育资源，包括资金、教学材料、信息技术和专业培训等。政府和社会应加大对学前教育的投入，确保教育机构具备实施创新模式所需的资源和条件。

八、全球视野下的教育趋势

（一）国际教育研究的推动

全球化促进了国际教育研究的交流与合作，教育模式的创新受益于跨国界的理论研究和实践经验。通过借鉴国际先进的教育理念和教学方法，学前教育模式能够不断优化和创新，提升教育质量和效果。

（二）跨文化教育的融合

全球视野下，跨文化教育成为学前教育模式创新的重要方向。通过融合不同文化的教育理念和实践，创新模式能够更好地适应多元文化社会的需求，培养具备跨文化理解和沟通能力的儿童。

（三）可持续发展与教育创新

可持续发展的理念渗透到各个领域，学前教育模式的创新也应关注可持续性。通过引入环保教育、社会责任教育等内容，创新模式能够培养儿童的可持续发展意识和社会责任感，为未来社会的可持续发展培养合格的公民。

九、技术与教育融合的前景

（一）人工智能与个性化教育

人工智能技术的发展为个性化教育提供了新的可能。通过智能教育平台和学习分析工具，教师可以根据儿童的学习进度和兴趣，设计个性化的教学活动和学习计划，提升教育效果。

（二）虚拟现实与沉浸式学习

虚拟现实技术能够为学前教育提供沉浸式的学习体验，帮助儿童更好地理解抽象概念和复杂知识。通过虚拟环境的模拟和互动，创新模式能提升儿童的学习兴趣和参与度，促进其深度学习和体验。

（三）大数据与教育决策

大数据技术能够为学前教育提供科学的决策支持。通过收集和分析儿童的学习数据和发展数据，教育机构可以了解儿童的学习需求和发展趋势，优化教育资源的配置和教学策略的制定，提升教育质量和效率。

创新学前教育模式的必要性源于多方面的驱动因素，包括社会经济发展的需求、儿童发展理论的进步、科技进步的推动、全球化背景下的教育竞争、教育公平与包容性的提升及应对传统模式的局限性等。面对快速变化的社会环境和多元化的教育需求，学前教育必须不断进行模式创新，以提升教育质量、促进儿童全面发展、满足未来社会对高素质人才的需求。未来，学前教育模式的创新将更加注重个体差异、社会适应性和创新能力的培养。政策的支持、社会的参与和科技的融合将成为推动学前教育模式创新的重要力量。通过持续的理论研究和实践探索，学前教育模式将在促进儿童全面发展的道路上不断前行，为社会培养出更多具备创新精神和社会责任感的未来公民。

第二章　学前教育的内容与要求

学前教育是教育体系的重要组成部分，它为儿童的全面发展奠定了基础。学前教育的目标是促进儿童在身体、认知、语言、情感和社会性等方面的全面发展，帮助他们形成良好的生活习惯、学习能力和社交技能。本章我们将系统阐述学前教育的内容与要求，包括教育目标、教育内容体系、实施要求及评价标准，旨在为学前教育工作者提供清晰的指导和参考。

第一节　学前教育的目标与理念

一、学前教育的目标体系

学前教育的目标体系是学前教育活动的出发点和归宿，它为学前教育内容的选择、教育方法的运用及教育效果的评价提供了基本依据。科学合理的学前教育目标体系应以儿童的全面发展为核心，涵盖身体、认知、情感、社会性和审美等多个领域，同时注重个体差异和整体发展。

（一）身体发展目标

学前教育的身体发展目标旨在促进儿童的生理健康和运动能力的发展，帮助他们形成良好的生活习惯和健康意识，其具体目标：一是增强体质，帮助儿童通过科学合理的体育活动和健康饮食，增强体质，促进身体的正常发育。例如，通过户外游戏和体育活动，提高儿童的耐力、力量和协调性。二是培养运动技能，引导儿童掌握基本的运动技能，如走、跑、跳、投掷、平衡等，提高身体的协调性和灵活性。例如，通过体操、球类游戏等活动，培养儿童的运动能力和自信心。

三是养成健康习惯，培养儿童良好的卫生习惯和健康的生活方式，如按时作息、勤洗手、合理饮食等。通过日常生活的引导和教育，帮助儿童形成健康的生活习惯。四是安全意识与自我保护能力，帮助儿童了解基本的安全知识，如交通安全、防火防电等，并掌握简单的自我保护技能。例如，通过情景模拟和故事讲述，增强儿童的安全意识。

（二）认知发展目标

学前教育的认知发展目标旨在激发儿童的好奇心和探索欲，培养他们的基础认知能力，为后续的学习打下坚实基础，其具体目标：一是激发好奇心和探索欲，通过丰富多样的活动，激发儿童对周围世界的兴趣和探索欲望。例如，通过自然观察、科学实验等活动，引导儿童主动探索。二是培养基础认知能力，帮助儿童掌握基本的认知技能，如观察、比较、分类、推理等。例如，通过拼图、分类游戏等活动，培养儿童的逻辑思维能力。三是发展语言能力，通过语言游戏、故事讲述、阅读等活动，提高儿童的语言表达能力和理解能力。例如，通过亲子阅读和日常交流，丰富儿童的词汇量。四是初步的数学和科学概念，引导儿童认识基本的数学概念（如数数、形状、大小）和科学现象（如自然变化、简单实验）。例如，通过数学游戏和科学小实验，帮助儿童建立初步的数学和科学概念。

（三）情感发展目标

学前教育的情感发展目标旨在帮助儿童形成积极的情感态度，学会情绪管理和表达，培养同理心和关爱他人的品质，其具体目标：一是培养积极情感，通过温暖的环境和积极的互动，帮助儿童形成安全感、自信心和乐观态度。例如，通过教师的鼓励和表扬，增强儿童的自信心。二是情绪管理能力，帮助儿童识别和表达自己的情绪，学会适当的情绪调节方法。例如，通过情绪绘本和角色扮演，引导儿童理解不同情绪的表达方式。三是培养同理心，通过故事、游戏和日常互动，引导儿童理解他人的情感，培养同理心和关爱他人的品质。例如，通过分享和合作活动，增强儿童的同理心。

（四）社会性发展目标

学前教育的社会性发展目标旨在帮助儿童建立良好的社会交往能力，学会合作与分享，增强规则意识和文化认同感，其具体目标：一是培养社交技能，通过小组活动和角色游戏，帮助儿童掌握合作、分享、轮流等基本社交技能。例如，通过小组合作游戏，培养儿童的团队意识。二是遵守规则，引导儿童理解并遵守幼儿园和家庭的基本规则，培养规则意识。例如，通过日常活动中的规则引导，帮助儿童养成良好的行为习惯。三是文化认同，通过多元文化的活动，帮助儿童了解和尊重不同的文化背景，增强文化认同感。例如，通过节日活动和民俗故事，增强儿童对本土文化的了解和认同。

（五）审美与艺术发展目标

学前教育的审美与艺术发展目标旨在通过艺术活动，培养儿童的审美能力和创造力，帮助他们表达自己的情感和想法，其具体目标：一是审美能力培养，通过欣赏自然美、艺术作品和生活中的美好事物，培养儿童的审美能力。例如，通过美术作品欣赏和自然观察，引导儿童发现美、感受美。二是艺术表现能力，通过绘画、手工、音乐、舞蹈等活动，培养儿童的艺术表现能力。例如，通过自由绘画和手工制作，鼓励儿童表达自己的创意和想法。三是创造力发展，通过开放性的艺术活动，激发儿童的创造力和想象力。例如，通过创意手工和自由绘画，鼓励儿童尝试不同的材料和表现形式。

（六）目标的整合与平衡

学前教育的目标体系强调儿童的全面发展，因此我们需要在实际教育活动中注重目标的整合与平衡。教师应根据儿童的个体差异和发展水平，灵活调整教育内容和方法，确保各个领域目标的协调发展。例如：跨领域整合，即通过设计综合性的教育活动，将多个领域目标融入其中。例如，通过"春天的秘密"主题活动，教师将科学观察、语言表达、艺术创作等目标整合在一起，促进儿童的全面发展。因材施教，即根据儿童的兴趣和能力，提供个性化的教育支持。例如，对于语言表达能力较弱的儿童，教师可以通过一对一的交流和语言游戏，帮助他们逐步提高语言能力。动态调整，即根据儿童的发展情况和教育活动的实施效果，动态调整教育目标和内容。例如，通过观察和评估，发现儿童在某一领域的发展较快，教师可以适当提高目标难度，以满足儿童的发展需求。

（七）目标的实施与评价

学前教育目标的实施需要教师具备扎实的专业素养和灵活的教育方法。同时，科学合理的评价体系是确保目标达成的重要保障。教师应通过多种评价方法，如观察记录、作品分析、家长反馈等，全面了解儿童的发展情况，及时调整教育策略，以更好地实现学前教育目标。

学前教育的目标体系是学前教育活动的核心，它为教育者提供了明确的方向和标准。通过科学合理的目标体系，学前教育能够为儿童的全面发展奠定坚实的基础，帮助他们顺利过渡到小学阶段的学习和生活。

二、学前教育的基本理念

学前教育的基本理念是指导学前教育实践的核心思想，它反映了教育者对儿童发展规律、教育本质和教育目标的深刻理解。这些理念不仅是学前教育活动的出发点，也是评价教育质量的重要标准。

（一）以儿童为本：尊重儿童的主体地位

学前教育的首要理念是"以儿童为本"，即尊重儿童的主体地位，关注他们的兴趣、需求和个性差异。这一理念强调教育活动应以儿童为中心，而不是以成人的意愿或固定的教育模式为主导。

首先，尊重儿童的兴趣和需求。儿童的兴趣是学习的重要动力。学前教育应从儿童的兴趣出发，设计多样化的活动，激发他们的主动性和积极性。例如，如果儿童对自然感兴趣，教师可以组织户外观察活动，让儿童在探索自然的过程中学习科学知识。关注儿童在身体、情感、认知和社会性等方面的发展需求，为他们提供适宜的支持和引导。例如，为满足儿童的情感需求，教师应营造温暖、安全的教育环境，鼓励他们表达自己的感受。

其次，关注个体差异。每个儿童的发展速度和方式都是独特的。学前教育应尊重个体差异，根据儿童的个性特点和能力水平，提供个性化的教育支持。例如，对于语言发展较慢的儿童，教师可以通过一对一的语言游戏，帮助他们逐步提高语言能力。支持儿童在不同领域的多样化发展，避免单一的评价标准。例如，通过艺术、科学、游戏等多种活动，满足儿童在不同领域的发展需求。

（二）游戏为基本活动：以游戏促进学习

喜欢做游戏是儿童的天性，游戏也是学前教育的基本活动形式。通过游戏，儿童能够在轻松愉快的氛围中学习，发展身体、认知、情感和社会性等多方面的技能。

首先，游戏的教育价值。游戏中的跑、跳、攀爬等活动，有助于增强儿童的体质和运动能力。游戏中的探索、分类、角色扮演等活动，能够激发儿童的好奇心和探索欲，培养他们的逻辑思维和问题解决能力。游戏中的合作、分享等活动，能够帮助儿童建立良好的同伴关系，增强自信心和安全感。游戏中的规则遵守、轮流等待等活动，能够帮助儿童学会合作、分享和遵守规则。

其次，游戏化教学的实施。创设与生活相关的情境，如"超市购物""医院看病"等，让儿童在真实的情境中学习和体验。为儿童提供丰富的游戏材料，如积木、拼图、绘画工具等，激发他们的创造力和想象力。教师在游戏中扮演引导者和支持者的角色，通过提问、启发等方式，引导儿童深入探索和学习。

（三）保教结合：促进儿童的全面发展

学前教育强调保育与教育的结合，即在关注儿童身体健康的同时，促进其认知、情感和社会性等多方面的发展。这一理念要求教育者将保育和教育视为一个有机的整体，而不是两个独立的部分。

首先，保育与教育的融合。将教育活动融入儿童的日常生活中，如穿衣、洗手、用餐等，培养儿童的生活自理能力和良好习惯。通过健康教育活动，帮助儿童了解基本的卫生知识和健康生活方式，增强体质。

其次，全面发展的支持。设计综合性的教育活动，将保育和教育目标有机结合起来。例如，户外活动，既能增强儿童的体质，又能培养他们的观察力和探索精神。教师不仅是教育者，也是保育者。他们需要在日常活动中关注儿童的健康和安全，同时提供丰富的学习机会。

（四）因材施教：支持每个儿童的发展

因材施教是学前教育的重要理念之一，它强调根据儿童的个性特点和能力水平，提供个性化的教育支持。这一理念要求教育者关注每个儿童的独特性，避免"一刀切"的教育模式。

首先，个性化教育的重要性。每个儿童的发展速度和兴趣爱好都是不同的。因材施教能够满足儿童的个性化需求，帮助他们更好地发展。基于多元智能理论，教育者应关注儿童在不同领域的智能发展，提供多样化的学习机会。

其次，因材施教的实施策略。通过日常观察和科学评估，我们了解每个儿童的兴趣、能力和学习进度，为个性化教育提供依据。根据儿童的发展情况，灵活调整教育内容和方法。例如，对于语言能力较强的儿童，我们可以提供更复杂的语言游戏；对于运动能力较强的儿童，我们可以设计更具挑战性的体育活动。提供多样化的学习方式，满足不同儿童的学习需求。例如，通过游戏、故事、手工等多种活动，激发儿童的学习兴趣。

（五）家园合作：共同促进儿童成长

学前教育的成功离不开家庭的支持与参与。家园合作是学前教育的重要理念之一，它强调家庭和幼儿园之间的紧密合作，共同为儿童的成长提供支持。

首先，家长的参与。定期召开家长会议，向家长介绍幼儿园的教育理念和活动安排，听取家长的意见和建议。组织亲子活动，如亲子运动会、亲子阅读等，增强家长与儿童的互动，促进家庭教育与幼儿园教育的衔接。

其次，家庭教育指导。通过家长学校、育儿讲座等形式，为家长提供科学的育儿知识和方法，帮助他们更好地支持儿童的成长。通过幼儿园网站、家长微信群等平台，分享教育资源和育儿经验，促进家长之间的交流与合作。

（六）文化与多元性：培养文化认同与包容性

学前教育应注重文化教育，帮助儿童了解和尊重不同的文化背景，增强文化认同感和多元文化意识。

首先，文化认同的重要性。通过节日活动、民俗故事等形式，帮助儿童了解本土文化，增强文化认同感。通过多元文化的活动，帮助儿童了解和尊重不同的文化背景，培养开放包容的心态。

其次，文化教育的实施。通过传统节日和民俗活动，儿童能感受到本土文化的魅力。设计多元文化课程，如国际美食日、世界文化周等，帮助儿童了解不同国家和民族的文化特色。

学前教育的基本理念是指导教育实践的核心思想，它强调尊重儿童的主体地位、以游戏为基本活动、保教结合、因材施教、家园合作及文化与多元性教育。这些理念共同构成了学前教育的理论基础，为教育者提供了明确的方向和标准。在实际教育活动中，教师应将这些理念贯穿于教育过程的每一个环节，通过科学合理的教育方法和内容，促进儿童的全面发展，为他们的未来学习和生活奠定坚实的基础。

第二节　学前教育内容体系

学前教育阶段是儿童成长过程中的重要阶段，它为儿童的全面发展奠定了坚实的基础。在这一阶段，儿童的身心发展迅速，他们对周围世界充满好奇和探索欲望。因此，科学合理的学前教育内容体系不仅是满足儿童发展需求的关键，也是引导他们健康成长、培养综合素质的重要途径。

一、健康教育

健康教育是学前教育的重要组成部分，旨在通过系统的教育活动，促进儿童的身心健康，帮助他们养成良好的生活习惯和健康意识。健康教育不仅关注儿童的身体健康，还涵盖心理健康和安全意识的培养。

（一）身体健康教育

首先，增强体质。增强体质是健康教育的核心目标之一，旨在通过科学合理的体育活动和健康饮食，促进儿童身体的正常发育，其具体措施：设计丰富多样的体育游戏和活动，如跑步、跳绳、球类运动、体操等，增强儿童的耐力、力量和协调性。保证儿童每天有足够的户外活动时间，让其在自然环境中锻炼身体，增强体质。通过故事、图片和简单的讲解，向儿童传授健康饮食的知识，如均衡膳食、多吃蔬菜水果、少吃零食等。

其次，培养运动技能。运动技能的培养有助于儿童的身体协调性和灵活性发展，具体措施：通过游戏和活动，帮助儿童掌握基本的运动技能，如走、跑、跳、投掷、平衡等。

设计有趣的体育游戏，如"小兔跳跳""小猴摘桃"等，激发儿童对运动的兴趣。提供安全的运动器材，如小篮球、跳绳、平衡木等，让儿童在活动中提高运动能力。

再次，养成健康习惯。良好的健康习惯对儿童的长期发展至关重要，具体措施：通过日常活动，培养儿童勤洗手、刷牙、保持个人卫生等良好习惯。引导儿童养成规律的作息习惯，保证充足的睡眠，促进身体的正常发育。通过故事和情景模拟，帮助儿童了解健康生活方式的重要性，如不挑食、不偏食、适量运动等。

最后，安全意识与自我保护能力。安全教育是健康教育的重要组成部分，旨在帮助儿童了解基本的安全知识，增强自我保护能力，具体措施：通过情景模拟、故事讲述等方式，帮助儿童了解基本的交通规则，如红绿灯、斑马线等。通过图片、视频等形式，向儿童传授防火、防电的基本知识，增强安全意识。通过简单的游戏和活动，帮助儿童掌握基本的自我保护技能，如遇到危险时大声呼救、拨打急救电话等。

（二）心理健康教育

心理健康教育旨在帮助儿童形成积极的情感态度，学会情绪管理和表达，增强心理韧性。具体措施包括：培养积极情感、培养情绪管理能力、培养同理心。

首先，积极的情感是儿童心理健康的重要基础，具体措施包括营造温馨、安全的教育环境，让儿童感受到关爱和支持。通过及时的鼓励和表扬，增强儿童的自信心和成就感，激发他们的积极性。通过绘画、手工、角色扮演等活动，鼓励儿童表达自己的情感，帮助他们理解和接纳自己的情绪。

其次，情绪管理能力的培养有助于儿童更好地应对生活中的各种情境，具体措施包括通过情绪绘本、故事讲述等方式，帮助儿童识别和理解不同的情绪，如快乐、悲伤、愤怒等。通过情景模拟和角色扮演，引导儿童学习适当的情绪调节方法，如深呼吸、转移注意力等。鼓励儿童用适当的方式表达自己的情绪，如用语言描述、绘画表达等，避免情绪压抑。

最后，同理心的培养有助于儿童建立良好的人际关系，增强社会适应能力，具体措施包括通过讲述关于友情、关爱的故事和绘本，引导儿童理解他人的情感和需求。通过小组合作游戏和活动，培养儿童的合作意识和团队精神，增强同理心。通过情景模拟活动，我们让儿童体验不同角色的情感，帮助他们学会换位思考。

（三）健康教育的实施要求

首先，游戏化与情境化。健康教育应以游戏和情境活动为主要形式，激发儿童的兴趣和参与度，具体措施包括将健康教育内容融入游戏之中，如"健康饮食大冒险""安全小卫士"等，让儿童在玩中学。通过创设与生活相关的情境，如模拟超市购物、医院看病等，儿童在情境中学习和体验。

其次，家园合作。家庭和幼儿园的紧密合作是健康教育成功的关键，具体措施如下。

通过家长会、亲子活动等形式，我们让家长了解健康教育的重要性，鼓励他们积极参与儿童的健康教育活动。通过育儿讲座、家长手册等形式，我们为家长提供科学的健康教育知识和方法，帮助他们在家庭中培养儿童的健康习惯。

最后，教师的专业支持。教师在健康教育中扮演重要角色，需要具备扎实的专业知识和灵活的教育方法，具体措施包括定期组织教师参加健康教育相关的培训和研讨活动，提升他们的教育技能水平。通过日常观察和科学评估，了解儿童的健康状况和发展需求，及时调整教育策略。

（四）健康教育的评价标准

健康教育的评价应以促进儿童的全面发展为目标，注重评价的科学性、全面性和发展性。具体评价标准包括儿童的健康状况、心理健康指标、安全意识。

首先，儿童的健康状况。通过定期的健康检查，评估儿童的身高、体重、视力等身体发育指标。通过体育活动的观察和测试，评估儿童的运动技能和身体协调性。通过日常观察，了解儿童的卫生习惯、作息规律和饮食习惯。

其次，心理健康指标。通过日常观察和教师评估，了解儿童的情绪稳定性。通过儿童在活动中的表现和自我评价，了解他们的自信心水平。通过小组活动和合作游戏，评估儿童的同理心和社会适应能力。

最后，安全意识。通过问卷调查和情景模拟，评估儿童对交通安全、防火防电等安全知识的掌握情况。通过实际操作和情景模拟，评估儿童的自我保护能力。

健康教育是学前教育中不可或缺的重要组成部分，它通过系统的教育活动，促进儿童的身心健康发展，帮助他们养成良好的生活习惯和健康意识。健康教育不仅关注儿童的身体健康，还涵盖心理健康和安全意识的培养。在实施过程中，教师应注重游戏化和情境化的方法，加强家园合作，提供专业的支持和引导。通过科学合理的评价标准，教师可以全面了解儿童的健康状况和发展需求，及时调整教育策略，为儿童的全面发展奠定坚实的基础。

二、语言教育

语言教育是学前教育的重要组成部分，旨在通过系统的教育活动，促进儿童语言能力的发展，培养其良好的语言表达、理解、阅读和书写能力。以下是语言教育的核心理念、教育目标、活动内容及实施要求的详细介绍。

（一）语言教育的核心理念

首先，以儿童为本。语言教育应以儿童的兴趣和需求为核心，尊重每个儿童的语言发展规律，提供丰富的语言环境和多样化的学习机会。例如，通过创设自由、宽松的语言交往环境，支持儿童与教师、同伴或其他人进行交流，体验语言交流的乐趣。

其次，整体性与整合性。全语言教学理论强调语言学习的完整性和整合性，即语言学习不应被分割成孤立的语音、词汇和句子片段，我们应通过完整的文学作品和真实的情境进行教学。例如，我们通过故事讲述、诗歌朗诵等活动，让儿童在完整的语言情境中感受语言的丰富性和优美。

再次，真实性和情境化。语言学习应在真实的情境中进行，让儿童在实际生活中运用语言。例如，我们通过角色扮演游戏、情境对话等方式，帮助儿童在具体情境中学习语言，提高语言表达能力和理解能力。

最后，互动与建构。语言学习是一个社会互动的过程，儿童通过与他人交流和互动，建构自己的语言能力。教师应鼓励儿童积极参与语言活动，通过提问、讨论和合作学习，促进语言能力的发展。

（二）语言教育的目标

第一，培养语言表达能力。鼓励儿童大胆、清楚地表达自己的想法和感受，尝试说明、描述简单的事物或过程。例如，我们通过故事复述、儿歌朗诵等活动，提高儿童的语言表达能力。

第二，发展语言理解能力。养成良好的倾听习惯，帮助儿童理解日常用语和简单的文学作品。例如，我们通过听故事、听儿歌等活动，培养儿童的注意力和理解能力。

第三，激发阅读兴趣。引导儿童阅读优秀的儿童文学作品，感受语言的丰富性和优美。例如，我们通过绘本阅读、图书分享等活动，培养儿童对书籍的兴趣和阅读习惯。

第四，培养前书写技能。利用图书、绘画和其他多种方式，引发儿童对书写的兴趣，培养前书写技能。例如，我们通过涂鸦、简单的书写练习等活动，帮助儿童熟悉书写工具和基本的书写规则。

第五，促进普通话学习。提供普通话的语言环境，帮助儿童熟悉、听懂并学说普通话。在少数民族地区，我们还应帮助儿童学习本民族语言。

（三）语言教育的活动内容

一是日常交流活动。通过日常对话、讨论等方式，鼓励儿童表达自己的想法和感受。邀请儿童分享自己的故事或经历，培养语言组织能力和表达能力。

二是文学作品学习。讲述有趣的故事，帮助儿童理解故事内容，感受语言的趣味。选择适合儿童的诗歌，引导他们有感情地朗诵，感受语言的韵律。

三是阅读活动。选择内容丰富、画面生动的绘本，引导儿童观察画面，理解故事内容。组织儿童分享自己喜欢的图书，培养阅读兴趣和表达能力。

四是语言游戏活动。通过猜词游戏、词汇接龙等方式，丰富儿童的词汇量。通过简单的句子仿编活动，帮助儿童掌握语言结构。

五是前书写活动。提供绘画工具，鼓励儿童自由涂鸦，锻炼手部精细动作。通过简单的书写练习，帮助儿童熟悉书写工具和基本的书写规则。

（四）语言教育的实施要求

一是创设丰富的语言环境。在幼儿园设置语言角，提供丰富的图书、故事书、绘画工具等，激发儿童的语言学习兴趣。鼓励教师和家长多与儿童交流，提供丰富的语言输入。

二是注重游戏化和情境化。通过游戏化的方式，如角色扮演、情境对话等，我们让儿童在轻松愉快的氛围中学习语言。创设真实的情境，如模拟超市购物、医院看病等，帮助儿童在情境中运用语言。

三是家园合作。通过家长会、亲子活动等形式，我们让家长了解语言教育的重要性，鼓励他们积极参与儿童的语言学习活动。通过育儿讲座、家长手册等形式，我们为家长提供科学的语言教育知识和方法。

四是教师的专业支持。定期组织教师参加语言教育相关的培训和研讨活动，提升他们的专业知识和教育技能。通过日常观察和科学评估，了解儿童的语言发展情况，及时调整教育策略。

（五）语言教育的评价标准

一是语言表达能力。通过日常观察和活动记录，评估儿童语言表达的清晰度和流畅性。通过词汇游戏和日常交流，评估儿童的词汇量和语言运用能力。

二是语言理解能力。通过故事讲述和诗歌朗诵，评估儿童的倾听习惯和理解能力。通过提问和讨论，评估儿童对文学作品和日常用语的理解程度。

三是阅读兴趣与习惯。通过观察儿童对图书的兴趣和参与度，评估他们的阅读兴趣。通过图书分享和绘本阅读，评估儿童的阅读习惯和阅读能力。

四是前书写技能。通过书写练习，评估儿童的书写姿势和握笔姿势。通过简单的书写任务，评估儿童对书写规则的掌握程度。

语言教育是学前教育中不可或缺的重要组成部分，它通过系统的教育活动，促进儿童语言能力的发展，培养其良好的语言表达、理解、阅读和书写能力。在实施过程中，教师应注重创设丰富的语言环境，采用游戏化和情境化的方法，加强家园合作，提供专业的支持和引导。通过科学合理的评价标准，教师可以全面了解儿童的语言发展情况，及时调整教育策略，为儿童的全面发展奠定坚实的基础。

三、社会教育

社会教育是学前教育的重要组成部分，旨在通过系统的教育活动，促进儿童在社会性、情感、行为规范等方面的全面发展，帮助他们形成社会交往能力、规则意识和文化认同感。社会教育不仅关注儿童在幼儿园的表现，还注重其在家庭和社区中的行为习惯和社会适应能力。

（一）社会教育的核心理念

首先，以儿童为本。社会教育应以儿童的兴趣和需求为核心，尊重每个儿童的个性和差异，提供多样化的学习机会，帮助他们在社会性发展方面获得均衡进步。

其次，生活化与情境化。社会教育应紧密结合儿童的日常生活，通过真实的情境和活动，帮助他们理解和掌握社会规则与行为规范。例如，通过角色扮演游戏、社区参观等方式，我们让儿童在实践中学习社会交往技能。

再次，互动性与合作性。社会教育强调儿童与教师、同伴之间的互动，通过合作游戏和小组活动，培养儿童的合作意识和团队精神。教师应鼓励儿童积极参与社会活动，通过提问、讨论和合作学习，促进儿童社会性能力的发展。

最后，文化认同与多元包容。社会教育应注重文化教育，帮助儿童了解和尊重不同的文化背景，增强文化认同感和多元文化意识。通过节日活动、民俗故事等形式，培养儿童对本土文化的热爱，同时引导他们理解不同文化的差异。

（二）社会教育的教育目标

首先，自我认知与自我管理。帮助儿童认识自己，了解自己的特点和能力，形成积极的自我形象。培养儿童的基本生活自理能力，如穿衣、洗手、整理物品等，增强独立性。

其次，社会交往能力。通过小组活动和合作游戏，培养儿童的合作意识和团队精神。鼓励儿童与同伴、教师和家长进行交流，培养良好的沟通技巧。通过日常活动和情景模拟，帮助儿童掌握基本的社交礼仪，如礼貌用语、尊重他人等。

再次，规则意识与行为规范。引导儿童理解并遵守幼儿园和家庭的基本规则，培养规则意识。通过日常行为训练，帮助儿童养成良好的行为习惯，如排队、轮流等待等。

最后，文化认同与多元文化理解。通过节日活动、民俗故事等形式，帮助儿童了解本土文化，增强文化认同感。通过多元文化活动，帮助儿童了解和尊重不同文化背景，培养开放包容的心态。

（三）社会教育的活动内容

首先，自我认知与自我管理。通过"我的小名片""我的故事"等活动，帮助儿童认识自己，了解自己的特点和能力。通过"我会自己穿衣服""我会整理书包"等活动，培养儿童的生活自理能力。通过情绪绘本、情绪角色扮演等方式，帮助儿童识别和表达自己的情绪，学会情绪调节。

其次，社会交往能力。通过"小蚂蚁搬豆""拔河比赛"等合作游戏，培养儿童的合作意识和团队精神。通过情景模拟，如"小客人和小主人""礼貌用语大比拼"等活动，帮助儿童掌握基本的社交礼仪。通过"小小主持人""故事分享会"等活动，鼓励儿童大胆表达自己的想法，培养良好的沟通能力。

再次，规则意识与行为规范。通过"规则小火车""规则大转盘"等活动，帮助儿童理解并记住基本的规则。通过"排队接力赛""轮流等待游戏"等活动，帮助儿童养成良好的行为习惯。通过模拟超市购物、医院看病等情景，帮助儿童在实践中学习规则和行为规范。

最后，文化认同与多元文化理解。通过庆祝传统节日，如春节、中秋节等，帮助儿童了解本土文化，增强文化认同感。通过讲述民间故事、神话传说等，儿童感受本土文化的魅力。通过"国际美食日""世界文化周"等活动，帮助儿童了解不同国家和民族的文化特色，培养多元文化意识。

（四）社会教育的实施要求

首先，创设丰富的社会情境。在幼儿园设置角色游戏区，提供丰富的角色扮演道具，让儿童在角色扮演中学习社会交往技能。组织儿童参观社区设施，如超市、消防站、图书馆等，帮助他们了解社区生活，增强社会适应能力。

其次，注重游戏化和情境化。通过游戏化的方式，如角色扮演、情景对话等，儿童在轻松愉快的氛围中学习社会规则和交往技能。创设真实的情境，如模拟超市购物、医院看病等，帮助儿童在情境中注重运用语言和行为规范。

再次，家园合作。通过家长会、亲子活动等形式，我们让家长了解社会教育的重要性，鼓励他们积极参与儿童的社会教育活动。通过育儿讲座、家长手册等形式，我们为家长提供科学的社会教育知识和方法，帮助他们在家庭中培养儿童的良好行为习惯。

最后，教师的专业支持。定期组织教师参加社会教育相关的培训和研讨活动，提升他们的专业知识和教育技能。通过日常观察和科学评估，了解儿童的社会发展情况，及时调整教育策略。

（五）社会教育的评价标准

首先，自我认知与自我管理。通过日常观察和活动记录，评估儿童对自己特点和能力的了解程度。通过自理能力测试和日常表现，评估儿童的生活自理能力。

其次，社会交往能力。通过小组活动和合作游戏，评估儿童的合作意识和团队精神。通过日常交流和活动表现，评估儿童的沟通技巧和语言表达能力。通过情景模拟和日常表现，评估儿童对社交礼仪的掌握程度。

再次，规则意识与行为规范。通过日常行为观察和规则测试，评估儿童对规则的理解和遵守情况。通过日常行为记录和教师评价，评估儿童的行为习惯。

最后，文化认同与多元文化理解。通过节日活动和民俗故事活动，评估儿童对本土文化的了解和认同程度。通过多元文化活动和情景模拟，评估儿童对不同文化的理解和包容能力。

社会教育是学前教育中不可或缺的重要组成部分，它通过系统的教育活动，促进儿童在社会性、情感、行为规范等方面的全面发展。社会教育不仅关注儿童在幼儿园的表现，还注重其在家庭和社区中的行为习惯和社会适应能力。在实施过程中，教师应注重创设丰富的社会情境，采用游戏化和情境化的方法，加强家园合作，提供专业的支持和引导。通过科学合理的评价标准，教师可以全面了解儿童的社会发展情况，及时调整教育策略，为儿童的全面发展奠定坚实的基础。

四、科学教育

科学教育是学前教育的重要组成部分，旨在通过系统的教育活动，激发儿童的好奇心和探索欲，培养他们的科学思维、探究能力并传授基本的科学知识。科学教育不仅关注知识的传授，更注重儿童在科学探究过程中的体验和能力发展。

（一）科学教育的核心理念

首先，以儿童为中心。科学教育应以儿童的兴趣和需求为核心，尊重他们的探索欲望和学习节奏。通过创设丰富的科学探索环境，支持儿童主动探索和发现，培养他们的科学兴趣和自主学习能力。

其次，探究式学习。强调通过"提出问题—做出假设—进行实验—得出结论"的探究过程，帮助儿童掌握科学方法和思维。教师应引导儿童自主探究，鼓励他们提出问题、设计实验、观察现象并总结规律。

再次，生活化与情境化。科学教育应紧密结合儿童的日常生活，通过真实的情境和活动，帮助他们理解科学现象和原理。例如，通过观察自然现象、进行简单的科学实验等活动，儿童在实践中学习科学知识。

最后，多元智能发展。科学教育不仅关注儿童的逻辑数学智能，还应结合语言、动手操作、空间等多种智能的发展，通过多样化的活动形式，满足不同儿童的学习需求。

（二）科学教育的目标

首先，激发好奇心和探索欲。通过丰富多样的科学活动，激发儿童对周围世界的好奇心，鼓励他们主动探索。支持儿童在探索过程中提出问题、寻找答案，培养他们的自主学习能力。

其次，培养科学思维和探究能力。引导儿童学会观察事物的特征，通过比较发现事物的异同。帮助儿童掌握分类方法，培养简单的逻辑推理能力。通过简单的科学实验，儿童学会设计实验、观察现象并验证假设。

再次，掌握基本的科学知识。帮助儿童了解自然现象，如四季变化、植物生长等。通过实验和活动，儿童理解简单的科学原理，如浮力、磁力、杠杆原理等。

最后，培养科学态度和精神。引导儿童在探究过程中尊重事实，培养实事求是的科学态度。通过小组活动，培养儿童的合作意识和分享精神，增强团队协作能力。

（三）科学教育的活动内容

首先，自然科学探索。组织儿童观察自然现象，如植物的生长、昆虫的生活、四季的变化等。例如，通过"植物角"活动，儿童观察植物的生长过程。通过饲养小动物，如金鱼、兔子等，儿童了解动物的生活习性，培养他们的责任感和爱心。设计简单的自然实验，如"种子发芽实验""水的蒸发实验"等，帮助儿童理解自然现象。

其次，科学实验与探究。通过简单的科学实验，如"磁铁吸铁""水的浮力"等，儿童理解科学原理。引导儿童提出问题并设计实验进行验证。例如，通过"不同材料的吸水性"实验，儿童探索材料的特性。通过制作简单的科学玩具，如"纸飞机""小风车"等，培养儿童的动手能力和创造力。

再次，数学启蒙。通过游戏和活动，帮助儿童掌握基本的数数、加减运算等数学概念。例如，通过"数数游戏""水果加法"等活动，儿童理解数学运算。通过拼图、积木等活动，帮助儿童认识基本的几何形状，发展空间观念。通过分类游戏和排序活动，培养儿童的逻辑思维能力。

最后，科技与生活。通过观察和讨论，帮助儿童理解生活中的科学现象，如电、声音等。通过使用简单的工具，如放大镜、天平等，培养儿童的动手操作能力。通过参观科技馆、体验简单的科技产品，儿童感受科技的魅力。

（四）科学教育的实施要求

首先，创设丰富的科学环境。在幼儿园设置科学角，提供丰富的科学材料，如放大镜、磁铁、种子、小动物等，激发儿童的探索兴趣。利用幼儿园的户外场地，种植花草树木，饲养小动物，为儿童提供真实的自然探索环境。

其次，注重探究式学习。通过提问和讨论，引导儿童提出问题并自主探究。例如，教师可以问："为什么叶子会变黄？"鼓励儿童设计简单的实验，验证自己的假设。例如，通过"不同土壤对植物生长的影响"实验，儿童探索科学问题。引导儿童记录实验过程和结果，培养他们的观察和记录能力。

再次，家园合作。通过家长会、亲子科学活动等形式，我们让家长了解科学教育的重要性，鼓励他们积极参与儿童的科学学习活动。通过育儿讲座、家长手册等形式，我们为家长提供科学教育的知识和方法，帮助他们在家庭中培养儿童的科学兴趣。

最后，教师的专业支持。定期组织教师参加科学教育相关的培训和研讨活动，提升他们的专业知识和教育技能。通过日常观察和科学评估，了解儿童的科学探究能力和知识掌握情况，及时调整教育策略。

（五）科学教育的评价标准

首先，科学兴趣与探索欲。通过日常观察和活动记录，评估儿童对科学活动的兴趣和探索欲望。通过实验和探究活动，评估儿童是否主动提出问题并尝试解答。

其次，科学思维与探究能力。通过自然观察和实验活动，评估儿童的观察能力和比较能力。通过分类游戏和逻辑推理活动，评估儿童的思维能力。通过简单的实验设计和操作，评估儿童的实验能力和科学方法掌握情况。

再次，科学知识掌握。通过自然观察和实验活动，评估儿童对自然现象的理解和掌握程度。通过科学实验和讨论，评估儿童对简单科学原理的理解。

最后，科学态度与合作精神。通过探究活动，评估儿童是否尊重事实，是否能够根据观察结果得出结论。通过小组活动，评估儿童的合作意识和团队精神。

科学教育是学前教育中不可或缺的重要组成部分，它通过系统的教育活动，激发儿童的好奇心和探索欲，培养他们的科学思维和探究能力。在实施过程中，教师应注重创设丰富的科学环境，采用探究式学习方法，加强家园合作，提供专业的支持和引导。通过科学合理的评价标准，教师可以全面了解儿童的科学探究能力和知识掌握情况，及时调整教育策略，为儿童的全面发展奠定坚实的基础。

五、艺术教育

艺术教育是学前教育的重要组成部分，旨在通过多样化的艺术活动，培养儿童的审美能力、创造力和自我表达能力。艺术教育不仅关注儿童对美的感知和欣赏，还注重通过艺术创作活动，促进儿童的情感、认知和动手能力的全面发展。

（一）艺术教育的核心理念

首先，以儿童为本。艺术教育应以儿童的兴趣和需求为核心，尊重每个儿童的个性和创造力，提供自由表达的机会，鼓励他们通过艺术活动表达自己的情感和想法。

其次，审美与创造力并重。艺术教育不仅要培养儿童对美的感知和欣赏能力，更要注重激发他们的创造力和想象力。通过多样化的艺术形式，如绘画、手工、音乐、舞蹈等，让儿童在创作中体验艺术的乐趣。

再次，过程与结果并重。艺术教育强调创作过程的重要性，注重儿童在艺术活动中的体验和探索。同时，也关注艺术作品的呈现，通过展示和分享，增强儿童的成就感和自信心。

最后，多元文化与本土文化结合。艺术教育应注重多元文化的融合，帮助儿童了解不同文化背景下的艺术形式，同时传承和弘扬本土文化，增强文化认同感。

（二）艺术教育的目标

首先，培养审美能力。通过欣赏自然美、艺术作品和生活中的美好事物，培养儿童对美的感知能力。引导儿童欣赏绘画、音乐、舞蹈等多种艺术形式，感受艺术的多样性和美感。

其次，激发创造力。通过绘画、手工、音乐创作等活动，鼓励儿童自由表达自己的创意和想法。通过开放性的艺术活动，激发儿童的想象力和创造力，支持他们尝试不同的艺术表现形式。

再次，提升艺术表现能力。通过绘画活动，培养儿童的绘画技能，如线条、色彩、构图等。通过剪纸、折纸、泥塑等活动，培养儿童的动手能力和空间想象力。通过音乐欣赏、歌曲演唱、舞蹈表演等活动，培养儿童的音乐感知能力和舞蹈表现力。

最后，情感与社交能力。通过艺术创作，帮助儿童表达自己的情感，增强情感管理能力。通过小组艺术活动，培养儿童的合作能力和团队精神。

（三）艺术教育的活动内容

一是绘画活动。提供丰富的绘画材料，如水彩笔、油画棒、水粉颜料等，鼓励儿童自由创作，表达自己的想法和情感。通过设定主题，如"我的家庭""美丽的春天"等，引导儿童围绕主题进行绘画创作。选择适合儿童的绘画作品，如儿童画、大师作品等，引导儿童欣赏绘画的色彩、构图和表现手法。

二是手工制作。通过简单的剪纸和折纸活动，培养儿童的动手能力和空间想象力。提供橡皮泥或陶土，让儿童通过捏、揉、搓等动作，创作各种形状和物品。利用废旧材料，如纸盒、瓶盖、布料等，进行创意手工制作，激发儿童的环保意识和创造力。

三是音乐活动。选择适合儿童的音乐作品，如儿歌、古典音乐、民族音乐等，引导儿童感受音乐的节奏、旋律和情感。通过学唱简单的儿歌，培养儿童的音乐感知能力和演唱技巧。提供简单的乐器，如手鼓、沙锤、小铃铛等，儿童尝试演奏简单的音乐，感受音乐的魅力。

四是舞蹈活动。播放欢快的音乐，让儿童自由舞蹈，表现自己的情感和节奏感。通过简单的舞蹈动作和律动，培养儿童的节奏感和身体协调能力。组织简单的舞蹈表演活动，增强儿童的自信心和表现力。

五是戏剧表演。通过角色扮演游戏，如"小医生""小超市"等，儿童在角色扮演中体验不同角色的情感和行为。选择简单的儿童故事，儿童通过表演理解故事内容，增强语言表达能力和合作能力。通过木偶戏或皮影戏表演，激发儿童的想象力和创造力，感受传统艺术的魅力。

（四）艺术教育的实施要求

一是创设丰富的艺术环境。在幼儿园设置艺术角，提供丰富的绘画材料、手工工具、音乐器材等，激发儿童的艺术兴趣。为儿童提供展示自己作品的空间，如作品墙、展示柜等，增强他们的成就感和自信心。利用自然环境，如花园、操场等，开展户外艺术活动，如自然写生、沙地绘画等。

二是注重游戏化和情境化。通过游戏化的方式，如"色彩接力赛""音乐椅子"等，儿童在轻松愉快的氛围中学习艺术。创设真实的情境，如模拟画展、音乐会等，儿童在情境中体验艺术的魅力。

三是家园合作。通过家长会、亲子艺术活动等形式，我们让家长了解艺术教育的重要性，鼓励他们积极参与儿童的艺术学习活动。通过育儿讲座、家长手册等形式，我们为家长提供科学的艺术教育知识和方法，帮助他们在家庭中培养儿童的艺术兴趣。

四是教师的专业支持。定期组织教师参加艺术教育相关的培训和研讨活动，提升他们的专业知识和教育技能。通过日常观察和科学评估，了解儿童的艺术兴趣和表现能力，及时调整教育策略。

（五）艺术教育的评价标准

一是审美能力。通过日常观察和活动记录，评估儿童对美的感知能力，如是否能够欣赏自然美和艺术作品。通过绘画、手工等作品，评估儿童对美的表达能力，如色彩运用、构图设计等。

二是创造力。通过绘画、手工等作品，评估儿童的创意和想象力，如是否能够尝试不同的表现形式。通过艺术活动中的问题解决，评估儿童的创造力和应变能力。

三是艺术表现能力。通过绘画作品，评估儿童的绘画技能，如线条流畅性、色彩运用等。通过手工作品，评估儿童的动手能力和空间想象力。通过音乐演唱和舞蹈表演，评估儿童的音乐感知能力和舞蹈表现力。

四是情感与社交能力。通过艺术创作，评估儿童的情感表达能力，如是否能够通过作品表达自己的情感。通过小组艺术活动，评估儿童的合作意识和团队精神。

艺术教育是学前教育中不可或缺的重要组成部分，它通过系统的教育活动，培养儿童的审美能力、创造力和自我表达能力。在实施过程中，教师应注重创设丰富的艺术环境，采用游戏化和情境化的方法，加强家园合作，提供专业的支持和引导。通过科学合理的评价标准，教师可以全面了解儿童的艺术兴趣和表现能力，及时调整教育策略，为儿童的全面发展奠定坚实的基础。

第三节　学前教育的评价体系

学前教育的评价体系是衡量教育质量、促进教育改进与发展的重要工具。它不仅是对学前教育活动效果的检验，更是推动学前教育高质量发展的关键环节。科学合理的评价体系能够全面、客观地反映学前教育的实施效果，为教育决策提供依据，促进儿童的全面发展。本节我们将系统探讨学前教育评价体系的构成要素、评价方法及实施与反馈机制，旨在为学前教育工作者提供清晰的指导，帮助他们通过科学的评价手段，优化教育过程，提升教育质量，为儿童的健康成长保驾护航。

一、评价的目标与原则

评价是学前教育中不可或缺的重要环节，它不仅是对教育效果的检验，更是促进儿童全面发展、优化教育过程的重要手段。科学合理的评价体系能够为教育者提供反馈，帮助他们调整教育策略，同时也为家长和社会提供透明的教育质量信息。

（一）评价的目标

学前教育评价的目标是多维度的，旨在全面、客观地反映儿童在各个领域的发展情况，以及教育活动的实施效果。

一是促进儿童全面发展。评价应关注儿童在身体、认知、语言、情感、社会性和审美等多方面的均衡发展，而不仅仅是学业成绩。通过评价，教育者可以了解每个儿童的发展水平和需求，使其获得个性化的支持。

二是优化教育过程。评价结果应为教育者提供反馈，帮助他们了解教育活动的优势和不足，从而调整教育策略，优化教育过程。通过持续的评价和改进，提升学前教育的整体质量。

三是提供决策依据。评价结果应为教育管理者、政策制定者和家长提供科学的决策依据。通过系统的评价，我们了解学前教育的现状和问题，为教育政策的制定和调整提供支持。

四是增强家长信任。通过透明的评价过程，家长了解儿童在幼儿园的学习和发展情况，增强家长对学前教育机构的信任，促进家园合作。

五是支持教师专业成长。评价应为教师提供专业发展的机会，通过自我评价和外部评价，帮助教师了解自身的教学优势和不足，从而提升专业素养。

（二）评价的原则

一是全面性原则。评价应涵盖学前教育的各个方面，包括教育目标、教育内容、教育过程、教育环境及儿童的发展情况。评价不仅要关注结果，更要关注过程，全面反映学前教育的质量。

二是发展性原则。评价应注重儿童和教师的持续发展，而不仅仅是对现状的判断。评价应具有引导、诊断、改进和激励功能，帮助儿童和教师不断进步。

三是科学性原则。评价应基于科学的理论和方法，确保评价结果的客观性和准确性。评价工具和方法应经过科学验证，评价过程应规范、严谨。

四是个体差异原则。评价应尊重每个儿童的个体差异，避免用单一标准评价所有儿童。评价应关注每个儿童的独特性，提供个性化的反馈和支持。

五是多元性原则。评价应采用多种方法和手段，包括定量评价和定性评价、形成性评价和总结性评价、自我评价和他人评价等。通过多元化的评价方式，我们全面了解学前教育的实施效果。

六是动态性原则。评价应是一个持续的过程，而不是一次性的活动。评价应根据教育活动的进展和儿童的发展情况，动态调整评价内容和方法，确保评价的时效性和适应性。

七是参与性原则。评价应鼓励多方参与，包括教师、家长、儿童和教育管理者。通过多方参与，增强评价的透明度和公正性，同时促进各方之间的沟通与合作。

（三）评价目标与原则的实践意义

一是促进教育质量提升。通过全面、科学的评价，教育者可以及时发现教育过程中的问题和不足，调整教育策略，优化教育内容和方法，从而提升学前教育的整体质量。

二是支持儿童个性化发展。评价关注个体差异，能够为每个儿童提供个性化的支持和指导，帮助他们充分发挥潜能，实现全面发展。

三是增强家园合作。通过透明的评价过程和科学的评价结果，家长能够更好地了解儿童在幼儿园的学习和发展情况，增强对学前教育机构的信任，促进家园合作。

四是推动教师专业成长。评价为教师提供了自我反思和专业发展的机会，通过科学的评价反馈，教师可以了解自身的教学优势和不足，从而不断提升专业素养。

五是提供科学决策依据。评价结果为教育管理者和政策制定者提供了科学的决策依据，帮助他们了解学前教育的现状和问题，为教育政策的制定和调整提供支持。

学前教育评价的目标是全面、客观地反映教育活动的实施效果和儿童的发展情况，促进儿童全面发展、优化教育过程、提供决策依据、增强家长信任和支持教师专业成长。评价应遵循全面性、发展性、科学性、个体差异、多元性、动态性和参与性等原则，确保评价的科学性、有效性和公正性。通过科学合理的评价体系，学前教育能够更好地实现其教育目标，为儿童的未来发展奠定坚实的基础。

二、评价的内容与方法

学前教育评价的内容与方法是确保评价体系科学性、有效性和全面性的关键环节。评价内容应涵盖学前教育的各个方面，包括儿童发展、教师专业能力、教育过程、教育环境及家长参与等。评价方法则应多样化，结合定量与定性、形成性与总结性、自我评价与他人评价等多种方式，以全面、客观地反映学前教育的实施效果。

（一）评价的内容

一是儿童发展评价。儿童发展评价是学前教育评价的核心，旨在全面了解儿童在身体、认知、语言、情感、社会性和审美等方面的发展情况。通过健康检查、运动能力测试等，评估儿童的体质、运动技能和健康习惯。通过观察、测试和作品分析，评估儿童的思维能力、知识掌握情况和学习兴趣。通过日常交流、语言游戏和故事讲述，评估儿童的语言表达和理解能力。通过情绪观察、心理测评等，评估儿童的情绪稳定性、自信心和同理心。通过小组活动、角色扮演等，评估儿童的合作能力、规则意识和社交技能。通过绘画、手工、音乐和舞蹈等作品，评估儿童的审美能力和创造力。

二是教师专业能力评价。教师是学前教育的关键执行者，其专业能力直接影响教育质量。教师评价应涵盖专业素养、教学方法、师德师风等方面。评估教师的学科知识、教育理论和教学技能。评估教师的教学设计、课堂组织和互动能力。评估教师的职业道德、职业操守和职业态度。评估教师的培训经历、自我反思和持续学习能力。

三是教育过程评价。教育过程评价关注教育活动的实施情况，包括教学活动的组织、师幼互动和家园共育等。评估教育活动的设计、实施和调整情况。评估教师与儿童之间的互动质量，包括关注个体差异、提供反馈等。评估家长参与度、家园沟通和合作效果。

四是教育环境评价。教育环境是学前教育的重要支持系统，评价应涵盖空间设施、玩具材料和环境创设等方面。评估幼儿园的场地面积、教室布局和户外活动场地。评估玩具材料的种类、安全性和更新频率。评估环境的教育性、美感和互动性。

五是家长参与评价。家长是学前教育的重要参与者，其满意度和参与度直接影响教育效果。通过问卷调查、访谈等方式，我们了解家长对教育质量、教师表现和家园合作的满意度。评估家长在教育活动中的参与情况，如亲子活动、家长会等。

（二）评价的方法

一是定量评价方法。定量评价通过数据和统计方法，对评价对象进行量化分析，具有客观性和可比性的特点。通过标准化测试工具，我们评估儿童的认知、语言和运动能力。通过设计问卷，我们收集家长、教师和儿童的反馈信息。通过记录儿童在特定活动中的表现，我们进行量化分析。

二是定性评价方法。定性评价通过描述性分析，对评价对象进行深入理解，注重评价的深度和全面性。通过自然观察，我们记录儿童在日常活动中的行为和表现。通过与教师、家长和儿童的访谈，我们了解他们的看法和感受。通过分析具体的教育案例，我们评估教育活动的效果。通过分析儿童的绘画、手工、作文等作品，我们了解其发展水平。

三是形成性评价方法。形成性评价关注教育过程中的持续改进，我们通过定期的评价反馈，帮助教育者及时调整教育策略。教师通过日常观察，记录儿童的发展情况和教育活动的效果。教师通过定期反思，总结教学经验和不足，调整教学方法。通过定期的阶段性评估，我们了解教育活动的进展和效果。

四是总结性评价方法。总结性评价关注教育活动的最终效果，通过综合评估，判断教育目标的达成情况。通过学期末的综合测试和评价，我们了解儿童的发展水平和教育目标的达成情况。通过特定项目的评估，我们总结教育活动的整体效果。

五是多元主体评价方法。多元主体评价强调家长、教师、儿童和专家等多主体的参与，通过多视角的评价，全面反映学前教育的质量。教师和儿童通过自我评价，了解自身的发展情况和教育活动的效果。通过家长、专家和同行的评价，我们提供外部视角的反馈。结合自我评价和他人评价，我们进行全面、客观的综合评估。

（三）评价内容与方法的结合

评价内容与方法的结合是确保评价科学性和有效性的关键。在实际评价中，我们应根据评价内容选择合适的评价方法，同时注重多种方法的综合运用，以全面、客观地反映学前教育的实施效果。评价内容主要包括儿童发展评价、教师专业能力评价、教育过程评价、教育环境评价、家长参与评价等。

（四）评价的实施步骤

一是制订评价计划。根据评价目标和内容，制订详细的评价计划，明确评价的时间、方法和责任人。

二是选择评价工具。根据评价内容，选择合适的评价工具，如测试问卷、观察记录表、访谈提纲等。

三是实施评价活动。按照评价计划，组织实施评价活动，确保评价过程的规范性和科学性。

四是收集与分析数据。收集评价数据，运用统计分析方法对数据进行处理，得出评价结果。

五是撰写评价报告。根据评价结果，撰写详细的评价报告，提出改进建议和措施。

六是反馈与改进。将评价结果反馈给相关方，如教师、家长和管理者，并根据反馈意见进行改进。

学前教育评价的内容应全面涵盖儿童发展、教师专业能力、教育过程、教育环境和家长参与等方面，确保评价的科学性和全面性。评价方法应多样化，结合定量与定性、形成性与总结性、自我评价与他人评价等多种方式，以全面、客观地反映学前教育的实施效果。通过科学合理的评价内容与方法，学前教育能够更好地实现其教育目标，为儿童的未来发展奠定坚实的基础。

三、评价的实施与反馈

评价的实施与反馈是学前教育评价体系中的关键环节，其目的是通过科学合理的评价过程，收集全面、准确的信息，并将评价结果及时反馈给相关方，以便调整和优化教育活动。有效的评价实施与反馈机制不仅能促进儿童的全面发展，还能提升教师的专业素养和教育质量。

（一）评价的实施

一是制订评价计划。评价计划是评价工作的蓝图，明确了评价的目标、内容、方法、时间安排和责任人。制订评价计划时，我们需要考虑以下要点：根据学前教育的总体目标，确定本次评价的具体目标，如评估儿童的某一领域发展、教师的教学效果等。依据评价目标，选择合适的评价内容，确保涵盖儿童发展、教师专业能力、教育过程、教育环境等方面。结合评价内容，选择定量与定性相结合的评价方法，如观察法、测试法、问卷调查法、访谈法等。合理安排评价的时间节点，明确各环节的责任人，确保评价工作的有序进行。

二是选择评价工具。评价工具是实施评价的具体手段，其科学性和适用性直接影响评价结果的准确性。常见的评价工具包括：标准化测试、观察记录表、问卷调查、访谈提纲、作品分析表等。

三是实施评价活动。按照评价计划，组织实施评价活动，确保评价过程的规范性和科学性。实施过程中我们需要注意以下几点：对参与评价的教师和工作人员进行培训，确保他们熟悉评价工具和方法，能够准确、客观地收集数据。为评价活动创设轻松、自然的环境，避免儿童因紧张而影响表现。在评价过程中，详细记录儿童的表现、教师的教学情况和家长的反馈，确保数据的完整性和准确性。

四是收集与分析数据。评价数据的收集与分析是评价工作的核心环节，其目的是从大量数据中提取有价值的信息，为教育决策提供依据。数据收集与分析的步骤如下：对收集到的数据进行分类整理，确保数据的清晰性和可用性。运用统计分析方法，对定量数据进行处理，如计算平均值、标准差等；对定性数据进行编码和主题分析，提取关键信息。将分析结果以图表、报告等形式呈现，使其直观、易懂。

五是撰写评价报告。评价报告是对评价工作的全面总结，我们应详细记录评价过程、分析结果和改进建议。评价报告应包括以下内容：介绍评价的背景、目的和意义。说明评价所采用的方法和工具，以及数据收集的具体过程。以图表和文字的形式呈现评价结果，包括儿童发展水平、教师专业能力、教育过程质量等。对评价结果进行深入分析，探讨存在的问题及其原因。根据评价结果，提出针对性的改进建议，为后续教育活动提供指导。

（二）评价的反馈

评价反馈是评价工作的延伸，其目的是将评价结果及时反馈给相关方，促进教育活动的持续改进。有效的反馈机制应具备以下特点：反馈应及时进行，以便相关方能够迅速了解评价结果并采取相应措施。例如，在学期中期进行形成性评价后，我们应尽快将结果反馈给教师和家长，以便调整教育策略。反馈应具体、明确，针对评价中发现的问题和不足，提出具体的改进建议。例如，如果评价结果显示某班级儿童的语言表达能力较弱，反馈中应指出具体问题，并建议增加语言游戏和故事讲述活动。反馈应具有建设性，注重解决问题和改进工作，而不是单纯的批评。例如，对于教师在教学方法上的不足，反馈应提供具体的改进建议，如尝试新的教学策略或参加相关培训。反馈应涉及多方参与者，包括教师、家长、儿童和教育管理者。通过多方参与，增强反馈的透明度和公正性，同时促进各方之间的沟通与合作。

（三）反馈的具体形式

一是教师反馈。教师与评价人员进行一对一的交流，了解自己在教学过程中的优势和不足，获取具体的改进建议。通过教师会议，分享评价结果和改进建议，促进教师之间的经验交流和共同进步。评价人员将评价结果和建议以书面形式反馈给教师，便于教师随时查阅和参考。

二是家长反馈。通过定期的家长会，向家长介绍评价结果，分享儿童在园的表现和发展情况，听取家长的意见和建议。对于评价中发现的个别问题，教师可以通过电话、面谈等方式与家长进行个别沟通，共同探讨解决方案。向家长提供书面的评价报告，详细记录儿童的发展情况和改进建议，增强家长对学前教育的了解和信任。

三是儿童反馈。以儿童能够理解的方式，向他们解释评价结果，鼓励他们积极参与改进活动。对于儿童在评价中表现出的优点，给予及时的表扬和鼓励，增强他们的自信心和积极性。儿童参与到改进活动中，如通过绘画、手工等方式表达自己的想法和感受，增强他们的参与感和主动性。

四是管理层反馈。向教育管理层提供详细的评价总结报告，包括整体评价结果、存在的问题和改进建议，为教育决策提供依据。召开专题会议，讨论评价结果和改进措施，形成具体的行动计划。根据评价结果，调整教育政策和资源配置，优化教育环境和条件。

（四）评价结果的应用

评价结果不仅是反馈的依据，更是优化教育活动的重要参考。评价结果的应用应贯穿于学前教育的各个环节，具体包括：根据评价结果，调整教育计划和教学内容，确保教育活动符合儿童的发展需求和教育目标。例如，如果评价显示某班级儿童对某一领域的兴趣较高，我们可在后续计划中增加相关内容。针对评价中发现的教学方法问题，教师应尝试新的教学策略，如游戏化教学、情境教学等，以提高教学效果。同时，教师可以参加相关培训，提升专业素养。根据评价结果，我们对教育环境进行优化，如调整教室布局、增加玩具材料、改善户外活动场地等，为儿童提供更适宜的学习和生活环境。通过评价反馈，增强家园之间的沟通与合作。例如，根据家长反馈，调整家园共育活动的形式和内容，提高家长的参与度和满意度。评价结果应为教师提供专业发展的机会，如参加培训、观摩优秀教学案例等，帮助教师不断提升教学能力和专业素养。

评价的实施与反馈是学前教育评价体系中的重要环节，通过科学合理的评价过程和有效的反馈机制，我们能够全面了解学前教育的实施效果，促进儿童的全面发展和教师的专业成长。评价实施需要明确目标、选择合适工具、规范操作流程，并通过数据分析形成科学的评价报告。反馈机制应注重及时性、针对性和建设性，涉及教师、家长、儿童和管理层多方参与。通过评价结果的应用，优化教育计划、教学方法和教育环境，增强家园合作，支持教师专业发展，为学前教育的高质量发展提供有力保障。

第三章　学前教育模式的实践形式

学前教育模式的实践形式是学前教育理论与实际操作相结合的重要环节。它不仅反映了教育理念的具体落实，也直接影响着儿童的全面发展和学习体验。本章我们将从课程设计、教学方法和环境创设三个方面，深入探讨学前教育模式的实践形式，以期为学前教育工作者提供有益的参考和启示。

第一节　课程设计：多元化的实践路径

课程设计是学前教育模式的核心组成部分，它决定了儿童学习的内容和方向。不同的学前教育模式在课程设计上各有侧重，但都旨在促进儿童的全面发展。

一、主题课程：以儿童兴趣为导向

主题课程是一种以特定主题为核心，整合多领域知识和技能的课程形式。它强调从儿童的兴趣出发，通过主题探究的方式，引导儿童主动学习和探索。

（一）主题课程的特点

综合性：主题课程打破学科界限，将语言、数学、科学、艺术等多个领域的知识融入主题活动中。例如，在"春天的秘密"主题中，儿童可以通过观察植物生长学习自然科学知识，通过绘制春天的景象发展艺术能力，通过讲述春天的故事提升语言表达能力。

情境性：主题课程注重创设真实的情境，让儿童在具体的情境中学习。例如，在"超市购物"主题活动中，教师可以布置一间模拟超市，让儿童在角色扮演中学习数学运算、社会交往和语言表达知识。

生成性：主题课程强调根据儿童的兴趣和需求生成新的活动内容。教师在实施过程中，会根据儿童的反应和问题，灵活调整主题方向和活动形式。例如，如果儿童对"春天的秘密"主题中的昆虫产生了浓厚兴趣，教师可以将主题延伸为"昆虫的世界"，进一步满足儿童的探索欲望。

（二）主题课程的实施案例

以"我的家乡"主题课程为例，教师可以设计以下系列活动。

语言领域：开展"家乡的故事"讲述活动，让儿童通过观看家乡的照片或视频，用语言描述家乡的风景、风俗和特色。

艺术领域：组织"画家乡"绘画活动，鼓励儿童用画笔描绘自己心中的家乡，培养儿童的审美能力和创造力。

社会领域：进行"家乡的美食"分享活动，邀请家长和儿童一起制作家乡特色美食，让儿童在实践中了解家乡文化，增强社会交往能力。

科学领域：开展"家乡的植物"观察活动，带领儿童到户外观察家乡的植物，引导儿童记录植物的生长过程，培养儿童的科学探究精神。

设计与实施主题课程，使儿童在多个领域的能力得到综合发展，同时也增强了他们对家乡的认同感和归属感。

二、项目课程：以解决问题为核心

项目课程是一种以儿童为中心、以解决问题为导向的课程形式。它强调通过真实的项目任务，引导儿童主动探索、合作学习，培养儿童的综合素养和创新能力。

（一）项目课程的特点

真实性：项目课程的选题通常来自儿童的生活经验和真实问题。例如，幼儿园附近有一片空地，儿童可以围绕"如何将空地变成一个花园"开展项目学习。

合作性：项目课程注重儿童之间的合作。在项目实施过程中，儿童需要分工协作，共同完成任务。例如，在"制作班级绘本"项目中，儿童被分为绘画组、文字组和装订组，通过合作完成一本绘本的创作。

探究性：项目课程鼓励儿童自主探究，教师在其中扮演引导者的角色。例如，在"如何让植物长得更好"项目中，教师可以引导儿童提出假设、设计实验、观察记录，最终得出结论。

（二）项目课程的实施案例

以"制作班级玩具"项目课程为例，教师可以引导儿童完成以下步骤。

项目启动：通过讨论和投票的方式，教师确定项目主题为"制作班级玩具"。引导儿童思考制作玩具需要解决的问题，如材料选择、玩具功能、制作步骤等。

分组合作：根据儿童的兴趣和能力，教师将儿童分成若干小组，每组负责一种玩具的制作。例如，一组制作"纸盒小车"，一组制作"布偶玩偶"。

探究与实践：各小组通过查阅资料、讨论和实验，确定玩具的制作方法。教师在过程中提供必要的支持和指导，帮助儿童解决遇到的问题。

成果展示与评价：各小组完成玩具制作后，教师组织班级玩具展览，邀请其他班级的儿童和家长参观。通过展示和分享，教师让儿童体验成功的喜悦，同时培养儿童的表达能力和自信心。

通过项目课程的实施，儿童在解决问题的过程中，不仅提升了动手能力和创新能力，还增强了团队合作意识和自主学习能力。

三、游戏化课程：以儿童天性为基础

喜欢做游戏是儿童的天性，游戏化课程是一种将游戏元素融入教育活动的课程形式。它强调通过游戏的方式，让儿童在轻松愉快的氛围中学习，促进儿童的身心健康发展。

（一）游戏化课程的特点

趣味性：游戏化课程注重激发儿童的兴趣和好奇心，让学习变得有趣。例如，通过"数字游戏"儿童学习了数学知识，通过"角色扮演游戏"儿童学习了社会交往知识。

自主性：游戏化课程鼓励儿童自主选择游戏内容和方式，尊重儿童的个体差异。例如，在"创意游戏角"，儿童可以根据自己的兴趣选择拼图、积木或绘画游戏。

互动性：游戏化课程强调儿童之间的互动和合作。例如，在"团队接力游戏"中，儿童需要相互配合，完成接力任务，培养儿童的团队协作能力。

（二）游戏化课程的实施案例

以"数学游戏化课程"为例，教师可以设计以下活动。

数字拼图游戏：将数字卡片拼成一个完整的图案，让儿童在游戏中学习数字的形状和顺序知识。

购物游戏：创设一个"小超市"情境，让儿童通过购买商品学习货币的使用和简单的加减运算知识。

数学迷宫游戏：设计一个迷宫，让儿童通过解决数学问题找到出口，培养儿童的逻辑思维能力和数学运算能力。

数学角色扮演游戏：让儿童扮演"小老师"，通过讲解数学问题，加深其对数学概念的理解，同时锻炼儿童的语言表达能力。

儿童在轻松愉快的游戏中，不仅掌握了数学知识，还增强了学习的积极性和主动性。

第二节　教学方法：多样化的学习体验

教学方法是学前教育模式实践的重要手段。不同的教学方法能够满足儿童不同的学习需求，激发儿童的学习兴趣和潜能。本节我们将介绍几种常见的学前教育教学方法，并结合案例进行分析。

一、游戏化教学法：在玩中学

游戏化教学法是将游戏元素融入教学活动的一种方法。它通过创设游戏情境、设计游戏规则和提供游戏材料，让儿童在游戏过程中学习知识和技能。

（一）游戏化教学法的特点

情境性：游戏化教学法通过创设具体的情境，让儿童身临其境地学习。例如，在"小熊的生日派对"情境中，儿童可以通过角色扮演学习礼貌用语、分享合作等社会交往技能。

趣味性：游戏化教学法注重激发儿童的兴趣，让学习变得有趣。例如，通过"数学游戏"儿童学习了数字运算知识，通过"科学实验游戏"儿童探索了科学现象。

自主性：游戏化教学法尊重儿童的自主选择，让儿童在游戏中自由探索。例如，在"创意游戏角"，儿童可以根据自己的兴趣选择拼图、积木或绘画游戏。

（二）游戏化教学法的实施案例

以"小熊的生日派对"游戏化教学活动为例，教师可以设计以下步骤。

情境创设：教师布置一个"小熊的生日派对"场景，包括生日蛋糕、礼物、气球等道具。

角色分配：儿童根据自己的兴趣选择角色，如小熊、小兔子、小猴子等。

游戏规则：教师介绍游戏规则，如每个角色需要准备一份礼物，并在派对上用礼貌用语祝福小熊生日快乐。

游戏实施：儿童在角色扮演过程中，通过互动学习礼貌用语、分享合作等社会交往技能。

总结分享：游戏结束后，教师引导儿童分享游戏中的感受和收获，总结社会交往的知识要点。

游戏化教学法使儿童在轻松愉快的游戏中，不仅学会了社会交往技能，还提升了语言表达能力和合作能力。

二、探究式学习法：在探索中成长

探究式学习法是一种以儿童为中心、以问题解决为导向的学习方法。它强调通过提出问题、设计实验、观察记录和得出结论的过程，让儿童自主探索和学习。

（一）探究式学习法的特点

自主性：探究式学习法尊重儿童的自主选择，让儿童根据自己的兴趣提出问题。例如，儿童对"植物的生长"感兴趣，可以自主提出"植物需要什么才能生长"等问题。

合作性：探究式学习法注重儿童之间的合作。在探究过程中，儿童需要分工协作，共同完成任务。例如，在"植物生长实验"中，儿童被分为观察组、记录组和分析组，通过合作完成实验。

实践性：探究式学习法强调通过实践操作，让儿童在动手过程中学习。例如，通过种植植物、观察记录，儿童了解了植物的生长过程。

（二）探究式学习法的实施案例

以"植物的生长"探究式学习活动为例，教师可以引导儿童完成以下步骤。

问题提出：教师引导儿童观察植物，提出"植物需要什么才能生长"等问题。

假设猜测：儿童根据自己的经验，猜测植物生长需要阳光、水分、土壤等。

实验设计：教师帮助儿童设计实验，例如，将植物分别放在阳光充足和阳光不足的地方，观察植物的生长情况。

观察记录：儿童通过观察记录植物的生长变化，如高度、叶片数量等。

结论总结：教师引导儿童分析观察记录，得出"植物需要阳光才能良好生长"的结论。

探究式学习法使儿童在自主探索的过程中，不仅提升了科学探究能力，还增强了自主学习能力和合作能力。

三、情境教学法：在情境中学习

情境教学法是一种通过创设具体情境，让儿童在情境中学习的教学方法。它强调通过真实的情境，激发儿童的学习兴趣和积极性。

（一）情境教学法的特点

真实性：情境教学法创设的情境通常来自儿童的生活经验，具有真实感。例如，在"超市购物"情境中，儿童可以通过模拟购物学习数学运算和社会交往知识。

互动性：情境教学法注重儿童之间的互动和合作。在情境中，儿童需要通过角色扮演和互动交流，完成任务。例如，在"医院角色扮演"情境中，儿童需要扮演医生、护士和病人，通过互动学习社会角色的职责知识。

趣味性：情境教学法通过创设有趣的情境，激发儿童的学习兴趣。例如，在"童话故事表演"情境中，儿童可以通过表演童话故事，学习语言表达和角色扮演知识。

（二）情境教学法的实施案例

以"超市购物"情境教学活动为例，教师可以设计以下步骤。

情境创设：教师布置一个"超市"场景，包括货架、商品、收银台等道具。

角色分配：儿童根据自己的兴趣选择角色，如顾客、收银员、售货员等。

情境实施：儿童在角色扮演过程中，通过互动学习数学运算和社会交往技能。例如，顾客需要计算购买商品的总价，收银员需要找零。

总结分享：活动结束后，教师引导儿童分享活动中的感受和收获，总结数学运算和社会交往的知识要点。

情境教学法使儿童在真实的情境中，不仅学会了数学运算和社会交往技能，还提升了语言表达能力和合作能力。

第三节　环境创设：支持性学习空间

环境创设是学前教育模式实践的重要组成部分。良好的环境能够为儿童提供丰富的学习资源和舒适的学习氛围，促进儿童全面发展。

一、室内环境创设：温馨适宜的学习空间

室内环境是儿童日常活动的主要场所，良好的室内环境能够为儿童提供丰富的学习资源和适宜的学习氛围。

（一）室内环境创设的原则

安全性：室内环境的创设首先要考虑安全性。例如，家具的边角要圆润，电源插座要加保护盖，地面要防滑。

舒适性：要营造温馨舒适的室内环境。例如，合理的布局和色彩搭配，使儿童感到放松和愉悦。

教育性：室内环境要体现教育理念，为儿童提供丰富的学习资源。例如，设置阅读角、科学探索角、艺术创作角等功能区域，满足儿童不同的学习需求。

（二）室内环境创设的案例

以"创意阅读角"为例，教师可以进行以下创设。

空间布局：选择一个安静的角落，布置舒适的座椅和地毯，让儿童可以舒适地阅读。

图书选择：根据儿童的年龄和兴趣，选择丰富多样的图书，包括绘本、故事书、科普书等。

装饰设计：通过张贴与阅读相关的海报、挂图，营造浓厚的阅读氛围。

互动设计：设置"故事分享墙"，让儿童可以将自己的感受用绘画的方式展示出来，增强儿童的参与感和成就感。

创设创意阅读角，使儿童在舒适的空间中，不仅培养了阅读兴趣，还提升了语言表达能力和想象力。

二、户外环境创设：自然与探索的空间

户外环境是儿童接触自然、锻炼身体和探索世界的重要场所。良好的户外环境能够为儿童提供丰富的自然体验和探索机会。

（一）户外环境创设的原则

自然性：创设户外环境要尽可能接近自然。例如，设置花园、沙池、水池等自然区域，让儿童接触自然、感受自然。

安全性：创设户外环境要确保儿童安全。例如，设置安全的围栏、平整的地面、合适的游乐设施。

探索性：户外环境要为儿童提供丰富的探索机会。例如，设置迷宫、攀爬架、滑梯等设施，让儿童在运动中锻炼身体和探索世界。

（二）户外环境创设的案例

以"自然探索园"为例，教师可以进行以下环境创设。

花园区域：种植各种花卉和蔬菜，让儿童观察植物的生长过程，学习自然科学知识。

沙池区域：提供丰富的沙池玩具，如铲子、桶、模具等，让儿童在玩沙过程中锻炼手部精细动作和创造力。

水池区域：设置小型水池，让儿童观察水生植物和动物，了解水的特性。

运动区域：设置攀爬架、滑梯、平衡木等设施，让儿童在运动中锻炼身体协调能力和勇气。

自然探索园使儿童在自然环境中不仅锻炼了身体，还提升了探索能力和自然科学素养。

三、家庭与社区环境创设：拓展学习空间

家庭和社区是学前教育的重要延伸。良好的家庭和社区环境能够为儿童提供丰富的学习资源和广阔的学习空间。

（一）家庭环境创设

亲子阅读角：在家庭中设置一个亲子阅读角，配备舒适的座椅和丰富的图书，家长和儿童可以一起阅读，培养儿童的阅读习惯。

创意手工区：提供丰富的手工材料，如彩纸、剪刀、胶水等，让儿童可以在家中进行创意手工活动，培养儿童的动手能力和创造力。

自然观察区：在阳台或窗台设置一个自然观察区，种植花卉或养殖小动物，让儿童可以观察自然现象，学习自然科学知识。

（二）社区环境创设

社区图书馆：社区可以设置儿童图书馆，提供丰富的图书资源，定期举办阅读活动，培养儿童的阅读兴趣。

社区公园：社区公园可以设置儿童游乐设施和自然探索区域，让儿童可以在户外锻炼身体和探索世界。

社区亲子活动：社区可以定期举办亲子活动，如亲子运动会、亲子手工活动等，增强社区儿童和家长之间的互动与交流。

通过家庭和社区环境的创设，儿童在家庭和社区的支持下，不仅拓展了学习空间，还提升了学习的广度和深度。

学前教育模式的实践形式是学前教育理论与实际操作相结合的重要环节。通过多元化的课程设计、多样化的教学方法和良好的环境创设，学前教育模式能够为儿童提供丰富多样的学习体验，促进儿童的全面发展。在实践过程中，学前教育工作者需要根据儿童的兴趣和需求，灵活运用不同的实践形式，不断探索和创新，为儿童创造一种更加美好的学习环境。

第四章　学前教育中的美术活动与环境创设

环境是学前教育中不可忽视的一个重要因素，尤其在美术教育中，环境的创设直接影响儿童的学习动机和艺术创作的质量。幼儿园的教育环境不仅包括物理空间的设计，还涉及心理和文化氛围的塑造。本章我们将探讨环境创设对美术教育的影响，重点分析如何通过合理设计美术活动环境，激发儿童的艺术创造力和探索精神。美术教育需要为儿童提供丰富的视觉和触觉体验，而这一切都离不开创设一种充满艺术气息、富有创意的环境。研究表明，环境的布置可以激发儿童的观察力、表现力和创造力，因此，如何通过环境设计促进儿童的艺术发展，成为当前学前教育的重要议题。此外，本章我们将进一步探讨创意美术活动环境的设计原则，分析如何通过空间布局、材料选择及文化元素的融合，为儿童提供一个支持其艺术创作的多元化空间。

第一节　环境创设对美术教育的影响

一、环境创设对幼儿创造力的激发作用

在幼儿美术教育中，环境不仅是提供活动的物理空间，而且是促使幼儿思维拓展与激发创造力的重要因素。教育心理学研究表明，环境对幼儿的认知发展和情感体验有着深远的影响。一种精心设计的教育环境能够为幼儿提供多样化的感官刺激，这些刺激通过触动幼儿的视觉、听觉、触觉等感官，促使他们在感知与思考的互动中生成新的认知模式，进而影响到他们在艺术创作过程中的表现。尤其是在美术活动中，环境创设的不同层面空间布局、色彩使用、材料的选择与摆

放等都具有重要的作用，它们不仅是物理意义上的"道具"，更是潜移默化地影响着幼儿思维方式和艺术创作的根本力量。

环境的开放性直接影响幼儿的自由探索与自主创作。一个开放且灵活的空间设计能够为幼儿提供足够的活动范围，鼓励他们在没有束缚的情况下自由发挥自己的想象力。与传统教育模式下以老师为中心、空间限制较大的教学环境不同，开放的空间不仅是为了容纳更多的活动，更是为了给幼儿提供一个充满更多可能性的创作场所。在这样一种环境中，幼儿能够不受约束地选择自己喜欢的活动区域，与同伴或教师进行互动，交换彼此的创作灵感。这种开放的空间安排，让幼儿能够在无形中体验到探索未知的乐趣，从而激发他们去尝试新的创作方式和思考模式，进而培养他们创新性思维。

空间中的色彩搭配也是影响幼儿创作的一项重要因素。色彩不仅是艺术作品的组成元素，它在环境设计中所起到的作用同样不可忽视。研究表明，不同色彩能够激发幼儿不同的情绪与思维反应。例如，鲜艳的红色或黄色常常能够唤起幼儿的活力与创造欲望，而冷色系如蓝色、绿色则能够提供平静和放松的感官体验，帮助幼儿在创作过程中保持情绪上的稳定与专注。色彩的选择与搭配不仅是为了美观，更是为了根据幼儿的心理与情感需求进行精准调节。通过不同色彩的巧妙运用，教师可以营造出一个既充满活力又富有创造潜力的艺术空间，这为幼儿的艺术活动提供了更多的可能性，帮助他们在创作中更好地表达自我。

除了色彩的搭配外，艺术素材的合理布局与呈现形式也是环境创设中的关键因素。丰富的艺术材料能够给幼儿提供多样化的选择，满足他们在创作过程中的不同需求。通过巧妙的布局，各种艺术素材有序地展示在幼儿眼前，这不仅能够激发他们的好奇心与探索欲望，还能够促使他们在多种材料中寻找适合自己创作的工具和元素。这些材料可以是传统的绘画工具，如彩笔、油画棒，也可以是具有挑战性的雕塑工具，甚至是自然素材如树叶、沙子等。这些丰富的艺术材料为幼儿提供了跨越传统界限的创作条件，促使他们从多元的视角去理解艺术，进而培养其多样化的创作能力。

环境的创设还应注重与幼儿日常生活经验的结合，使其能够在艺术活动中找到更为贴近自我生活的表达方式。通过将日常生活中的元素融入艺术环境，教师能够帮助幼儿建立起生活与艺术的联系，使幼儿在创作中能够更加自如地表达内心的感受和对世界的认知。这种生活化的艺术环境不仅让幼儿的创作更加真实和具体，还能够帮助他们通过艺术这一形式对外部世界进行重新审视和理解。例如，将自然元素如植物、动物、天气等融入创作空间，幼儿能够通过感官的直接接触和观察，激发艺术灵感，进而拓展艺术视野并采用新的表现手法。

在这一过程中，教师的角色不仅是知识的传授者，更是环境的设计者与引导者。教师应当根据幼儿的兴趣和发展需求，创造出多样化的艺术环境，并通过细心的观察与适时的引导，帮助幼儿在环境的激发下展开自由的创作与表达。这种以环境为媒介的教育方式，不仅帮助幼儿提升了艺术创作的能力，更在潜移默化中培养了他们的创造性思维和解决问题的能力。通过对环境的巧妙创设，教师能够为幼儿提供一个充满创造力和探索精神的艺术世界，使他们在这个空间中得以成长和发展。

二、环境设计对美术活动氛围的塑造作用

美术教育不仅是技能的传授，它更深层次的目标在于通过艺术激发幼儿的创造力、想象力和情感表达能力。在这一过程中，环境设计扮演着不可或缺的角色，它直接影响到幼儿对美术活动的参与度、学习状态和情感体验。良好的环境设计为幼儿提供了一个舒适、富有激励性的学习空间，使得美术活动不仅是技术操作的训练，更成了一种愉悦的心灵体验。环境的设计在激发幼儿兴趣、提升参与感、塑造积极学习态度等方面具有重要作用。通过精心设计的环境，幼儿能够更好地投入美术活动中，发挥其潜力，感受到创作过程中的乐趣与成就感。

从色彩的选择到空间的布局，环境设计的每一个细节都可能对幼儿的学习产生深远影响。色彩作为环境设计的核心元素之一，具有强烈的视觉冲击力，它能直接影响幼儿的情绪和行为。研究表明，温暖的色调如橙色、黄色等能够带来愉悦、兴奋的情感反应，激发幼儿的活力和创造力；而冷色调如蓝色、绿色则有助于安抚情绪、提高注意力和专注度。因此，在美术教室中，色彩的搭配应尽量避免单调与乏味，而是要通过合理的色彩组合来提供一种生动、丰富的视觉体验。这种设计不仅能够提升幼儿对美术活动的兴趣，还能在不知不觉中影响他们的情

绪和学习态度，激发他们的探索欲望和表现欲。

除了色彩，空间的利用也是环境设计中不可忽视的要素。空间布局的合理性直接影响到幼儿的活动范围和创作自由度。在美术活动中，幼儿需要充分的空间来展示自己的想法和创意，尤其是在进行集体活动时，宽松的空间布局能够为幼儿提供更多的互动机会。有效的空间利用不仅能保证活动的顺利进行，还能为幼儿提供足够的私密空间，让他们在个人创作时能够保持专注，感受到创作的自由与乐趣。例如，活动区域可以划分为不同的功能区域，如绘画区、手工区、展示区等，每个区域根据不同的活动需求进行设计与布置，从而促使幼儿在不同空间中自由地表现自己的创造力。

装饰元素的选择与布置也是环境设计中的一个重要方面。装饰不仅是为了美观，它在很大程度上影响了幼儿的心理感受与情感认同。一个充满创意和趣味的装饰空间能够激发幼儿的好奇心和探索欲望，吸引他们主动参与到美术活动中。展示幼儿自己创作的作品，尤其是在教室里显眼的位置设置一个作品展示区，可以有效提升幼儿的自信心和成就感。通过展示自己和同伴的作品，幼儿不仅能够在欣赏中获取灵感，还能在互相评价与互动中体验到集体创造的乐趣。

自然光的使用在美术教室的环境设计中同样至关重要。研究表明，自然光能够营造一种温和、舒适的照明效果，有助于缓解眼睛疲劳，提高幼儿的视觉舒适度。在美术活动中，充足的自然光不仅能够提升教室的亮度，创造出一种轻松愉快的氛围，而且还能让幼儿更加专注于自己的创作过程。相比于人工光源，充足的自然光能够更加接近自然状态，增强幼儿与自然之间的联系，使他们在创作时感到更加自在和放松。

在这种环境下，幼儿的参与感与自信心得到了有效提升。当他们处在一种设计合理、富有创意的环境中时，他们的心理状态发生了积极的变化。美术活动不再是一个简单的任务，而是变成了一次有趣的冒险，一次情感的释放和创意的表达。幼儿在这样的氛围中，能够自主地选择创作材料、设计作品，甚至在交流与分享中获得新的启发。通过环境的设计，幼儿不仅能够在参与中获得知识与技能的提升，更能够在心理上得到滋养和成长。

环境设计对幼儿的社交互动也有着重要的影响。在美术活动中，幼儿往往需要与同伴进行合作与交流。合理的空间布局和装饰能够促进这种互动的发生。在宽松而富有创意的环境中，幼儿更容易放下拘谨与羞怯，主动与同伴分享自己的创作成果或互相帮助。在这一过程中，他们不仅学习到了艺术技能，更重要的是体验到了团队合作和社交互动的乐趣，提升了他们的社交能力和集体意识。

三、环境创设对教师教学策略的辅助作用

在美术教学中，教师的角色无疑是至关重要的，其影响力不仅体现在直接的教学活动中，还体现在教学策略的运用和教学内容的组织上。而环境的创设则是对教师教学策略的重要补充，它不仅为教师提供了更为丰富的教学资源，还通过物理和心理的双重影响，辅助教师在教学过程中有效地发挥引导作用。通过巧妙的环境设计，教师能够在教学中获得更多的灵感，创新性的教学方法也能够在一种富有创意和活力的环境中得以使用。

环境创设为教师提供了丰富的教学资源，尤其是在美术教育这一领域，物理空间的创设和教学资源的合理布局起着至关重要的作用。一个精心设计的美术活动空间能够为教师提供更加灵活的教学选择，使其能够根据不同的教育目标有针对性地安排活动内容。比如，教师在设置创作区域时，可以根据活动的性质和教学的重点，划分出不同的区域进行特色化教学。在一个专注于绘画创作的区域，教师可以通过展示不同种类的绘画工具和材料来激发幼儿的创造力，并在互动中引导幼儿自由探索色彩与形态的关系；而在一个专门的手工制作区域，教师则可以通过提供剪刀、胶水、纸张等工具，让幼儿体验到动手操作的乐趣，同时也培养他们的细致观察力和动手能力。通过这些不同的区域划分和资源配置，教师不仅能够充分发挥引导作用，还能够根据教学的不同需求进行个性化的指导。

环境创设的另一个重要作用在于，它为教师提供了更多的教学策略和灵活性。教师在美术教学中通常需要依据幼儿的兴趣和发展需求来调整教学内容和方法，而环境创设为这一调整提供了广阔的空间。通过环境中的各种材料、工具和设备的布置，教师能够在教学过程中更好地调动幼儿的积极性。例如，环境中丰富多样的艺术材料能够激发教师对某些教学方法的灵感，从而促使其根据幼儿的兴趣点来设计具体的活动流程。教师可以通过观察幼儿与环境互动的方式，发现

他们在创作中表现出的独特兴趣和情感，从而更有针对性地调整教学策略。此外，环境中的视觉刺激和艺术氛围也能促进教师自我反思和创新。教师在这样一个富有创意的空间中工作，能够自然而然地突破传统教学的局限，探索新的教育思路和方法。

环境不仅是教师教学的工具，它还能够帮助教师更好地理解和引导幼儿的兴趣和发展需求。在美术教育中，幼儿的兴趣点往往是多元的，他们在艺术创作过程中表现出的差异化需求需要教师在教学中做出适当的调整。通过细致的观察，教师可以根据环境中幼儿的表现，了解他们的兴趣所在，并在此基础上制订个性化的教学计划。例如，某些幼儿可能对绘画表现出浓厚的兴趣，教师可以通过提供更加丰富的绘画材料，鼓励幼儿在创作中自由表达。而另外一些幼儿则可能更偏爱手工制作，教师可以通过环境中多样化的手工工具和创意材料，吸引幼儿主动参与到活动中来。通过对环境的观察和对幼儿兴趣的准确把握，教师能够确保每一个幼儿在美术教育中都能得到充分的关注和支持，从而实现个性化教学。

环境创设还有助于教师在美术教育中创造更多的互动机会。环境中的各类资源及其布局不仅是对教师的辅助，还通过多样的方式促进了教师与幼儿、幼儿与幼儿之间的互动。在一种充满创意和灵感的环境中，教师能够通过与幼儿的互动了解他们的创作思路和艺术表现，进而为他们提供有针对性的指导。而幼儿在这种互动过程中也能够通过与同伴的合作与交流，激发更多的艺术灵感和创意。在这样的环境中，教师的教学策略不仅是通过言语来展现的，更通过环境中的资源、布局及与幼儿的互动来形成一种积极的教学氛围，促进幼儿在自由与探索中成长。

通过环境创设，教师的教学方式能够变得更加灵活多变，教学活动的设计也更加贴合幼儿的个性化需求。而这种灵活性不仅体现在教学内容的调整上，更表现在教学方式的创新上。教师可以根据教学目标和幼儿的实际表现，通过改变环境的布局、增加材料的种类、调整活动的节奏等方式，来引导幼儿在艺术创作中得到更好的发展。此外，环境的变化也能够带来教师与幼儿关系的变化。在一种充满创造力的环境中，教师能够更加贴近幼儿的心理世界，关注他们的需求，并通过适时的引导和鼓励，让幼儿在自信与快乐中不断进步。

第二节　创意美术活动环境的设计

一、美术活动环境的整体布局与空间规划

在美术活动环境的整体设计中，空间规划作为基础性元素，起着至关重要的作用。良好的空间布局不仅能够满足幼儿活动的需求，还能激发他们的创造力和合作意识。在美术活动中，环境设计必须从儿童的心理和生理特征出发，合理安排各个功能区域，确保活动空间、存储空间及展示空间的有机融合。美术活动本身要求儿童拥有充足的空间去发挥自己的创造力，设计时我们应以提供自由、开放的活动场所为主。每个幼儿都应有足够的空间去探索各种艺术形式，从绘画到雕塑，再到多元化的艺术媒介，这样的空间安排不仅能满足他们的肢体需求，还能够提升他们独立思考与创作的能力。

活动区域的设计应重点关注如何为儿童提供一个既自由又安全的创作空间。这个区域不仅要满足儿童充分活动的需求，还应保证他们在进行艺术创作时的安全。通过合理安排儿童的活动路径、设计墙壁的高度、优化桌椅的设计等，我们可以有效避免活动中发生意外事故。此外，活动区域的布局还应注重避免物品的堆积和过度拥挤。空间的宽敞程度不仅有助于儿童的自由活动，还能帮助他们更好地集中精力于创作过程，从而具有更高的艺术表现力。

存储区域在美术活动环境设计中同样占据着重要位置。艺术创作离不开各种各样的艺术材料，从颜料、画笔到剪刀、黏土等工具，所有这些物品都需要有专门的存储空间。设计者必须根据儿童的身高和使用习惯，提供便于存取的存储设施。将存储空间的布局设计得合理，能够提高材料使用的效率和便捷性，避免物品乱放或存放不当造成的安全隐患。同时，设计合理的存储区域能够培养儿童整理与分类的能力，帮助他们养成良好的生活和学习习惯。通过这种设计，儿童不仅能够轻松找到所需的材料，还能够在艺术创作过程中形成自主管理的意识。

展示区域则是美术活动环境设计中不可忽视的一部分。展示区域的设计不仅

能够为儿童提供自豪展示自己作品的机会，还能激发他们继续创作的动力。儿童往往对自己的作品充满成就感，而展示区域能够成为他们展示成果的平台，增强其自信心和自我表达的欲望。展示区域的设计应注重开放性与灵活性，使得幼儿能够自由选择作品进行展示，并通过不同形式的陈列展示提升作品的可视性和艺术感染力。在这种环境中，幼儿不仅能够欣赏自己的作品，还能够相互学习、相互激励，从而促进集体创作精神的形成。

除了功能性的区域布局外，空间的流动性、开放性与互动性同样是设计中必须考虑的关键因素。美术活动往往是集体参与的活动，儿童之间的互动与合作在整个创作过程中至关重要。因此，在空间规划时，设计师应注重各区域之间的过渡，确保儿童可以方便地在不同功能区域之间流动，而不会受到空间分隔的限制。活动区域和存储区域、展示区域之间应有适当的衔接，使得儿童能够自由地在不同区域之间切换，保证活动的连续性与流畅性。这种设计不仅有助于儿童在活动过程中保持高度的参与感和连贯性，还能够使他们在空间中形成互动关系，培养团队合作精神。

在美术活动的环境设计中，空间的开放性同样重要。设计师应避免封闭式的空间布局，使得儿童在创作时能够自由呼吸、自由表达，避免束缚他们天马行空的想象力。开放性的空间能给幼儿带来更多的心理上的放松和自由感，他们能够不受拘束地进行艺术创作，从而具有更高的艺术表现力并有利于其个人创造力的发挥。同时，开放性设计还使得教师能够更好地观察到幼儿的创作状态和心理变化，为他们提供及时的指导和支持。

互动性则是空间设计中又一个不容忽视的因素。美术活动不仅是个体的创作，更是儿童之间相互交流与协作的过程。空间设计需要营造一种互动的氛围，鼓励幼儿在共同创作和展示作品时进行讨论与合作。通过这种互动性强的环境，儿童可以相互启发，共同完成创作任务，同时培养他们的团队合作意识和集体责任感。设计时，我们可以通过设置共享工作台、合作创作区等方式，增加幼儿之间的交流与互动，从而进一步丰富他们的创作体验。

二、环境创设中的感官刺激与情感营造

环境的创设在幼儿美术教育中占据着至关重要的地位，它不仅为儿童提供了一个活动空间，更通过对感官的全面刺激和情感的细腻调动，极大地激发了幼儿的创造力与想象力。在这一过程中，美术活动环境的设计应考虑到儿童多元化的感官需求，并通过空间元素的有机融合，营造出一种能够激发情感共鸣和艺术创造的氛围。美术活动的环境不仅是一个简单的物理空间，它更是一个富有情感温度的场域，能够通过色彩、材质、灯光等多重元素直接影响到幼儿的情绪与感知，从而为其创意的发展奠定基础。

在设计美术活动环境时，色彩的运用是最直接、最有效的手段之一。色彩不仅是视觉上的刺激，它与情感的关联性也在心理学研究中得到了充分的证明。儿童对于色彩的敏感度较高，而色彩的不同搭配会直接影响到幼儿的情绪反应和创造思维。色彩的选择不应单一或过于艳丽，否则可能导致视觉疲劳或情感上的压迫感。相反，适度的色彩对比和柔和的色调能够创造出舒适愉悦的氛围，帮助幼儿放松身心，激发他们的探索兴趣。自然色彩的引入，诸如绿色、蓝色等，可以唤起幼儿对大自然的亲近感和探索欲望。而温暖的色调，如浅黄色或橙色，则能创造出一种温馨、活泼的氛围，激发幼儿的创造潜能。在色彩的使用上，我们还应当注重空间布局与色彩的平衡，通过合理的搭配避免让环境显得过于杂乱或单调，从而影响幼儿的情感体验。

除了色彩，材质的选择同样对幼儿美术环境的情感营造至关重要。材质的触感直接影响到幼儿对环境的认知及其与环境的互动方式。自然材质，如木材、棉麻等，不仅能够为空间注入一种质朴和亲切感，同时也能与幼儿的触觉产生共鸣，激发他们的探索欲望。木材的自然纹理和温暖质感，往往能让幼儿在触摸的过程中感受到一种与自然的连接，这种联系不仅有助于情感的稳定，也能唤起他们对于手工创作的兴趣。相较于冷硬的金属或塑料材质，天然材质的使用更加贴近幼儿的本能需求，让他们在一个充满温度和柔软感的空间中，更加自在地进行创造性活动。此外，环保材料的使用不仅能够保障幼儿的安全，还能通过绿色的理念引导他们树立对自然环境的尊重与保护意识。

光线的设计同样是美术环境创设中的一项重要元素。灯光的明暗变化直接影响到幼儿的情绪状态和注意力集中程度。柔和、均匀的光线能够营造出温馨、宁静的氛围，减少幼儿在创作时的紧张情绪，让他们能够更加专注于自己的艺术表达。而强烈的光线则容易让幼儿感到不适或疲劳，因此在环境设计中，我们应当尽量避免直射光源的使用。通过适当的光线调节，我们可以有效地调动幼儿的情感，帮助他们进入更加专注和放松的创作状态。此外，自然光的引入也是一种有效的设计方式，阳光的温暖与自然光线的变化能够激发幼儿对外部世界的兴趣和好奇心，增强他们对周围环境的感知能力。

除了色彩、材质和光线，环境中的气味也是感官刺激的重要组成部分。虽然气味在空间设计中的关注度较低，但它却能够在潜移默化中影响到幼儿的情绪与创造力。通过植物的香气、木材的自然味道或其他具有温馨气息的元素，我们可以有效地调动幼儿的情感体验。植物的香气不仅能够给人带来清新、自然的感觉，还能让幼儿感受到大自然的气息，从而激发他们对于自然界的兴趣与热爱。木材散发出的天然气味，则能够带给幼儿一种亲近自然的感觉，增强他们在创作过程中的专注力和情感投入。通过巧妙的气味设计，我们可以为幼儿提供一种更加丰富的感官体验，进一步提升创意活动的艺术气息。

美术活动环境不仅是满足功能需求的空间，它更应通过多种感官的刺激，激发幼儿的情感反应和创造潜能。通过精心设计的环境，幼儿可以在一个充满艺术氛围和情感共鸣的空间中，充分发挥他们的创造力与想象力。感官的多重刺激，不仅能够增强幼儿的艺术体验感，更能够促使他们在自由探索和自我表达的过程中，逐渐形成对艺术的独特理解和认知。每一件艺术作品的诞生，都是幼儿内心世界的外化，而环境的创设，则为这种外化提供了滋养的土壤。只有在一个充满艺术感知与情感投入的空间中，幼儿才能真正感受到艺术的魅力，并在其中找到属于自己的创造性表达方式。

三、创意美术活动环境的设计原则

在创意美术活动环境的设计过程中，安全性与可操作性是两个至关重要的设计原则，二者密切关联。安全性作为设计的基础要求，直接关系到幼儿的身心健康。因此，所有设计环节应当围绕消除潜在风险展开。设计时我们要特别关注所有设施和设备的安全性。为了最大限度地避免意外事故，家具的边角应避免使用锋利的棱角，而应圆滑或经过打磨，以防止儿童在活动过程中不慎碰撞受伤。地面材料的选择同样至关重要，我们应优先考虑防滑材料，尤其是在幼儿活动较多的区域，以减少因滑倒而发生的意外。所有用于创作的工具和材料必须符合无毒、无害的标准，确保幼儿在使用过程中不会接触到对健康有害的物质。这些设计措施的核心目标是为幼儿提供一种安全、无忧的环境，让他们能够专心投入美术活动中，不必担心可能的安全隐患。

然而，安全性并非唯一需要考虑的方面。设计者还应充分重视环境的可操作性，确保在满足安全标准的前提下，幼儿能够在一个功能齐全、便利高效的空间内进行创作活动。创意美术活动通常涉及多种艺术工具和材料，幼儿需要足够的操作空间来进行艺术创作。设计者应确保环境能够支持儿童自由、灵活地使用这些工具，并且在活动过程中能够方便地取用和归还。这一要求使得设计中涉及的空间规划、家具配置和存储方式等都必须考虑到儿童的身高、活动范围和操作习惯。例如，台面应根据儿童的身高设计，避免过高或过低的桌面给幼儿带来不适。同时，座椅的设计也应确保舒适性和支撑性，符合儿童的体型特点，避免长时间使用后造成身体不适或姿势不当。此外，艺术工具和材料的存储设计也需要便于幼儿自行拿取，且要便于分类和归位。工具应该以儿童易于接触的方式进行存放，避免杂乱无章的存放导致工具丢失或使用时的困难。

对于环境中的各种设计元素，设计者不仅要考虑幼儿的操作需求，还应留意儿童在使用过程中可能具有的行为特点。幼儿天性活跃，创作时常常需要随时拿取工具、切换不同的材料，而良好的设计应能够支持这种动态的活动方式。举例来说，设计时我们可以考虑提供足够的桌面空间和便捷的存储架，以便幼儿在创作时可以随时取用所需材料而不需要中断活动。此外，设计还应给予幼儿足够的自主性，让他们可以在不依赖成人的情况下独立完成创作。为此，设计中的所有设施应符合幼儿的使用习惯，做到简洁、直观、易操作。通过合理的空间布局和细节设计，幼儿能够在无任何困扰的情况下专注于创作和表达，进一步激发他们的艺术创造力。

更进一步，环境的布局应当具有灵活性，以便在进行不同活动时能灵活调整。创意美术活动往往需要多种不同形式的操作空间，有时可能需要静态的绘画空间，也有时可能需要更为宽敞的立体创作空间。因此，设计应提供一种灵活可变的空间结构，能够根据具体活动的需求进行空间的再配置。无论是通过可调节的桌椅，还是通过移动的隔板和储物设施，设计者应确保空间在不同的使用情境下都能提供最大的便利。

设计中我们应当注意创造一种能激发幼儿创造力的氛围。在确保安全性与可操作性的基础上，环境本身应当具备一定的艺术性和激励性。设计可以通过色彩搭配、艺术装饰及创意元素的引入，激发幼儿的想象力和探索欲。柔和而富有变化的色彩能够调动幼儿的情绪，使他们在轻松愉快的氛围中展开创作。同时，设计者可以通过墙面展示幼儿的作品，这既增加了空间的艺术感，也增强了幼儿的自信心和成就感。此外，合理的光照设计能够确保幼儿在作画时得到良好的视觉体验，而通透的窗户设计则能提供自然光照，营造一种温暖而明亮的创作环境。

第三节　环境与幼儿美术创作的互动

一、环境对幼儿美术创作的启发作用

环境作为幼儿美术创作的重要组成部分，其对幼儿创作的启发作用是深刻且多维的。美术创作的产生并非单纯依赖于个体内在的动机和能力，外部环境对这一过程的影响尤为深远。儿童美术作品的形成，不仅是感知世界的自发表达，更受到周围空间、色彩、光线及独特氛围的强烈引导。空间的布局、色彩的搭配及光照条件，这些看似微小的元素共同构成了一个能够启发幼儿创作的环境体系。适宜的环境，不仅是一个物理空间，更是一个充满了视觉、触觉，甚至听觉刺激的多感官领域，这些感官刺激在潜移默化中激发了幼儿的想象力和创造力。

空间布局与环境中的物品摆设具有极为重要的作用。当一个空间的布局符合幼儿活动的需求，幼儿在自由活动、探索和互动时，就有可能获得创作的灵感。例如，宽敞、通透的空间能够让幼儿在不受束缚的状态下进行大尺度的艺术创作，而较为温馨、充满趣味的空间则能够让幼儿在更加细腻的艺术实践中展现独特的创意。与此同时，环境中的色彩搭配对幼儿的艺术创作同样具有深远影响。色彩的运用不仅能够为创作提供视觉上的引导，它还能激发幼儿在绘画、雕塑等创作形式中的情感表达能力。丰富的色彩组合可以引导幼儿从单一的线条与形状创作到多样化的艺术表现，而鲜艳明亮的色调常常能够唤起幼儿内心的热情，激发他们对艺术的探索欲望。

光线作为环境中不可忽视的元素，对幼儿的创作过程有着直接的影响。柔和的自然光照或者精心设计的人造光源能够提升幼儿视觉体验的舒适度，从而影响其创作的情绪与状态。光与影的交织更能增添空间的层次感和动态感，这种变化能够激发幼儿的艺术创作灵感，使其在动手的过程中感知到艺术作品的多样性与创造的无限可能性。

在这一过程中，环境中的自然元素，诸如植物、动物、日常生活中的物品，往往能成为幼儿创作的源泉。这些自然元素作为外界的一部分，为幼儿提供了丰富的视觉素材和灵感源泉。当幼儿看到一朵盛开的花朵、一只飞翔的小鸟，或者是家中一件熟悉的物品，他们常常会以自己的方式进行解读。这种创作不仅是对外部世界的再现，更是对幼儿认知和感知能力的锻炼。通过这种自然元素的启发，幼儿在创作中逐渐培养起对艺术的敏感度，并通过作品表达自己对周围世界的独特理解。与此同时，这种环境激发的创作热情不仅限于绘画、雕塑等传统艺术形式，还可以延伸到多种跨领域的艺术形成，促进幼儿综合素养的发展。

当环境的功能性与艺术性相结合时，它能够在多方面支持幼儿的艺术创作活动。合理的空间设计和艺术化的环境元素，不仅满足了幼儿对活动空间的需求，也创造了一种促进创意发展的良好氛围。例如，环境中设有艺术创作的工具、材料和可供创作的主题区域，这些功能性的设计提供了丰富的创作资源，为幼儿提供了创作的支持。同时，环境中的艺术元素，如壁画、雕塑、手工艺作品等，也会对幼儿进行艺术启蒙，使他们在日常生活中不断接触艺术作品，并激发起对艺术的兴趣和思考。

环境对于幼儿艺术创作的启发作用，是通过不断丰富其感官体验、拓宽其艺术认知边界来实现的。环境不仅是一个被动的背景，它更是一个活跃的创作伙伴。

每一块墙面、每一处角落都可能成为创意的发源地。幼儿在这样的环境中，感知到周围世界的无限可能，并能够在各种材料、色彩和形态的交织中找到自己的艺术表达方式。这种自由、开放的创作空间为幼儿提供了巨大的想象力舞台，也为他们的艺术语言提供了充分的展示机会。

环境的启发作用还体现在它能够创造一种鼓励探索和尝试的氛围。在艺术创作中，幼儿通过不断尝试新的材料、工具及技法，逐步建立起自己的艺术表达体系。环境作为艺术创作的载体，能够在无形中传递出艺术的无限可能性和探索的乐趣。特别是在幼儿园这样的教育环境中，艺术活动往往被视为幼儿成长过程中不可或缺的一部分。通过一系列精心设计的艺术环境，教师可以为幼儿提供一个充满挑战和启发的创作空间，激发出他们的独特想法和创新意识。

二、环境对幼儿美术创作的实践支持作用

环境在幼儿美术创作中扮演着至关重要的角色，它不仅是视觉感知的载体，更是促进儿童创作实践的关键支持因素。艺术教育中的环境设计，尤其是对于幼儿美术活动的支持，不能仅仅停留在物理空间的安排上，更要注重心理层面的舒适感和情感的安全感。创作空间的构建直接影响到幼儿的创作行为与艺术表达的质量，良好的环境设计能够激发幼儿的创造力和主动性，为其提供自我表达的舞台。

环境是支持幼儿进行美术创作的物理载体。在幼儿的艺术创作过程中，材料的丰富性和操作空间的广阔性是环境设计的重要组成部分。幼儿的美术活动需要多样化的工具和材料，例如画笔、颜料、纸张、画布、剪刀、胶水等，这些工具和材料不仅是创作的物质基础，更是激发幼儿创意的催化剂。环境应当为幼儿提供一个能够自由接触和使用这些材料的空间，以便他们能够在没有拘束的情况下进行实验与尝试。这种自由选择和自我探索的过程，能够帮助幼儿在实际操作中培养对艺术的兴趣，并通过实践活动掌握各种绘画技巧和创作方法。环境的布局、操作台、展示区域等因素都会影响幼儿的创作行为，合理设计这些内容，不仅能提高活动的流畅性，还能在视觉和空间上给予幼儿充分的自由度，促进他们个性化地创作表达。

环境的设计要为幼儿提供心理上的安全感和开放性。心理学研究表明，环境对幼儿的情绪与心理发展有着深远的影响。对于处于自我认知与情感发展关键期的幼儿而言，环境提供的安全感，是其敢于进行艺术创作的重要前提。只有在一种充满关爱与支持的环境中，幼儿才能够不受限制地进行艺术表达，展示他们内心世界的独特性与丰富性。一种宽松、无压力的环境能够帮助幼儿减少创作时的焦虑感和不安感，促使他们放开束缚，尽情表达自己的情感和想法。心理上的"开放性"是指幼儿能够在环境中自由地接触不同的创作形式和思维方式，而不必担心被评价或被否定。这种开放性的环境氛围让幼儿敢于尝试新颖的表现方式，探索未知的艺术领域，培养其自主学习与探索的能力。

环境中的互动设施也是促进幼儿美术创作的重要组成部分。展览墙、操作台、坐垫等设施不仅提供了便捷的物理支持，还能够引导幼儿组织自己的创作活动。在展览墙上，幼儿可以展示自己的作品，与同伴分享创作的过程与心得。这样不仅能增加他们的自信心，还能够帮助他们学会欣赏和评价他人的艺术创作，培养合作与互动的意识。操作台的设置能够为幼儿提供一个有序的创作空间，让他们在规定的区域内进行专注的艺术活动。坐垫的布置则为幼儿提供了一种舒适的工作环境，帮助他们长时间保持创作的专注力。环境中的这些细节设计，都能够在不知不觉中引导幼儿形成对美术活动的理解与认同，帮助他们更好地组织创作流程，增强他们的艺术实践性和连贯性。

通过这些设计，环境成了幼儿美术创作的支持系统，不仅为幼儿提供了物理上的创作空间，更为他们的心理发展提供了安全感与支持。儿童艺术创作的过程是一个充满想象力和创造力的过程，而环境作为这一过程的基础性因素之一，必须具备激发创作灵感、促进自我表达和增强创作连贯性的功能。在这样的环境中，幼儿不仅能够学会如何用色彩、线条、形状等元素来表达自己的感受，还能够在创作过程中培养他们的细致观察力、想象力及问题解决能力。

在现代教育理念中，创设一种良好的创作环境，不仅要提供基础设施，更要创造一种能够促进儿童身心健康和综合素质发展的氛围。环境的设计应当注重多样性、灵活性和包容性，能够根据不同年龄段儿童的需求进行适时的调整与优化。一个灵活的艺术创作空间，能够让幼儿在自由的探索与实践中提升独立思考的能力并培养合作精神，进一步提升他们的创造力与解决问题的能力。因此，环境不仅是美术活动的外部支持，它在更深层次上影响着幼儿的学习方式、认知发展水平和情感表达方式，成为推动幼儿艺术创作与全面发展的重要因素。

三、环境对幼儿美术创作的情感促进作用

环境对幼儿美术创作的情感促进作用是一个复杂且深刻的议题，它涉及环境氛围对幼儿情感的影响及其如何在创作过程中起到激发和引导作用。环境不仅是一个物理空间，更是情感互动和精神交流的载体。一种充满温暖、关怀与美感的环境，能够显著影响幼儿的情绪，促使他们在美术创作过程中感受到愉悦与满足。幼儿的情感状态与他们的创造力有着密切的联系，环境的情感氛围直接决定了他们能否在创作中放松自己，释放内心的感受，进而激发出更多的创意与表现欲望。

环境通过多种方式影响幼儿的情感和美术创作。环境中的色彩及其布局对幼儿的情绪具有直接的影响。鲜艳的色彩、和谐的搭配可以刺激幼儿的感官，带给他们积极、愉悦的情绪，从而使他们在创作时能够心情愉快，全身心投入作品中。与之相对，沉闷、单一的环境则可能让幼儿感到压抑或缺乏动力。因此，富有变化的环境设计能够促使幼儿情感波动，帮助他们找到创作的灵感。

环境的空间布局也在很大程度上影响着幼儿的情感体验。一个开放、宽敞的创作空间能够让幼儿在没有束缚感的情况下自由发挥，促进他们的情感表达和创意发掘。而一种局促、狭小的环境则可能限制幼儿的感受与创作，导致他们在情感上感到压抑，难以充分展现自己的内心世界。因此，创作空间的设计需要充分考虑幼儿的情感需求，提供一种既舒适又能激发潜力的环境。

环境中的文化氛围同样对幼儿的情感表达有着重要的影响。艺术氛围浓厚的环境能够培养幼儿对美的敏感度，使他们在创作过程中不仅关注技艺的提升，更能通过作品去探索和表达自己的情感与思想。当环境中充满艺术作品、具有创意的装饰，或者是能够激发想象力的材料时，幼儿能够感受到这种艺术氛围的感染力，进而激发他们对于美术创作的热情和对自我表达的自信。艺术品和创意设计的多样性可以使幼儿在潜移默化中感知艺术的无限可能性，促进他们内心世界开阔和情感自由流动。

情感的表达和创作的过程往往是相互交织的。在良好的环境中，幼儿不仅能够通过美术作品展现自己的情感，还能够在创作的过程中发现自己的独特性。这种自我认同感和成就感的提升，能够增强幼儿的自信心，使他们更加积极地参与到创作活动中。美术创作对幼儿而言，不仅是技能的培养，更是情感的宣泄与情绪的调节。通过色彩、线条、形状等艺术元素，幼儿能够将内心的喜怒哀乐、幻想与愿望转化为可视的作品，从而实现情感的外化。这种情感的外化不仅促进了幼儿心理的健康发展，也帮助他们建立了与外界的联系，使他们能够更好地理解自己与他人之间的情感互动。

幼儿的创作活动本质上是一个情感的表达过程。在这个过程中，环境扮演着至关重要的角色，它不仅为幼儿提供了创作的物理空间，更为他们提供了情感的支撑。环境通过其特有的氛围，能够帮助幼儿缓解压力、释放负面情绪，使他们能够更加专注地投入创作中。当幼儿处在一种充满艺术感和支持性的环境中时，他们能够在无形中感受到情感的共鸣，从而使他们的创作更加富有表现力和感染力。

在环境对幼儿美术创作的情感促进作用中，情感交流的本质是环境给予幼儿情感自由的空间。环境中的每一处细节，如布置、色彩、形状、材料的选择，都在潜移默化地影响着幼儿的情感体验与创作态度。一种具有亲和力和艺术感的环境，能够让幼儿释放内心的情感压力，增强他们的情感表达能力，使他们的创作不仅停留在技巧层面，而是成为一个自我表达和情感升华的过程。

第五章　学前教育美术活动的理论基础

美术教育在学前教育中的独特地位不容忽视。美术活动不仅是儿童表现创造力和阐释艺术感觉的重要途径，更是促进其认知、情感和社交能力发展的有效方式。通过美术活动，儿童能够在愉悦的氛围中锻炼细致观察和自主思考的能力。本章我们将从美术教育在学前教育中的作用入手，探讨美术活动如何促进儿童的全面发展。幼儿的美术创作水平发展受到多方面心理因素的影响，因此，本章我们将进一步分析美术活动与儿童心理学基础的关系，重点关注认知发展、情感发展和社交能力等方面。随着教育理念的不断更新，创新美术教育理念逐渐成为学前教育改革的重要方向。本章我们将探讨如何将这些创新理念应用于美术教育的实践中，尤其是如何将理论与实践结合，帮助幼儿在美术活动中获得全方位的发展，培养其创造力和解决问题的能力。

第一节　美术活动在学前教育中的作用

一、促进儿童认知能力的发展

美术教育在儿童成长过程中发挥着不可忽视的作用，尤其在认知能力的发展方面，具有独特的促进效应。绘画与手工制作是美术教育中的两项基本活动形式，通过这些活动，儿童不仅能够感知并理解周围的世界，还能够在实践中积累认知经验，进而提升他们的认知水平。美术活动为儿童提供了一个独特的认知平台，使他们得以通过感官体验与创造性表达来构建对世界的理解。

在美术教育中，颜色、形状、图案及空间关系等视觉元素的运用，直接与儿童的认知发展密切相关。儿童通过观察并操作这些元素，能够在无形中进行视觉感知的训练。颜色的变化不仅带来了视觉上的感受，也能够促使儿童在辨认颜色与色彩搭配时形成更为细致的认知。在进行色彩混合的过程中，儿童学会如何通过经验去推测与预测颜色变化，这一过程极大丰富了他们的感官经验，并进一步锻炼了他们的观察与思考能力。

形状与图案的探索是美术活动中另一重要的认知领域。儿童在绘画或手工制作过程中，通过形状的拼接与组合，不仅锻炼了自己的形态辨识能力，还理解了不同形状之间的关系。无论是简单的几何图形，还是更复杂的图案设计，都会引导儿童进行更加细致的观察与思考。通过这些活动，儿童的空间感知能力得到了显著提高，他们能够更好地理解物体的位置、方向及大小等空间属性。尤其是在绘画中，儿童需要通过对比例、对称、构图等元素的掌握，来表现空间与形态的协调，这不仅训练了他们的视觉思维，还帮助他们发展了抽象思维能力。

与此同时，美术活动所提供的丰富操作经验，有助于激发儿童的思维潜力。通过动手制作与创作，儿童能够在反复的操作与修正中，发展出更加灵活的思维模式。在这一过程中，儿童的观察能力与思维能力得到了有效锻炼。与日常的观察活动相比，美术活动强调的是从不同的视角、角度来审视问题，这促使儿童进行深入的分析与比较。这种能力的提升，不仅限于美术领域，还为儿童在其他学科中的认知能力发展奠定了坚实的基础。

美术活动的另一大优势在于其能够提升儿童在分类与概念理解方面的能力。通过对不同形态、颜色和材质的分类，儿童能够更好地理解事物之间的异同，以及它们所呈现出的分类标准。例如，在进行纸艺制作时，儿童需要根据材料的质地、颜色与形状来选择合适的素材，这一过程不仅强化了他们的细节观察能力，还培养了他们在多个维度上对事物分类与比较的能力。这种认知能力的提升，能够帮助儿童在面对复杂的世界时，形成更加清晰的思维框架。

此外，美术活动还通过对比、联想、分类等方式，促进儿童思维的灵活性与创造力的发展。在绘画创作中，儿童常常需要通过对形状、颜色及空间布局的创新组合，来传达自己的感受与想法。在这一过程中，儿童能够自由地进行联想与构思，这种创造性思维不仅在美术活动中得到了发挥，还为他们今后的学习与生活提供了源源不断的创新动力。在不同的美术活动中，儿童通过不断地调整与优化自己的作品，发展出了一种问题解决的思维方式，这种思维方式使他们能够在面对生活中遇到的问题时，做出更加灵活与有效的反应。

从心理学角度来看，儿童通过美术活动的参与，还能够在认知和情感的双重层面上获得发展。在美术创作的过程中，儿童的情感得到了充分释放，他们通过绘画和制作表达自我，进而在情感上得到了满足与舒缓。这种情感的释放不仅有助于儿童心理健康的发展，还能够使他们在情感认知的过程中，逐渐学会理解他人的情感与意图。因此，儿童的社会认知能力、情感调节能力等，也在这一过程中得到了间接的提升。

通过美术教育，儿童不仅能够在艺术领域获得技能的提升，更能在日常生活中培养出敏锐的观察力与丰富的创造力。美术教育作为认知发展的重要载体，为儿童提供了一个丰富的思维实践空间，使他们能够在感官体验、认知构建、情感表达等多方面得到均衡的锻炼。这一系列认知能力的提升，不仅有助于儿童个体在当前阶段的全面发展，也为他们未来的学习与生活打下了坚实的基础。因此，教育者应当认识到美术教育在儿童认知能力培养中的重要作用，充分利用这一工具来促进儿童各项能力的综合发展。

二、培养儿童的创造力与想象力

美术教育在儿童成长中的作用不可忽视，尤其是在培养他们的创造力与想象力方面。它为儿童提供了一个开放和包容的空间，在这一空间内，儿童可以自由地表达情感，展现自己理解世界的方式。美术活动不仅是技术技巧的训练，它更有助于内在潜力的激发，是情感、思维、意识和认知的多维度融合。在绘画、雕塑、手工制作等各类艺术创作中，儿童不仅是模仿或重复已有的图像与形态，更是通过感知与创造力的双重作用，探索属于自己的独特艺术语言和表现形式。

通过美术活动，儿童可以脱离语言的限制，借助形状、色彩和线条等艺术元素，表达内心深处的想法与情感。这种方式促使他们摆脱了常规的思维框架，向外拓展其思维的边界，从而在无形中培养了创新能力。儿童在创作过程中不仅是在完成一项具体的艺术作品，更是在进行自我探索和思维的构建。在这种自由的创作环境中，儿童往往能够打破常规的界限，展现新的思维方式，甚至创造出独特的艺术风格。这种突破常规的思维训练，为儿童未来的创新能力发展奠定了基础。

美术教育给予儿童的最大优势之一是它为儿童提供了一种能够大胆尝试、自由表达的环境。在这种环境中，儿童可以没有任何束缚地进行创作，不受传统艺术标准或评判体系的影响。在这一过程中，儿童通过涂抹、混色、塑形等行为，不仅训练手部的精细动作，更在潜移默化中提升了思维的灵活性与独立性。每一次涂鸦、每一次画笔的舞动，都是对他们想象力的一次激发与提升。儿童通过这一系列的艺术实践，不仅能理解世界的多样性，还能从多个角度观察、思考和解读周围的事物，这无疑促进了他们对世界的多维度认知能力的发展。

进一步来说，艺术创作对于儿童想象力的培养具有深远影响。艺术不仅是对现实的再现，它更是对可能性的探索和对未知世界的想象。美术活动中的每一项创作，都是一个想象空间的构建。在绘画或雕塑中，儿童可以创造出异想天开的形象、构建出超现实的空间。通过这种方式，儿童不仅学会了如何从现实中抽离出来，去构建一个属于自己的幻想世界，还学会了如何将这些幻想转化为具体的艺术形式。这种想象力的培养，不仅能够拓宽儿童的思维边界，还能增强他们解决问题时的创造性思考能力。

随着儿童在美术活动中的逐步深入，他们的创造力和想象力得到了更高层次的训练和提升。在艺术创作中，儿童逐渐学会如何通过不同的媒介和形式表达自己的思想和感受。这不仅是艺术语言的学习，更是创造性思维的塑造。在绘画的过程中，儿童开始理解如何运用色彩、形状和构图来传达情感，而这些技巧的掌握并不仅限于艺术创作本身，更影响到他们在日常生活中的思维方式和解决问题的能力。通过美术教育，儿童的创造性思维得到了多角度锻炼，从而提高了他们面对生活挑战时的应变能力和创新能力。

此外，美术教育还能够有效地激发儿童的独立思考能力。艺术创作往往没有固定的标准答案，儿童在创作过程中需要根据自身的理解和想法，做出各种决策。这种决策不仅是对形式的选择，更是对思维深度与广度的挑战。儿童通过不断地选择、调整和完善他们的作品，逐渐形成独立思考和解决问题的能力。在这一过程中，儿童不仅是完成了艺术创作，更是在面对多样性选择时，学会了如何权衡不同的观点和选择，从而锻炼了其创新思维。

从长远来看，美术教育所培养的创造力和想象力不仅能在艺术领域应用，它们也深刻地影响了儿童在其他领域的表现。创造性思维的培养对于儿童未来的学习、职业发展和社会适应能力都有着重要的推动作用。儿童通过美术活动所获得的独立思考、创新设计和问题解决能力，在未来面对复杂情境时，能够更好地进行创新性应用。美术教育所激发的无穷创造力和想象力，将为儿童未来的发展提供强大的动力。

三、促进情感和情绪的表达与调节

在当代幼儿教育领域，美术教育被认为是一种多维度的教学工具，不仅关注儿童的艺术技能发展，更注重情感与情绪的培养和调节。艺术活动，尤其是绘画、雕塑和手工制作，提供了一个独特的表达平台，让儿童得以通过具体的作品呈现自己内心的情感与思想。与其他学科相比，艺术教育具有无声而深刻的情感交流特性，它帮助幼儿理解和表达复杂的情绪，为他们的心理健康发展奠定基础。

美术教育对于儿童情感的表达具有独特的价值，它为儿童提供了一种外部化情感的途径。在日常生活中，尤其是对于年幼的幼儿来说，他们往往还缺乏足够的语言能力来精确表达自己的情感或内心世界，而通过艺术创作，他们可以在没有语言束缚的情况下自由地释放内心的情绪。绘画作为一种普遍使用的艺术形式，能够通过色彩、形状和构图等元素帮助儿童表达自己内心的感受。例如，当儿童感到孤独、愤怒或困惑时，画布上的涂鸦可能就成为他们情感的宣泄渠道，这种自由的创作方式能够让他们在不被言语限制的情况下将情绪表达出来。而这种表达，不仅是情感的一次释放，也是他们内在情感得以被认识和理解的过程。

此外，艺术活动本身就是一个情绪调节的过程。在进行艺术创作时，儿童会集中注意力于创作的每个细节，这种集中精力的过程能够帮助他们暂时忘却外界的困扰，调节负面情绪。比如，在进行涂色或雕塑创作时，幼儿常常沉浸在创造的乐趣中，随着他们对材料和形状的操控，他们逐渐放松情绪，情感得以舒缓与平衡。通过这些创作活动，儿童学会了用一种更健康、更适宜的方式来处理自己的情绪，而这一过程实际上是情绪管理的一部分。美术教育在潜移默化中教会幼儿如何管理自己的情感和情绪，为他们未来处理复杂情感问题提供了工具。

在情感调节方面，美术教育还通过对艺术作品的审视与反思，帮助儿童更好地理解自己。通过观察和评价自己的创作，幼儿能够反思自己的情绪和行为，并将其具象化。这种对自我作品的审视使得儿童在创造的过程中得到自我认知的提升，从而更加明确自己的情感需求。例如，当一幅作品呈现出某种色调或形态时，儿童往往能够在创作后自觉地意识到自己的情感倾向，并学会通过调节创作中的表现元素来实现情绪的转变。这种自我调节能力的培养，不仅有助于儿童当下情绪的调整，也为他们今后面临情感困境时提供了有效的应对策略。

更进一步，艺术教育也为儿童的情感智力发展提供了坚实的支持。情感智力不仅是情绪的感知和表达能力，更包括调节和理解他人情感的能力。美术活动，尤其是在集体创作和交流的过程中，促使幼儿在团队合作中学会与他人分享情感、理解他人的情绪，并通过协作来共同完成一项创作任务。在这一过程中，儿童不仅能够认识到自己情绪的多样性，还能感受到他人情感的不同，从而在情感的相互理解与交换中提升自己的情感智力。通过这样的互动，幼儿学会如何在社会交往中体现出情感的敏感度，并能够在团队合作中通过表达与倾听促进彼此的情感沟通。

美术教育不仅是儿童艺术技能的培养，更是情感和情绪调节的重要途径。在艺术创作的自由空间中，儿童不仅能够自由地表达和释放情感，还能通过自我审视和集体互动获得情绪的平衡和调节。这一过程为他们今后可能面临的各种情感挑战提供了有效的应对策略，并有助于他们在社会生活中形成更加健康、成熟的情感认知与调节能力。因此，美术教育在儿童情感发展中的独特作用不可忽视，它不仅影响儿童的艺术能力，更对他们的心理健康和情感智力产生了深远的影响。

第二节　幼儿美术发展的心理学基础

一、幼儿的认知发展与美术活动的关系

幼儿的认知发展是一个动态而复杂的过程，涵盖了感知、记忆、思维、语言等多方面的能力，且随着年龄的增长而逐步成熟。这一发展不仅体现在基础的感知觉和记忆能力的提升上，还表现为思维方式的日益复杂化和抽象化。在幼儿认知发展的不同阶段，他们与世界的互动方式、对信息的处理方式及理解事物的方式都有所不同，而这些变化与幼儿的美术活动息息相关。美术活动不仅为幼儿提供了表达和创造的途径，还在潜移默化中促进了他们认知各方面能力的提升，尤其是在视觉思维、空间感知、形状理解等领域。

在幼儿早期阶段，尤其是 3 至 5 岁时，感官的体验是他们认识世界的主要途径。视觉、听觉、触觉等感官为幼儿提供了感知世界的基础，而美术活动正是通过激发这些感官的方式，促进了幼儿对外界的认知。此时的幼儿对于色彩、形状和大小的感知较为直观，他们通过触摸、观察等方式获得对事物的初步认知。美术活动能够帮助他们在这些感官体验中找到规律，通过实践活动，如绘画、黏土捏制等，使他们不仅能感知事物的外在特征，还能尝试通过表现形式表达自己的感受与理解。

随着认知能力的不断发展，幼儿的思维逐渐由具体的感性认知向抽象的理性思维转变。此时，幼儿不再局限于对眼前物体的模仿，而开始具备一定的符号思维能力，能够在创作中加入更多的想象和创造元素。在这个阶段，幼儿逐渐从模仿他人转向自我表达，他们可以运用简单的符号和图形表达自己的情感和思想。美术活动成为了幼儿思维转型的重要媒介，它不仅帮助他们通过创作理解事物的外在特征，还为他们提供了一个表达内心世界的平台。在这个过程中，幼儿的抽象思维能力、空间感知能力、形状理解能力逐步得到培养。

在认知发展的中期阶段，幼儿的语言能力和记忆力也开始逐渐提升，能够更

清晰地理解事物之间的关系，以及事物在空间中的相对位置。美术活动对这些能力的发展起到了积极的促进作用。例如，幼儿在绘画时需要考虑事物的比例、方向和空间关系，这不仅帮助他们增强了空间感知能力，也促进了他们对于事物结构和形态的理解。此外，艺术创作中的"组合"和"排列"等任务还能够锻炼幼儿的逻辑思维和分类能力。美术活动的这种多维度的认知训练，不仅增强了幼儿的动手能力和创造性，还在潜移默化中提高了他们的思维能力和智力发展水平。

在认知发展的后期阶段，幼儿的思维方式趋向成熟，逐渐具备了更为复杂的认知模式。这一时期，幼儿的美术活动已不再仅仅局限于简单的图像表达，而是向着更加个性化、多元化的方向发展。幼儿能够根据自己的经验和观察，对事物进行更为抽象的表达，同时也能够通过作品传达复杂的情感和思想。在这个阶段，幼儿的美术作品往往带有较强的个性特征，表现他们在社会交往、情感认知及个性形成等方面的独特经历和思考。美术活动不仅成了幼儿认知世界的一种方式，也成了他们内心世界的外化过程。在这一过程中，他们的视觉思维、创造力和艺术鉴赏力都得到了全面提升。

因此，幼儿美术活动的设计应当充分考虑到其认知发展水平，选择适当的活动形式和内容，以促进其认知能力的提升。在早期阶段，我们更多的是通过感官刺激和形象化的创作方式激发幼儿的感知能力；而在认知发展较为成熟的阶段，我们则应注重艺术创作的深度和复杂性，鼓励幼儿进行更多的自我表达和创新。在设计美术活动时，教育工作者应当根据不同年龄段幼儿的认知特征，灵活调整活动内容，确保活动既能激发幼儿的兴趣，又能有效促进其认知发展。

二、情绪与社会性发展对美术活动的影响

情绪与社会性发展的变化对幼儿在美术活动中的表现起着至关重要的作用。美术活动不仅是幼儿创造力和想象力的展示平台，更是情感表达与调节的重要途径。通过各种艺术形式，尤其是绘画和涂鸦，幼儿能够将内心的情感、体验与观念具象化，进而在这一过程中实现情绪的宣泄与自我调节。这种自我表达不仅有助于他们了解并接纳自身的情感变化，还能够提升他们在面对情感冲突时的应对能力，进而促进心理健康的发展。

在美术创作的过程中，幼儿的情绪体验常常表现得非常直接且丰富。由于美术活动是开放式的，幼儿可以通过各种视觉材料和表现形式来表达自己的情绪，无论是愉悦、悲伤还是愤怒，这些情感都可以在纸面上得到释放。这样的艺术创作体验为幼儿提供了一个不受语言约束的表达空间，能够有效地帮助他们更好地认识自我，调节情绪。幼儿通过对颜色、形状、线条的选择和搭配，表达他们对世界的感知和对自身情绪的理解。这不仅有助于情感的调节，还能够在艺术创作过程中形成正向的情绪反馈，提升其情感的稳定性和成熟度。与此同时，积极的艺术创作经历为幼儿提供了愉悦的情感体验，增强了其自我价值感和自信心。

此外，情绪与社会性发展的关系在美术活动中的表现也尤为突出。美术活动为幼儿提供了一个独特的社交平台，他们不仅能够通过个人的艺术创作表现自我，还能够在集体创作中与同伴进行互动。幼儿在美术活动中通过与同伴的交流、分享和合作，培养了合作精神和团队意识。在这种互动中，幼儿不仅能够提高自己的社交能力，还能学会如何与他人协调和合作。这种社会性的发展，尤其是在集体创作的环境中显得尤为重要。无论是共同完成一幅画作，还是互相评价对方的作品，这些活动都为幼儿提供了合作与竞争的机会，提升了他们在与他人相处中的情感认同和情感调适能力。

在这种情感互动和社会性发展的过程中，教师和家长的支持与反馈起到了举足轻重的作用。教师的正向引导能够帮助幼儿在美术创作过程中获得积极的情感体验，同时，教师在创作指导中的细致关注也有助于幼儿情感的表达与调节。当教师能够及时了解并回应幼儿的情感需求时，幼儿会在美术活动中更加放松和自信，这也能够进一步激发他们的创造力。教师的鼓励和认可能够增强幼儿的情感自信，使他们在艺术创作的过程中更加投入，体验到成就感和满足感。

家长在这一过程中同样具有重要影响。家长的支持不仅能够为幼儿提供一种温暖的情感环境，还能够帮助他们在艺术活动之外，逐步形成情绪调节和表达的能力。家长对幼儿艺术创作的积极反馈，尤其是在幼儿感受到自己作品得到重视和肯定时，会极大提升其参与美术活动的动力与热情。通过这样的互动，家长能够帮助幼儿认知情感的多样性及其表达方式，进而促进情感表达能力的提升。

在幼儿的情绪与社会性发展过程中，集体活动的参与也是不可忽视的。美术活动通常涉及同伴之间的合作，集体创作的过程为幼儿提供了社交互动的机会。在这些互动中，幼儿可以体验到与他人共同创作的乐趣，并通过这种集体体验获得对他人感受和需求的理解。与此同时，社会性的发展也使幼儿逐渐学会如何在群体中表达自己的情感，如何尊重和理解他人的情感反应。通过这些互动，幼儿不仅能够加深对自我情感的理解，还能够培养他们在复杂社交情境下的情感适应能力。

情绪和社会性发展对美术活动的影响还体现在艺术作品的共享与交流中。在一些集体艺术活动中，幼儿常常将自己的创作与他人分享，无论是在小组内部，还是公开展示，这一过程都为幼儿提供了展示自我的平台。通过这种展示，幼儿能够从同伴的反馈中获得情感上的认同和共鸣，进一步增强自信心并对他人的评价产生积极反应。与他人的创作进行比较和对比，也让幼儿学会如何接纳和理解不同的艺术风格和情感表达方式，这为其社会性的发展提供了更多元的情感体验。

三、动机与创造力在美术教育中的作用

幼儿在美术教育中的动机与创造力，作为推动艺术发展的核心因素，起着至关重要的作用。动机，特别是内在动机，能促使幼儿主动参与到美术活动中，进而拓宽他们的认知边界与表达形式。在美术教育的实践中，幼儿常常通过自由创作的方式，充分表达他们对外部世界的独特感知与情感体验。这一过程并非仅仅是对艺术技巧的模仿和复制，更是一种自我意识的觉醒与个性化创作的体现。幼儿的内在动机驱使他们去探索和实验，而不被外部评价和标准所拘束。因此，动机不仅是驱动行动的力量，也是激发潜能和创造力的催化剂。

内在动机具有不可忽视的影响力。当幼儿出于对艺术的兴趣和情感的投入参与美术活动时，他们的行为并非单纯地为了获得奖励或外部认可，而是因为他们真正享受创作过程中的探索与表现。在这种内驱力的作用下，幼儿能够更加自由地表达创意，不受约束地进行艺术创作。这种自由的创作不仅增强了他们的个性表达能力，也促使他们思维方式的多元化与更具灵活性。在没有过多干预的环境中，幼儿能够自我引导，在不断的尝试与反馈中逐步形成自己的艺术语言和表现

形式。这一过程展现了幼儿的主动性，他们通过不断地自我表达和创作，获得了更加丰富的艺术经验，进而在美术教育的各个层面实现了全面发展。

教师在这一过程中扮演着至关重要的角色。教师的主要任务并不是对幼儿的创作进行过多的干预，而是为幼儿提供一种开放式的艺术环境，鼓励他们大胆地尝试与创新。在这样的环境中，幼儿能够通过与不同材料、工具的互动，不断发掘新的创作方式和表现形式，探索属于自己的艺术世界。教师应当创造一种支持性和包容性的氛围，让幼儿感到自由和安心，能够在没有外部评价压力的情况下进行表达。这种氛围不仅能够增强幼儿的创造力，还能让他们在创作过程中感受到成就感和自我价值的实现，从而更好地培养他们的艺术兴趣并激发其创作动力。

在激发幼儿创造力的过程中，教师的引导尤为重要。教师通过适时的鼓励和积极的反馈，可以有效地提升幼儿的自信心并促使其具备探索精神。当幼儿在创作过程中遇到困境或挑战时，教师的适当引导不仅能够帮助他们突破创作瓶颈，还能激发他们新的创意。在这一过程中，教师并不直接给出答案，而是通过提问、启发和展示可能性，鼓励幼儿发挥想象力和创造力。这样的教学方式，不仅让幼儿感受到艺术创作的自由，还能够在不断的探索中发展他们的创新思维和解决问题的能力。通过这样的引导，幼儿的创造力得到了有效激发，并在此基础上形成了独特的艺术风格和个性化的表达方式。

幼儿的创造力不仅体现在美术创作上，也会对其他领域的学习产生积极的影响。创造力的培养有助于幼儿发展批判性思维和解决问题的能力，这在日常学习中具有重要意义。通过美术教育中的创造性思维，幼儿能够学会从不同角度看待问题，提出独特的解决方案。这种跨学科的能力，能够促进幼儿在语言、数学、科学等领域获得发展。尤其是在语言发展方面，幼儿通过美术创作表达自己的想法和情感，能够进一步提高他们的语言表达能力与沟通能力。此外，美术创作中的形象思维与抽象思维的结合，也有助于幼儿在数学和科学领域思维能力的提升。通过这种跨学科的协同发展，幼儿的综合素质得到了全面提高。

创造力的培养不仅限于个体的艺术表现，它还推动了集体互动和社会性发展。在美术活动中，幼儿常常通过合作创作，发展与他人的沟通与协作能力。通过与同伴共同探讨创作理念和表达方式，幼儿不仅能够获得新的创作灵感，还能够学会尊重他人的意见，理解不同的艺术视角。在集体创作的过程中，幼儿的社会性得到了进一步发展，他们学会了分享资源、共同解决问题、互相支持和激励。这种集体创作的经验，不仅让幼儿在艺术领域获得更多的启发，也为他们在日常生活和学习中的人际交往打下了良好的基础。

美术教育中的创造力培养，不仅是技巧的传授，更是个性与创新精神的启蒙。教师通过鼓励幼儿进行自由创作，提供一种宽松和多元的艺术环境，有效地激发了他们的动机和创造力。在这一过程中，幼儿的个性得到了尊重与发展，他们在艺术创作中的主动性与探索精神得到了充分体现。随着动机与创造力的不断提升，幼儿不仅在美术教育中取得了显著的进步，也在其他学科领域和社会性发展中获得了积极的进步。这一切，都为他们的全面发展和未来的创新能力形成打下了坚实的基础。

第三节　创新美术教育理念的应用

一、多元化美术教育理念的引入

随着时代的进步和教育理念的不断更新，传统的美术教育方式逐渐显现出其局限性，尤其是在满足幼儿个性化发展、培养创造力和情感表达等方面的不足。现代美术教育理念的引入，尤其是多元化教育理念的融入，为这一学科的转型发展提供了新的视角和思路。该理念不仅改变了美术教育的教学内容和方法，更推动了教育目标的多维度拓展。在这种全新的理念下，美术教学不再仅仅侧重于技巧与技法的传授，更多的是关注幼儿创造性思维的培养和情感的自由表达。这一转变要求教师不仅要教授幼儿技术性知识，还要尊重和挖掘幼儿的内在情感与创作潜力。

多元化美术教育理念要求教学活动更加注重幼儿个性的发展，并通过艺术表达激发幼儿的独特思维。艺术创作作为一种深具自由性的表达形式，能够为幼儿提供一个展示内心世界的平台。与传统的美术教育强调标准化的技巧和固定模式不同，这种理念更倾向于让幼儿通过多样化的艺术形式与材料，去探索自己的创作方向，发现和发展自身的艺术语言。因此，教学不再是教师主导的知识传授过程，而是一个基于幼儿兴趣和能力的互动过程。教师在这种教育理念的框架下，既是知识的引导者，也是幼儿创造力发展的促进者。通过激发幼儿的艺术潜能，教师能够帮助他们在自由的创作中找到自我表达的方式，突破传统教学的框架，培养幼儿的创新思维与独立思考能力。

在这一多元化教学理念中，幼儿的情感和个性被视为艺术创作的重要元素。艺术教育不再只是对技巧和形式的追求，它更注重情感的传递和思想的启发。通过艺术，幼儿可以将内心的想法与感受转化为可视化的作品，而这些作品不仅是技术的展示，更是情感的载体。因此，教师不仅要教会幼儿如何使用艺术材料和工具，更要引导他们如何通过艺术形式表达自己的情感与思想。这种教学方式能够帮助幼儿建立更为丰富的情感世界，同时提升其审美能力和创造力，使其在艺术创作的过程中，能够更加自如地表达内心的情感和独特的观点。

艺术教育的多元化理念还要求教师依据幼儿的兴趣和个性设计富有创意的教学内容。每个幼儿都是独特的个体，他们的兴趣、背景和能力各不相同，因此，教学内容需要具有高度的灵活性和适应性。教师通过对幼儿个体差异的关注，能够根据幼儿的不同需求提供多样化的学习材料与创作方式。通过让幼儿接触和尝试不同的艺术形式，如绘画、雕塑、摄影、数字艺术等，教师不仅扩展了幼儿的艺术视野，还帮助他们发掘自己的艺术兴趣与潜力。在这一过程中，幼儿不仅能够学习到不同艺术形式的技巧，还能通过不断的尝试与实验，找到最适合自己表达情感和思想的方式。这种教学方式打破了传统美术教育中对某一技法或形式的单一依赖，为幼儿提供了更多元的创作空间。

在多元化美术教育理念的引领下，幼儿的审美能力和创新思维得到了更好的培养。审美能力不仅是对艺术作品的欣赏和评判能力，更是一种感知和理解艺术作品深层含义的能力。通过多样的艺术形式和创作实践，幼儿能够更加深入地理解艺术作品中的情感与思想，从而提高他们的艺术鉴赏力和创作能力。此外，艺术创作本身便是一个创新的过程，要求幼儿在有限的材料和技术框架内，突破常规，发挥想象力，创造出新的作品。在这一过程中，幼儿的创新思维得到充分激发和培养，他们不再满足于完成一个既定任务，而是学会了用独特的方式解决问题，表达自己独立的艺术观点。

在教学实施上，教师的角色也发生了深刻的变化。教师不再是单纯的知识传递者，而是幼儿创造力和情感表达的激励者和引导者。教师要根据每个幼儿的不同兴趣和需求设计个性化的教学方案，提供适当的指导与支持，而不是过多干预幼儿的创作过程。这样，幼儿能够在宽松的教学氛围中，自由地探索和实验，逐渐建立起自信心，并在创作中找到属于自己的艺术语言。教师应当尊重幼儿的独立性，鼓励他们挑战传统艺术框架，尝试新的表达方式。在这种氛围中，幼儿的创造力得到了最大程度的释放，他们的思维变得更加开放，艺术创作也不再局限于技能的传授，而是成为幼儿个性与情感的自由表达。

二、跨学科整合与美术教育的结合

美术教育作为一种独特的教育形式，不仅是技能的传授，更是一种通过艺术的方式表达情感、思维和个体认知的途径。随着教育理念的逐步更新与发展，现代美术教育越来越注重跨学科的整合，强调通过多学科的融合，来拓展幼儿的思维维度，并促进其素养的全面提升。这种跨学科的整合并非简单的知识叠加，而是通过精心设计的教学活动，使不同学科的知识在艺术的框架下相互交织、相互促进，从而为幼儿提供一种更为丰富和多元的学习体验。

跨学科整合在美术教育中的核心理念，强调艺术创作不仅是美术知识和技巧的体现，更是与其他学科如文学、数学、科学等相互联系的多元表达。幼儿在美术学习的过程中，除了要掌握基本的绘画技巧、色彩运用等技能外，更需要通过艺术的视角去理解世界，认识世界。艺术创作的过程是一种探索性的过程，在这一过程中，幼儿不仅通过视觉语言进行创作，还通过对世界的理解与思考，将不同学科的元素融合进作品中，从而激发他们的创造力和想象力，增强他们的跨学科思维能力。

以文学与美术的结合为例，文学作品中的情感、故事背景和人物形象，能够为幼儿的美术创作提供丰富的灵感源泉。通过阅读与绘画相结合，幼儿能够在了解文学作品的情节和情感表达的基础上，将这些元素转化为艺术作品中的视觉表现。在这一过程中，幼儿不仅需要理解文学作品的内涵，还要通过美术的语言将这些情感和故事呈现出来，进一步加深对文学作品的理解和情感的体验。同时，文学作品中的情感深度和象征意义也可以引导幼儿思考艺术创作背后的社会、文化与历史背景，培养幼儿更为深刻的思维方式和分析能力。

科学与美术的结合则为幼儿提供了更为广阔的视野。在美术创作过程中，引入科学原理，不仅能帮助幼儿更好地理解艺术创作背后的物理学、化学等自然科学原理，还能够促进幼儿对世界的理性认知。例如，在创作过程中，幼儿可以通过学习光与影的原理，理解如何利用光源、阴影与颜色的搭配，来展现立体感和空间感。同时，科学原理还可以帮助幼儿更好地掌握色彩混合的技巧，理解不同颜料的化学反应，进而提升他们对色彩和形态的敏感度。在这种跨学科的教学过程中，幼儿不仅学会了如何应用科学知识完善艺术创作，更重要的是，他们能够在创作中思考和实践科学原理，从而培养他们在美术与科学之间的联系意识，激发他们对探索未知领域的兴趣和好奇心。

数学作为一种具有高度抽象性的学科，与美术的结合则更多地体现在形式与结构的层面。美术创作中的几何形状、比例关系及空间布局等，都与数学中的几何原理紧密相关。在绘画过程中，幼儿需要通过对线条、形状和空间关系的把握，运用数学的概念来创造艺术作品。例如，在创作一幅风景画时，幼儿需要理解透视原理，利用几何图形构建画面的空间感，或者在绘制静物时，利用比例关系来确保物体的真实感与和谐美感。在这一过程中，幼儿不仅能够提升自己的艺术创作能力，还能够通过艺术的表达方式理解和掌握数学的基本概念和规律，从而在两者的融合中得到认知的升华。

跨学科整合的美术教育，不仅局限于知识的交融，更体现在思维方式和创作理念的碰撞上。通过跨学科的教学设计，幼儿能够在不同学科的视角下，看到美术教育的多维度发展和应用。例如，音乐与美术的结合可以让幼儿在创作过程中感受到节奏与旋律的美感，通过视觉艺术和听觉艺术的互动，激发幼儿的感官体验和创意表达。社会学与美术的结合则可以引导幼儿思考艺术在社会文化背景中的表达意义，让他们在创作时更加关注社会现实和人类情感的深刻性。这种跨学科的融合，使得美术教育不仅限于培养幼儿的技术能力，还能够在更广泛的文化和社会框架内，帮助幼儿形成综合的艺术素养和思维方式。

此外，跨学科整合的美术教育还能够激发幼儿的自主学习能力和探究精神。通过多学科的融合，幼儿不仅能在课堂上获得丰富的知识，还能在课外自主探索不同学科之间的关联。艺术创作的过程，成了幼儿自主学习和主动思考的一个平台。在这一过程中，幼儿不仅需要将不同学科的知识进行整合，还要在创作中进行创新和实践，最终实现艺术创作与知识应用的有机结合。这种自主学习的精神，不仅有助于幼儿在美术创作中获得更高的成就，还能够帮助他们在未来的学习和生活中，形成终身学习和跨学科思考的能力。

三、科技工具与现代美术教学的结合

在当今时代，科技的迅猛发展为各个领域带来了深刻的变革，尤其是在教育领域，科技与传统教学手段的结合为教育模式注入了新的活力。美术作为一门高度依赖创意与技巧的学科，其教学方法和手段也在随着科技的不断发展而逐渐发生变化。数字化技术、虚拟现实、增强现实、3D打印技术及平板电脑等现代科技工具的应用，正在重新定义美术教育的形式和内涵。这些科技工具的融入，使幼儿不仅能体验到更加丰富多样的创作方式，而且能在更加互动与个性化的学习环境中，全面提升其艺术表现力与创造力。

科技工具的引入，使得美术教育突破了传统教学模式中的时间和空间限制，为幼儿提供了更加广阔的创作空间与思维拓展的契机。例如，利用平板电脑进行美术创作，幼儿可以随时随地进行绘画与设计。平板电脑的触控屏功能使得幼儿能够直观地进行创作，模拟不同的绘画工具和画布，享受到与传统媒介不同的创作体验。不同于传统的纸笔作画，平板电脑不仅具有便捷性，还能即时保存和修改作品，极大地提高了创作的灵活性和效率。此外，平板电脑的多功能性也使得幼儿能够进行多种艺术形式的创作，诸如插画、数字绘画、动态图形等，而这些都是传统手段无法实现的。

虚拟现实技术的出现为美术教育打开了新的大门。通过VR设备，幼儿能够置身于虚拟的艺术创作环境中，进行身临其境的艺术体验。例如，幼儿可以在虚拟的三维空间中进行立体雕塑的创作，模拟实际雕刻的过程，而这一过程在现实中因受限于时间、空间和材料，往往难以实现。虚拟现实技术的沉浸式体验能够激发幼儿的创作灵感，并且使他们更好地理解空间与形态的关系，从而提升他们的艺术表现能力。同时，虚拟现实技术还能够模拟不同的艺术风格与历史背景，让幼儿通过沉浸式学习加深对艺术流派和作品的理解，拓宽艺术视野。

除了虚拟现实技术，增强现实技术在美术教育中的应用同样令人瞩目。通过AR技术，幼儿可以将虚拟艺术作品叠加到现实世界中，进行直观的艺术创作与修改。这种方式打破了传统美术教育中二维与三维的界限，使得幼儿能够在更为直观和互动的环境中进行创作。通过AR技术，教师也可以将抽象的艺术理论、技巧和创作方法具体化，使幼儿更容易理解与掌握。例如，幼儿可以通过AR设备查看某一艺术技巧的实际应用过程，甚至可以实时修改与实践，从而加深对艺术表现形式的掌握。

3D打印技术则是又一项在美术教育中具有巨大潜力的科技工具。通过3D打印机，幼儿可以将自己创作的二维设计转化为真实的三维物体，这不仅为艺术创作提供了新的表现形式，也为幼儿提供了将创意转化为实体的机会。在传统的美术教育中，幼儿的创作大多局限于平面作品，而3D打印技术则拓展了创作的边界，幼儿能够在三维空间中自由表达自己的艺术构思。此外，3D打印技术还能够将复杂的设计模型精确呈现，幼儿可以通过打印出来的模型直观地查看自己的设计效果并进行改进。这一过程不仅帮助幼儿提升了设计与造型能力，也加深了他们对艺术与科技结合的理解。

科技工具的应用在美术教育中的最大优势之一，是其能够实现个性化学习。每个幼儿的兴趣、创作风格和学习节奏各不相同，传统的课堂教学往往难以兼顾每个幼儿的个性化需求。然而，由于科技工具的使用，教师可以根据幼儿的兴趣和能力，提供个性化的学习资源与指导。幼儿可以根据自己的兴趣选择创作的方向，并通过科技工具在个性化的环境中进行练习和创作。这种自由度和灵活性，使得每个幼儿都能够以自己舒适的节奏完成创作，充分发挥其创造力。

此外，科技工具还能够实现更为高效的学习和评估。传统美术教育中，幼儿的创作过程往往需要经历长时间的手工操作和多次修改。而借助科技工具，幼儿能够实时查看自己的作品，并通过数字化手段进行修改和完善，从而减少了创作过程中的时间浪费，提高了学习效率。同时，教师也可以利用数字化技术对幼儿的作品进行即时评估，发现问题并及时给予反馈，从而使得教学过程更加高效与精准。

现代科技工具的应用不仅是对传统美术教育方法的补充，更是教育理念的深刻变革。随着科技工具的不断发展，未来的美术教育将更加注重幼儿创造性思维的培养和技术的融合运用。幼儿将在一种更加开放、互动和个性化的学习环境中，充分发挥他们的想象力与创造力。科技工具不仅是艺术创作的辅助工具，更是推动艺术教育创新的重要力量。

第四节　理论与实践的结合

一、理论指导实践的框架构建

在教育实践中，理论的指导作用不可忽视。理论不仅是对教育现象的抽象总结，它还应当作为实践活动的指引，帮助教育者明确教育目标、解决实际问题，并促进教学质量的提升。在这个过程中，理论与实践的结合是一个多维的互动过程，二者相互依存、相互促进。一个完整的理论指导框架，是连接教育理论与实际教学活动的重要桥梁，它不仅为教育工作者提供了方向，还能在不断的实践中得到验证与修正。构建这样的框架，我们首先需要确认理论的系统性和可操作性，二者的结合能够确保教学活动有理有据，且具有实际意义。

教育实践中，理论框架的构建并非一蹴而就的过程，而是一个逐步深化的过程。在教师开展教学活动之前，理论框架提供了一个思维模型，使得教师能够从更宏观的视角去理解教育现象、幼儿需求及教学目标。教育者在理解核心理论框架的基础上，能够识别教学活动中可能遇到的各种问题，并以此为基础设计出切实可行的教学策略。比如，在美术教育的教学实践中，教师不仅要理解美术活动的教育价值和作用，还需要根据理论的指导，结合幼儿的心理发展和认知特点，设计出符合幼儿需求的教学内容和形式。因此，理论的系统性在此过程中尤为重要，它为教育者提供了一种统一的思维方式和教学方向，从而避免了教师在实际操作中的盲目性和随意性。

在理论指导下的实践活动，具有灵活性和适应性。教育环境的多变性要求教师在实际教学过程中不断进行调整和优化。在这一点上，理论框架的可操作性尤为重要。一个好的理论框架并非是僵化的，它能够根据不同的实际情况进行适度调整。通过对教学过程中具体问题的分析和反思，教师能够在原有理论框架的基础上进行有效的修改和完善。这种调整不仅局限于教学方法和教学内容的改变，更包括对教学目标、教学评价及教学过程的全方位审视。教师在运用理论的过程中，通过对幼儿反应的观察和反馈，灵活地调整教学策略，从而达到更好的教学效果。

在教育实践的过程中，理论框架可以帮助教师理解和把握幼儿的需求。每一位幼儿都是独特的，他们在情感、认知、心理等方面的发展状况存在差异。因此，教育者在开展教学活动时，必须关注到这些个体差异，并根据幼儿的具体情况进行有针对性的教学。理论框架为教育者提供了普遍的理论基础，但它更需要根据幼儿的实际情况进行细化。在美术教育中，教师通过对幼儿个体的观察和分析，可以从理论出发，设计出更加符合幼儿兴趣和发展需求的教学活动。例如，某些幼儿可能更倾向于表现自己内心的情感，而另一些幼儿则更关注于艺术技巧的掌握。理论的灵活性使得教师能够针对不同幼儿的兴趣和发展阶段，设计出个性化的教学方案。

教学目标的明确是理论指导实践的核心所在。教育的最终目的是促进幼儿的全面发展，教师在实践过程中不仅要传授知识，还要关注幼儿在情感、社会性和创新能力等方面的成长。因此，在设计教学活动时，教师需要结合理论对幼儿发展规律的阐释，确立明确且具有实际意义的教学目标。理论框架为教育者提供了一种总体的指导思想，帮助教师清晰地识别哪些是教学中最为关键的目标，哪些是可以在实践中灵活调整的部分。通过理论的支持，教师能够在教学活动中有意识地引导幼儿达到这些目标，并通过有效的评价手段检验教学效果。

在实际教学中，理论框架也能帮助教师把握教育活动的方向，避免因过度依赖经验或直觉导致教学效果不佳。尤其是在一些具有挑战性的教育领域，例如美术教育，教师往往面临着如何平衡创新与规范、个性化与集体化等一系列问题。

此时，理论框架的指导作用尤为重要。它能够帮助教师在保持教育目标一致性的前提下，创新教学方式，探索适应时代发展的教学内容和方法。在实际教学活动的开展中，教师会遇到许多未知的挑战，通过理论框架的指引，教师能够从中汲取灵感，找到合适的解决方案。

此外，理论框架对于教师的专业成长也起到了至关重要的作用。在教学过程中，教师通过对理论的不断学习和对实践的反思，能够不断提升自己的教育理念和教学技能。理论框架作为教学的基础，促使教师在反思和总结中不断积累经验，提升教育实践的有效性。随着教育经验的丰富，教师能够更好地运用理论指导实践，从而不断提升教学质量和幼儿的学习效果。

二、实践反馈理论的完善

在教育领域，理论与实践的关系一直是学术研究中的核心问题。特别是在学前教育中，教学理论的创新不仅要求理论本身具有内在的逻辑性和严谨性，还需要经过实践的不断验证与反馈，进行调整和完善。教师在实施教学过程中，尤其是美术教育领域的教学实践，往往需要通过持续的反馈机制来确保教学理论的有效性。这一过程不仅使得理论本身受到了实质性的考验，同时也促使其在面对实际教学情境时，能够灵活应对各种突发状况和变化，从而不断进化与优化。

教学理论的核心价值之一便是为教师提供系统化的教育指导，以期在实践中实现预期的教育效果。然而，仅仅依靠理论的构建和初步推演并不足以保证其在实际应用中的成功。无论是在课堂教学还是在更广泛的教育活动中，教育者都需要依据学科特点和幼儿的具体需求，灵活调整教学策略和方法。因此，教育理论的验证与完善，便离不开对课堂实践的密切关注与持续反馈。通过对教学实践中幼儿的反应、学习成果及互动效果的分析，教师能够及时发现教学中的问题与不足，从而对教学理论做出科学的修正与优化。

在这一过程中，幼儿的反馈是至关重要的一环。幼儿不仅是教学活动的参与者，也是教育效果的直接反馈者。通过观察幼儿在美术教学中的表现，教师可以获取关于教学方法有效性、教材内容适宜性及教学节奏等方面的重要信息。这些反馈为教育理论的修订和更新提供了宝贵的数据支持。例如，当教师在教学过程中发现幼儿在某些内容上表现出较高的兴趣和参与度时，可能意味着该部分教学方法或内容契合幼儿的学习需求，值得在后续的教学中进一步强化。而当幼儿在某些活动中表现出较为明显的困难或不理解时，教师则需要从理论层面审视教学设计，思考是否存在方法上的问题，或是理论与实际情况之间的脱节。

除去幼儿反馈，课堂互动的有效性同样为教学理论的完善提供了重要依据。在美术教育中，课堂互动不仅包括教师与幼儿之间的互动，还涉及幼儿之间的相互交流与合作。通过互动，幼儿能够在集体讨论和合作实践中加深对知识的理解与运用，也能提升他们的创造性思维与问题解决能力。教师通过观察幼儿在互动过程中的表现，能够更加深入地了解幼儿的思维模式、学习偏好及情感态度。这些信息能够帮助教师改进课堂管理与教学方法，进一步提升教学效果。

与此同时，教学效果的评估也是理论完善过程中的重要一环。教学效果不仅是通过幼儿的学业成绩来衡量，还包括幼儿的学习态度、思维发展、情感反应等多维度的评价。美术作为一门综合性强、实践性高的学科，其教学效果的评估尤为复杂。教师在实施教学时，应通过多种方式对幼儿的学习效果进行观察与评估，例如，通过作品展示、课堂讨论、课后反思等形式，全面了解幼儿在艺术创作中的思维与技巧表现。这些评估结果能够反映出教学方法的适宜性及其对幼儿个体差异的关注程度，从而为教学理论的进一步完善提供重要的数据支持。

随着教育实践的不断推进，教学理论也需随之发展和更新。这一过程不是简单的理论复制或迁移，而是需要教育者根据实际教学中的新问题、新挑战，对现有理论进行深刻反思和修订。在这一过程中，教师不仅是知识的传授者，更是理论的"修正者"和"创新者"。他们通过不断地反思教学实践、分析幼儿反馈、评估教学效果，推动教育理论与实践的互动发展。在教学中遇到的新问题与挑战，往往能够揭示理论中的盲点或不足，迫使教育者从新的角度去思考教学的本质与目的。因此，教育理论的完善不仅是一个循序渐进的过程，还是一个动态的、开放的过程，它需要教师在长期的教学实践中，持续进行自我反思与理论创新。

教育理论的有效性也依赖于其在多变的教育环境中的适应性。随着时代的变迁，教育情境和幼儿群体的变化对传统的教学理论提出了新的要求。尤其是在当前全球化、信息化迅速发展的背景下，学前教育领域面临着诸多新的挑战和机遇。新的教育理念、技术手段和教学方法层出不穷，如何使教学理论与这些新变化对接，成为教育者必须面对的重要课题。通过对教学实践中不断涌现的新问题的反馈和研究，教育理论能够在面对新挑战时，快速作出调整与应对，保持持续有效性。

理论与实践的良性互动为教育理论的不断完善提供了源源不断的动力。实践为理论提供了验证的场所和数据支持，而理论则为实践提供了方向与方法。在这一过程中，教育者通过对幼儿反馈的深刻理解，对教学效果的准确评估，对课堂互动的灵活管理，能够不断地修正与完善教学理论，使其在实践中更加贴合幼儿的需求与发展，最终推动学前教育的创新与发展。

三、形成理论与实践的双向促进机制

理论与实践的结合在教育领域内起着至关重要的作用，而这一结合并非单纯的一方对另一方产生影响，而是一个相互促进、相辅相成的动态过程。通过理论的指导，实践得以明确方向，获得方法论支持，并且能够更加高效、有效地推进。然而，实践的丰富性和复杂性又为理论的发展提供了源源不断的动力。随着教学活动的深入开展，教育者通过不断地反思和总结教学经验，理论体系得以进一步完善，教学实践中的问题和挑战也推动了理论思维的转变与更新。因此，理论与实践之间的互动并非一成不变，而是一个螺旋式上升的过程，二者共同作用，推动着教育领域的持续创新和发展。

理论作为教育活动的基础和指导思想，发挥着不可或缺的作用。在教育教学过程中，理论为教育者提供了坚实的支撑，帮助教师在具体的教学实践中作出科学的决策与选择。无论是教学内容的安排，还是教学方法的设计，都离不开理论的指引。例如，教育心理学理论帮助教师了解幼儿的认知发展规律和情感需求，从而为幼儿提供更具针对性和有效性的教育。在美术教育中，儿童美术发展的理论指导教师理解幼儿艺术创作的认知阶段与表现形式，帮助他们更好地设计适宜的教学活动。因此，理论在教育实践中的运用，能够为教师提供深刻的认知框架和操作指南，确保教育活动的科学性和有效性。

然而，理论并不是静止不变的，它的价值在于能够通过实践的反馈不断得到检验和修正。教育者在日常教学中，通过对幼儿学习情况的观察与分析，发现理论框架中的不足之处，从而对其进行批判性反思。这种反思的过程不仅是对理论的局部修正，更是推动理论体系整体发展的重要途径。教育实践提供了大量具体而复杂的案例，这些案例的反馈为理论的形成和完善提供了直接的素材。在这个过程中，教育者不仅是理论的接受者，更是理论的建设者和推进者。实践中出现的新问题和新需求，常常催生新的教育理论的诞生，推动着学术研究的不断进步。例如，随着教育技术的发展，传统的教育理论无法完全应对新技术的挑战，新的教育技术理论因此应运而生，帮助教育者更好地融入现代信息技术，提升教学的互动性和有效性。

教育创新的核心动力，正是这种理论与实践的双向促进机制。随着社会的进步和教育需求的多样化，教育理念和方法不断更新换代，教育者在实践中不断探索新的教学方式和手段。在这个过程中，新的理论不断被提出，以适应新的教育环境和教学需求。同时，新的理论为教学实践提供了新的视角和方法，帮助教师更好地理解和满足幼儿的个性化需求。在这种互动与反哺的过程中，教育理论与实践共同推动教育质量的持续提升。教育创新不仅体现在新方法和新理念的提出上，更体现在理论和实践之间的紧密结合与互动推动上。

例如，在美术教育领域，随着教育者对艺术教学理论的深入理解与应用，教师的教学方式也在不断创新。在过去的教学实践中，教师通常依赖于传统的教学方式，侧重于技能的传授和技巧的训练。然而，随着美术教育理论的发展，尤其是美术教育与儿童心理学相结合的深入发展，教育者逐渐认识到，单一的技能训练并不足以满足幼儿的全面发展需求。因此，教师在实际教学中引入了更多的创意性、互动性和情感性的元素，使幼儿能够在美术活动中不仅是技术的练习者，更是艺术创作的积极参与者和独立思考者。在这一过程中，教师不仅应用了最新的美术教育理论，也通过实践验证和调整了这些理论，推动了美术教育方式的创新和完善。

在这一双向促进的过程中，教师的角色不仅是知识的传授者，更是理论与实践之间桥梁的建设者。教师需要不断地从实践中总结经验，提炼出有效的教学策略，并通过对理论的深入学习与理解，使自己的教学理念和方法得以不断提升。

教育者在教学过程中，通过实际操作与理论相结合，不断调整和改进教学方案，确保教育活动能够真正促进幼儿的全面发展。与此同时，教育者也应当保持对实践中问题的敏感性，及时发现并解决教学中的不足，推动理论的创新与进步。

第六章　学前教育美术活动的设计与创新

美术活动设计不仅是艺术教育的核心环节，也是学前教育创新的重要载体。如何设计出既富有创意又符合儿童发展需求的美术活动，是当代学前教育工作者面临的一个重要课题。本章我们将重点分析美术活动设计的原则，结合学前儿童的心理和生理特点，探讨如何设计出适宜的美术活动内容和形式。同时，创新的美术活动能够激发儿童的创造力和想象力，使其在参与过程中获得更多的表达机会。通过具体的实践案例分析，本章我们将展示如何在实际教学中应用创意美术活动，探讨美术活动与多元智能理论的结合，帮助儿童在视觉艺术、空间思维、语言表达等多个领域获得发展。此外，本章我们还将探讨活动设计的创新策略，提出如何在教育实践中不断探索和创新，以适应新时代学前教育的发展要求。

第一节　学前教育美术活动设计的原则

美术活动在学前教育中占据着重要的位置，不仅能促进儿童的艺术素养提升，还有助于其认知、情感和社会性的全面发展。有效的美术活动设计需要遵循一系列原则，以确保活动既能激发儿童的创造力，又能满足其发展需求。

一、以儿童为中心

（一）理论基础

以儿童为中心的教育理念源于人本主义教育理论，强调尊重儿童的个体性和自主性。罗杰斯和皮亚杰等教育家认为，儿童是主动的学习者，他们的兴趣和需求应成为教育活动设计的核心。

（二）实践应用

在美术活动设计中，以儿童为中心意味着教师需了解每个儿童的兴趣、能力和发展阶段，提供适合他们的材料和任务。例如，对于对颜色感兴趣的儿童，教师可以设计颜色混合的实验活动；对于喜欢动手操作的儿童，教师则可以安排黏土雕塑或拼贴画制作活动。

（三）具体策略

兴趣调查：通过观察和交流，了解儿童的兴趣点，以此为基础设计活动内容。

个性化选择：提供多样化的美术材料和工具，让儿童根据自己的喜好选择。

自主探索：鼓励儿童在活动中自主探索和实验，培养他们的自主学习能力。

二、发展适宜性

（一）理论基础

发展适宜性教育强调教育活动应符合儿童的认知、情感和社会发展水平。皮亚杰和维果茨基的理论为这一原则提供了理论支持，强调教育活动应与儿童的实际发展阶段相匹配。

（二）实践应用

在美术活动设计中，发展适宜性的实践要求教师根据儿童的年龄和发展水平，选择适合的活动类型和难度。例如，对于三岁的儿童，我们可以设计简单的涂色活动；而对于五岁的儿童，我们则可以设计更复杂的剪纸和拼贴活动。

（三）具体策略

认知匹配：活动内容应符合儿童的认知能力，避免过于复杂或过于简单。

技能发展：设计活动时我们要考虑儿童的精细动作和大肌肉运动技能的发展，如绘画、剪切、粘贴等。

情感支持：活动应提供情感上的支持，帮助儿童建立自信、表达情感。

三、鼓励创造与表达

（一）理论基础

创造性教育理论认为，培养儿童的创造力和表达能力是教育的重要目标。创造力不仅体现为艺术表现力，更是解决问题和形成创新思维的重要能力。

（二）实践应用

在美术活动设计中，鼓励创造与表达意味着提供开放性的任务，允许儿童自由发挥。例如，提供多种颜色和材料，让儿童根据自己的想象进行创作，而不是严格按照预设的模板。

（三）具体策略

开放性任务：设计没有固定答案的美术任务，如"画出你心中的家"。

多样化材料：提供丰富的美术材料，如颜料、黏土、废旧物品等，激发儿童的创造力。

表达机会：鼓励儿童通过绘画、雕塑、拼贴等多种方式表达自己的想法和情感。

四、跨学科整合

（一）理论基础

跨学科教育理念强调不同学科之间的联系与整合，促进儿童的综合能力发展。加德纳的多元智能理论支持这种教育模式，认为不同领域的学习能够促进多方面的智能发展。

（二）实践应用

在美术活动设计中，跨学科整合可以将美术与科学、数学、语言等学科结合。例如，通过绘画活动介绍自然现象，或通过制作几何形状的艺术作品来理解基本的数学概念。

（三）具体策略

主题整合：选择一个主题，如"动物"，并将美术活动与动物学、生态学等学科内容结合。

协作项目：设计需要多学科知识的合作项目，如制作太阳系模型，结合美术和天文学。

综合评估：通过跨学科的评估方式，全面衡量儿童的知识与技能。

五、包容性与可及性

（一）理论基础

包容性教育理念强调所有儿童，无论其能力、背景或需求如何，都应有平等的教育机会。联合国《残疾人权利公约》支持这一理念，推动教育系统的包容性改革。

（二）实践应用

在美术活动设计中，包容性与可及性意味着为不同能力和背景的儿童提供适合的支持和资源。例如，为有特殊需求的儿童设计适应性的工具和活动，让每个儿童都能参与并受益。

（三）具体策略

适应性材料：提供不同类型和难度的美术材料，如大尺寸画笔、触感材料等，满足不同儿童的需求。

个别支持：根据儿童的特殊需求，提供个别化的指导和帮助。

多样化活动：设计多样化的活动形式，确保每个儿童都能找到适合自己的表达方式。

六、结构化的自由

（一）理论基础

结构化的自由理念结合了自由探索与适度指导，旨在在给予儿童自主性的同时，提供必要的支持和框架。维果茨基的最近发展区理论强调，在适当的指导下，儿童能够实现更高水平的理解和获得相应的技能。

（二）实践应用

在美术活动设计中，结构化的自由意味着在活动中设置一定的指导原则和目标，但不限制儿童创造性的发挥。例如，教师可以设定主题或提供基础指导，但允许儿童自由选择表达方式和材料。

（三）具体策略

指导与自主结合：提供基本的指导和示范，但允许儿童自由发挥，如示范绘画基本技巧后，让儿童自行创作。

设定目标：为活动设定明确的目标和期望，但不限制儿童的表现形式。

反馈与支持：在儿童自由创作的过程中，提供积极的反馈和必要的支持，促进其发展。

七、文化相关性与敏感性

（一）理论基础

文化相关性教育理念强调教育内容和方法应与儿童的文化背景和经验相结合，促进其具备文化认同和理解能力。文化敏感性教育关注在多元文化环境中尊重和包容不同文化的价值观和习俗。

（二）实践应用

在美术活动设计中，文化相关性与敏感性意味着将儿童的文化背景融入活动中。例如，结合不同民族的艺术形式和传统工艺，设计包含多元文化的美术活动。

（三）具体策略

多元文化素材：引入不同文化背景的美术作品和艺术家，拓宽儿童的文化视野。

文化主题活动：设计以特定文化为主题的美术活动，帮助儿童了解和尊重不同文化。

文化交流机会：组织文化交流活动，让儿童有机会展示和分享自己的文化艺术作品，促进互相理解与尊重。

八、安全性与材料考量

（一）理论基础

儿童安全是教育活动设计的首要原则。根据世界卫生组织的指导，所有教育活动中的材料和环境必须确保儿童的安全，避免潜在的危险。

（二）实践应用

在美术活动设计中，安全性与材料考量包括选择无毒、无害的材料，确保活动环境的安全，以及教授儿童正确使用工具的方法。例如，选择水溶性颜料代替有毒颜料，使用安全剪刀和胶水。

（三）具体策略

材料选择：优先选择无毒、环保、易于清洁的美术材料，如水彩、彩色铅笔、黏土等。

工具安全：提供适合儿童使用的安全工具，如圆头剪刀、软胶手柄画笔等。

安全培训：在活动开始前，教授儿童正确使用美术工具和材料的方法，强调安全注意事项。

环境管理：确保美术活动区域的整洁和安全，避免材料散乱导致的绊倒或吞食危险。

九、灵活性与适应性

（一）理论基础

教育活动的灵活性与适应性强调教师根据实际情况和儿童的即时需求调整活动设计和实施策略。根据布鲁纳的发现学习理论，灵活的教学方法能够更好地适应儿童的认知发展水平和学习节奏。

（二）实践应用

在美术活动设计中，灵活性与适应性意味着教师能够根据儿童的兴趣变化、情绪状态和学习进度及时调整活动内容和教学方法。例如，如果儿童对某一特定主题表现出浓厚兴趣，教师可以延长相关活动的时间或调整探讨深度。

（三）具体策略

动态调整：根据课堂反馈和儿童反应，实时调整活动的难度和内容。

多样化方法：采用多种教学方法和活动形式，以适应不同儿童的学习风格和需求。

反应式教学：教师需具备敏锐的观察能力，及时识别儿童的需求变化，提供相应的支持和指导。

美术活动设计的原则涵盖了多方面的教育理念和实践策略。以儿童为中心、发展适宜性、鼓励创造与表达、跨学科整合、包容性与可及性、结构化的自由、文化相关性与敏感性、安全性与材料考量、灵活性与适应性等，这些原则共同搭建了科学、有效的美术活动设计框架。教师在设计和实施美术活动时，需综合考虑这些原则，以促进儿童全面发展，激发其创造力，培养其艺术素养，并支持其认知、情感和社会性发展。未来，美术活动设计应继续融合最新的教育研究成果和实践经验，适应不断变化的教育环境和儿童需求。随着信息技术的进步和全球化的深入发展，美术活动设计将更加注重跨文化交流、数字化工具的应用及个性化教育的实现。通过持续的创新与优化，美术活动将在学前教育中发挥更加重要的作用，成为促进儿童全面发展的关键环节。

第二节　美术活动与幼儿多元智能发展

一、美术活动促进幼儿多元智能的发展

美术活动作为一种富有创意和表达性的教育形式，具有极大的潜力来促进幼儿的多元智能发展。多元智能理论由加德纳提出，认为智力并非单一的认知能力，而是由多个独立而又相互联系的智能组成的。通过美术活动，幼儿多方面的智能得到了充分的锻炼和拓展，这种跨学科的互动不仅促进了艺术技巧提高，更促进了幼儿整体能力的塑造与提升。

在美术活动中，视觉空间智能是最为直接的受益领域。幼儿通过对色彩的理解、形态的构造及空间的感知，不仅是在进行绘画或雕塑创作，更是在潜移默化中培养他们对物体形状、空间关系及物理属性的敏感性。通过绘制人物、风景或抽象作品，幼儿能够锻炼对二维和三维空间的理解能力，这一能力的培养不仅有助于他们在美术创作中的表现，更能够提升他们在数学、物理等学科中的空间推理和几何思维能力。

然而，美术活动对幼儿多元智能的影响远不止于视觉空间智能。在艺术创作的过程中，他们的语言表达能力和逻辑思维能力同样得到了强化。虽然艺术作品本身是一种非语言的表现形式，但创作背后往往蕴藏着丰富的故事、情感和思考。幼儿在创作时往往需要通过语言来表达他们的创意、想法及作品的意义，这一过程极大地锻炼了他们的语言表达能力。尤其是在集体创作和讨论中，幼儿需要通过口头表达来与同伴分享自己的观点或探讨创作中的难题，这种互动进一步提升

了他们的言语组织能力和表达流畅性。

　　此外，美术活动还能够激发幼儿的逻辑思维能力。在创作过程中，幼儿往往需要对材料、工具和方法进行系统性的思考和规划。如何将不同的元素组合在一起，如何平衡色彩的搭配和形式的表现，这些都需要幼儿在创作时做出理性的判断和决策。随着创作难度的增加，幼儿会逐步学会如何分解问题并以逻辑性的方式进行思考。这种训练不仅有助于美术作品本身的完成，更能够帮助幼儿在遇到其他学科问题时，运用系统性思维进行分析和解决。

　　除了认知和思维方面的智能，社交智能和情感管理能力也是美术活动中不可被忽视的重要方面。在美术创作的过程中，幼儿通常需要在小组或班级范围内进行交流和合作。这种合作不仅局限于作品的共同创作，还涉及意见的交流、任务的分配及团队协作中的冲突解决。在这个过程中，幼儿的社交智能得到了有效提升。通过集体讨论和团队协作，幼儿能够学会倾听他人的意见，表达自己的观点，并学会在意见分歧中达成共识。这种社交能力的提高不仅有助于幼儿在日常生活中的人际交往，也为他们未来进入职场和社会生活奠定了良好的基础。

　　此外，美术活动也是一个极好的情感表达和管理的渠道。在创作的过程中，幼儿往往能够释放自身的情绪和感受，尤其是在面对某些情感困扰时，艺术创作成为他们情感调节的一种重要方式。通过色彩选择、画面构建及造型，幼儿可以将自己的情感宣泄出来，这一过程不仅有助于舒缓情感，也能够促进幼儿更好地理解自己的内心世界。长期参与艺术创作的幼儿，往往能够在情感管理方面表现得更加成熟，他们能够更好地调节自身情绪，应对生活中的压力和挑战。

　　美术活动的多元智能培养不仅体现在课堂的创作上，更在于它对幼儿个性化发展和综合素质提升的深远影响。每个幼儿在美术活动中的体验和收获都是独特的，而正是这种个性化的教育方式，使得美术活动成为促进幼儿全面发展的有效途径。通过美术活动，幼儿能够在轻松愉快的氛围中锻炼各种智力，展现自己的个性和潜力，这对于他们在未来的学业、职业和社会生活中取得成功都具有重要意义。

二、美术活动激发幼儿的内在动机和创造力

美术活动作为教育过程中不可或缺的组成部分，不仅是培养艺术素养的途径，更是激发幼儿内在动机和创造力的重要手段。根据多元智能理论，每个幼儿都有着独特的智能特长，而美术活动恰恰提供了一个能够激发这些特长的独特平台。通过美术活动，幼儿能够自由展现自己在艺术领域的兴趣和创意，进而帮助他们发现和拓展自己的兴趣爱好，从而增强自信心，激发学习动机。

美术教育的一个显著特点是其高度的开放性与自由性。在美术活动中，幼儿并不需要遵循固定的规则和寻找标准答案，而是通过个人化的创作过程去探索和发现自己的想法。这种探索过程能够有效激发幼儿的内在动机，使他们感受到创作的乐趣与成就感，从而促使他们对美术学习积极参与。这种内在动机的激发不仅限于艺术领域，它能够引发幼儿对其他学科的兴趣和探索，促使他们在更多领域展示自己的创造力与智能。美术活动作为一种非语言的表达方式，提供了一种独特的情感和思想交流途径，让幼儿能够在无形中培养出强烈的创造性思维。

在进行美术创作时，幼儿往往需要面对一系列的决策与选择，这些决策和选择的背后蕴含着对问题的思考和对材料的理解。幼儿在创作过程中必须考虑形式、色彩、结构等多个因素，并在此基础上作出最符合自己创作理念的决策。这个过程实际上是一种批判性思维的锻炼过程，要求幼儿在思考和实践中不断修正自己的观点与方法。在这个过程中，幼儿不仅学习到如何表达和展示自己的思想，更重要的是培养了深度思考问题和解决问题的能力。这种批判性思维的训练，不仅对于美术活动本身有着积极的促进作用，也对幼儿在其他学科中的学习产生了积极影响。在学术研究、科技创新甚至社会实践等领域，批判性思维能力被认为是衡量个体综合素质的重要标准。

美术活动的一个重要功能是激发幼儿的创造力。在传统的教育体系中，很多时候幼儿被要求遵循固定的学习模式和标准答案，而美术教育则强调开放性和个性化的创作。通过创作活动，幼儿可以在没有固定框架的情境下自由发挥，尝试不同的材料和形式，探索自己独特的艺术风格。在这个过程中，幼儿的创造力得到了充分发挥。尤其是在儿童阶段，幼儿的思维方式往往更加灵活和开放，正是

这种特性，使得美术活动成为培养他们创新能力的重要途径。

美术教育的创新性不仅体现在幼儿个体的创作中，它还能够促进幼儿在集体创作中的合作与互动。许多美术活动鼓励幼儿共同完成一幅作品，这样的合作创作不仅能够激发幼儿的创造力，还能够培养他们的团队协作精神。在集体创作的过程中，幼儿不仅要展现自己的艺术才华，还需要与他人进行有效的沟通和协作，彼此之间交换意见、分享灵感，从而提高自己的集体意识和合作能力。这种跨越个体与群体之间的互动，使得幼儿在艺术创作的过程中不仅获得了技术上的提升，更在思想交流和团队合作方面得到锻炼。

更为重要的是，美术活动所带来的创造性思维，能够超越艺术领域本身，延伸到幼儿的其他学科学习中。许多学科，尤其是科学、数学等学科，要求幼儿具备创新性思维与解决问题的能力。而美术教育恰恰为幼儿提供了一种培养这些能力的有效途径。在美术创作过程中，幼儿需要根据主题或者材料进行创造性的思考，这种思维模式对其他学科的学习同样有益。例如，在学习数学时，幼儿能够通过在美术活动中所培养的空间感知能力，更好地理解几何问题的解决方法；在学习科学时，幼儿通过在美术创作中所培养的实验精神，能够更好地理解科学探索的过程。

美术活动不仅是一种单纯的艺术训练，它还深刻影响着幼儿的全面发展。通过美术创作，幼儿能够在自我表达、问题解决能力、创新思维等多个方面得到锻炼与提升，进而在其他学科的学习中展示出更多的独特智能。美术教育与其他学科的相互渗透，促使幼儿在解决问题的过程中展现出更加灵活的思维方式，也使得他们在面对复杂的情境时能够做出更加理性与创新的决策。

三、美术活动与幼儿多元智能的综合性培养

美术活动在儿童教育中具有重要的作用，不仅是审美能力的培养工具，也是一个多维度、多领域的智能开发平台。其独特的综合性特点，使得它能够在多个领域内同时发挥作用，促进幼儿在多个智能维度上的协调发展。通过美术创作活动，儿童不仅能够提升对艺术的理解和表现力，还能够在潜移默化中发展空间感知、逻辑推理、语言表达、人际交往等多项能力。美术活动的这些多重功能，使

得它成为一种全方位的教育手段，能够更全面地促进幼儿的个性化发展与多元智能的培养。

在美术创作的过程中，幼儿通过具体的操作与实践，不仅是在完成创造一幅画作或制作一个手工艺品的表面任务，更多的是通过这些实际的操作，激发他们对形状、空间、颜色等元素的感知能力。例如，在进行绘画或雕塑时，幼儿需要考虑到图形的比例、空间的布局、色彩的搭配及材料的选择等，这些任务涉及深层次的空间智能与逻辑数学智能的发展。空间智能使得儿童能够更好地理解物体在三维空间中的关系，而逻辑数学智能则有助于他们在进行作品创作时进行理性思考。这些能力不仅在美术活动中得到了培养，也为幼儿日后处理更加复杂的学习任务和生活问题提供了良好的基础。

美术活动也为儿童提供了一个动手操作的平台，能够有效促进身体运动智能的发展。无论是绘画的手腕动作，还是手工制作的剪切、粘贴等操作，均需要较为精准的身体协调能力与肌肉记忆。手眼协调的方式进行创作，有助于幼儿提高细致入微的动作能力，同时锻炼他们的手部精细动作和空间定位能力。通过这些活动，幼儿的感知、动作与思维会达到一种高度的融合，这对于培养幼儿的整体运动能力及其在其他领域的表现力具有积极的影响。

同时，语言智能和人际交往能力也是在美术活动中得到充分发展的领域。在美术活动中，幼儿常常需要通过口头表达和语言交流来阐述自己创作的思路和过程，或与他人合作完成一项艺术任务。这种语言的输出，不仅是对自己作品的解释，更是思维表达能力的体现。通过语言的运用，幼儿在创作过程中不断完善自我认知，锻炼其思维的清晰度和表达的流畅度。此外，团队合作和集体讨论的机会，也使幼儿能够在与他人互动中增强社会认知、培养合作意识和人际交往能力。这些能力的培养不仅对幼儿在美术领域内的发展有着直接的影响，更为他们日后在人际交往、团队合作等方面的能力提升打下了坚实的基础。

美术活动作为一种具有综合性和跨领域特点的教育手段，其价值不仅局限于培养幼儿的艺术感知力和创造力，还通过多种途径促进了幼儿各项能力的同步发展。通过这种综合性的教育模式，幼儿的多元智能得以在具体的艺术实践中得到激发和加强。这种整合性的智能培养方式，能够有效帮助幼儿建立起跨学科的思维模式，增强他们在未来生活和工作中的适应性与创新能力。因此，美术活动不仅是艺术教育的一部分，更是幼儿全面素质教育的重要组成部分。在这个过程中，幼儿通过对美术的探索与实践，逐步形成了对美的感知、对知识的理解及对社会的认同。这种综合性的发展模式，能够帮助幼儿建立全面的自我认知，为他们未来的发展提供更为广阔的空间和更多的可能性。

第三节　活动设计的创新策略

在学前教育中，活动设计的创新策略对于促进幼儿的全面发展具有重要意义。创新的活动设计不仅能够激发幼儿的学习兴趣，还能有效提升其认知、情感、社交及创造能力。

一、基于多元智能理论的活动设计

多元智能理论由加德纳提出，认为人类拥有多种不同类型的智能，包括语言智能、逻辑－数学智能、空间智能、身体－运动智能、音乐智能、人际智能、自我认知智能及自然观察智能等。该理论强调每个个体在不同智能领域都具有独特的优势和潜能。

基于多元智能理论，学前活动设计应充分考虑幼儿在不同智能领域的发展需求，通过多样化的活动形式，满足不同智能类型幼儿的学习需求。例如：通过故事讲述、角色扮演、诗歌朗诵等活动，提升幼儿的语言表达和理解能力。设计简单的数数游戏、图形拼图、分类活动，培养幼儿的逻辑思维和问题解决能力。利用拼搭积木、绘画、立体构建等活动，增强幼儿的空间感知能力和想象力。通过舞蹈、体操、户外游戏等活动，促进幼儿的身体协调能力和运动技能的发展。开展音乐律动、乐器演奏、歌曲创作等活动，培养幼儿的音乐感知能力和创造力。组织合作游戏、小组讨论、集体项目，提升幼儿的社交能力和团队协作精神。引导幼儿进行自我表达、自我反思活动，增强其自我意识和情感管理能力。开展自然探索、动植物观察、环保活动，培养幼儿的观察能力和环保意识。

为了有效实施基于多元智能理论的活动设计，教育工作者应采取以下策略：

一是个性化教学。根据每个幼儿的智能优势，提供个性化的学习资源和活动选择，确保每个幼儿都能在其擅长的领域得到充分的发展。二是多样化的活动形式。设计多种形式的活动，涵盖不同智能类型，确保活动的多样性和包容性。三是综合性的活动设计。将多种智能元素融合在单一活动中，例如通过音乐和舞蹈结合的活动，既锻炼幼儿的音乐智能，又促进身体运动智能的发展。四是动态评估与调整。通过持续的观察与评估，及时了解幼儿在不同智能领域的发展状况，并根据评估结果调整活动设计，以更好地满足幼儿的需求。

二、跨学科融合的活动设计

跨学科融合指的是将多个学科的知识和方法有机结合，通过综合运用不同学科的理论和实践经验，设计出综合性和多样性的教育活动。该策略旨在打破学科间的壁垒，促进知识的整合与应用，提升幼儿的综合素质和创新能力。

学前阶段是幼儿认知结构和学习习惯形成的关键时期，跨学科融合的活动设计促进全面发展，通过整合不同学科的内容，满足幼儿在认知、情感、社交等多方面的发展需求。增强学习兴趣。多样化的活动形式能够激发幼儿的好奇心和探索欲望，提升学习的主动性和积极性。培养综合能力。跨学科融合的活动设计能够培养幼儿的综合思维能力、问题解决能力和创新能力，为其未来的学习奠定坚实基础。

在学前活动设计中实现跨学科融合，教育工作者可以采取以下方法：一是主题式活动设计。选择综合性的主题，将不同学科的内容融入主题活动中，例如，以"植物"为主题，结合科学（植物知识）、艺术（植物绘画）等多个学科。二是项目式学习。设计基于项目的活动，让幼儿在完成项目的过程中，自然地运用和整合不同学科的知识和技能。例如，制作手工艺品，涉及美术、数学、语言等多个领域。三是合作教学。不同学科的教师协同合作，共同设计和实施跨学科活动，充分发挥各自学科的优势，提供多元化的学习资源和支持。四是灵活的教学方法。采用探究式学习、游戏式学习、体验式学习等灵活多样的教学方法，促进学科间的有机融合。

跨学科融合的活动设计的案例分析，以"天气"主题的跨学科融合活动设计为例：科学学科可提供不同天气现象的形成原因和特点的知识，如雨、雪、晴等。数学学科可记录和统计每日的天气情况，制作天气图表，学习简单的数据分析知识。艺术学科可绘制不同天气的场景画，制作天气相关的手工艺品。语言学科可通过故事讲述和讨论，提升幼儿的语言表达和理解能力。体育学科可根据不同天气设计相应的户外活动，如晴天的跑步游戏、雨天的室内舞蹈等。

三、利用科技工具的活动设计

随着信息技术的迅猛发展，科技工具在学前教育中的应用日益广泛。智能设备、教育软件、虚拟现实、增强现实等科技工具为活动设计提供了丰富的资源和手段，极大地拓展了学前教育的教学空间和教学方式。

（一）科技工具在活动设计中的优势

增强互动性：科技工具能够提供多媒体和互动功能，提升活动的趣味性和参与感。

丰富教学资源：通过互联网和教育软件，教师可以获取大量的教学资源，设计出更加多样化和个性化的活动。

促进自主学习：科技工具的应用能够培养幼儿的自主学习能力和信息素养，促进其主动探索和发现。

个性化教学：智能化教育工具能够根据幼儿的学习进度和兴趣，提供个性化的学习内容和活动建议。

（二）利用科技工具进行活动设计的策略

整合多媒体资源：利用视频、动画、音频等多媒体资源，丰富活动内容，提高幼儿的学习兴趣。

应用教育软件：选择适合学前教育的教育软件，如绘画软件、拼图游戏、互动故事等，提升幼儿的动手能力和创造力。

引入虚拟现实技术与增强现实技术：通过VR和AR技术，设计沉浸式的学习环境，幼儿在虚拟场景中进行探索和学习，增强体验感和参与感。

促进数字协作：利用在线协作工具，设计需要团队合作的活动，培养幼儿的协作精神和沟通能力。

数据驱动的教学调整：通过科技工具收集和分析幼儿的学习数据，实时调整活动设计，满足幼儿的个性化需求。

四、环境创设与活动设计的协同

学前教育环境的创设对活动设计具有重要影响。一种良好的教育环境不仅能够提供丰富的教学资源，还能营造积极的学习氛围，促进幼儿的自主学习和探索。环境创设与活动设计相辅相成，教育工作者在设计活动时，应充分考虑环境因素，确保活动能够在适宜的环境中顺利开展。同时，活动设计也应反哺环境创设，通过活动的开展不断优化和调整教育环境。

（一）环境创设的策略

物理环境设计：合理布局教室空间，设置不同功能区，如阅读区、游戏区、艺术区等，提供丰富的教学资源和活动材料。

心理环境营造：创建安全、包容、支持的心理环境，鼓励幼儿自由表达和积极参与，增强其自信心和归属感。

文化氛围建设：通过装饰、展示和活动，营造富有教育意义的文化氛围，促进幼儿的文化认同和价值观形成。

（二）活动设计

科学探索活动：引导幼儿观察和分类自然材料，学习植物和动物的基本知识。

艺术创作活动：利用自然材料进行拼贴画制作，激发幼儿的创造力和艺术表达能力。

社交互动活动：组织小组合作探索，培养幼儿的团队协作和沟通能力。

环境优化：根据活动反馈，不断补充和更新探索材料，优化环境布局，提升活动效果。

五、个性化与差异化的活动设计

个性化教育理念强调根据每个幼儿的兴趣、能力和发展需求，提供量身定制的学习体验；差异化教育理念则关注幼儿之间的个体差异，通过调整教学方法和内容，确保每个幼儿都能在适合自己的环境中学习和成长。

学前幼儿在认知、情感、社交等方面存在显著差异，个性化与差异化的活动设计能够满足多样化需求，针对不同幼儿的兴趣和能力，设计多样化的活动内容，确保每个幼儿都能找到适合自己的学习方式。促进公平教育。通过差异化的教学方法，缩小幼儿之间的差距，促进教育公平。提升学习效果。个性化的活动设计能够更好地激发幼儿的学习动机，提升学习效果和满意度。

（一）个性化与差异化活动设计的实施策略

了解幼儿个体差异：通过观察、评估等方法，全面了解幼儿的兴趣、能力和发展需求，为活动设计提供依据。

灵活调整教学方法：根据幼儿的个体差异，灵活调整教学方法和活动内容，确保每个幼儿都能在适合自己的环境中学习。

提供多样化的学习资源：准备丰富的学习材料和资源，满足不同幼儿的学习需求，促进其全面发展。

鼓励自主选择与参与：给予幼儿更多的选择权，鼓励其自主选择感兴趣的活动，增强学习的主动性和积极性。

（二）活动内容

科学小组：进行简单的科学实验，如制作气球火箭，培养幼儿的科学探索精神。

艺术小组：开展绘画、手工制作等活动，提升幼儿的艺术创造力。

体育小组：组织各类体育游戏，增强幼儿的身体素质和运动能力。

实施步骤：

兴趣调查：通过问卷、观察等方式了解幼儿的兴趣领域。

小组分配：根据调查结果，将幼儿分配到不同的小组，确保每个小组的幼儿都对活动内容感兴趣。

活动开展：教师根据小组需求，设计和实施相应的活动，提供必要的支持和指导。

效果评估：通过观察和反馈，评估活动的效果，并根据评估结果进行调整和优化。

活动效果：通过兴趣小组活动，幼儿在感兴趣的领域进行深入的学习和探索，提升了自信心和学习兴趣，同时促进了社交能力的发展。

六、创新的评价与反馈机制

有效的评价与反馈机制是活动设计的重要组成部分，能够帮助教育工作者了解活动的实施效果，发现存在的问题，并进行及时调整和改进。同时，评价与反馈也为幼儿提供了自我反思和成长的机会，促进其全面发展。

传统的评价方法往往侧重于结果导向，忽视了过程中的发展和个体差异。创新的评价与反馈机制应注重过程评价、形成性评价和多元评价，全面反映幼儿在活动中的表现和进步。

（一）创新评价与反馈机制的策略

多元评价方式：结合观察记录、作品展示、幼儿自评和同伴评价等多种评价方式，全面了解幼儿的学习情况和发展水平。

形成性评价：在活动过程中，进行持续的评价和反馈，及时发现问题并进行调整，促进幼儿的学习和发展。

自我评价与反思：引导幼儿进行自我评价与反思，增强其自我认知和自主学习能力。

利用科技工具进行评价：采用数字化评价工具，如电子作品集、视频记录等，提升评价的客观性和可视化程度。

家校合作评价：与家长保持沟通，收集家长对幼儿表现的反馈，形成全面的评价体系。

（二）活动内容

项目开展：幼儿参与一个综合性的项目活动，如"我的小花园"，在活动中进行种植、记录、观察和展示。

作品展示：项目结束后，组织幼儿进行作品展示，展示他们的种植成果、观察记录和创意作品。

多元评价包括教师评价、同伴评价、自我评价、家长反馈等。

反馈与改进：根据多元评价的结果，教师总结活动的优点和不足，提出改进建议，为下一次活动设计提供参考。

活动效果：通过项目展示与评价，幼儿不仅展示了自己的学习成果，还通过多元评价获得了全面的反馈，促进了自我反思和持续改进。

活动设计的创新策略在学前教育中扮演着至关重要的角色。通过基于多元智能理论的活动设计、跨学科融合的活动设计、利用科技工具的活动设计、环境创设与活动设计的协同、个性化与差异化的活动设计及创新的评价与反馈机制，教育工作者能够设计出更为丰富、多样化且符合幼儿发展需求的教育活动，促进幼儿的全面发展和潜能的充分发挥。未来，随着教育理念和技术的不断进步，活动设计的创新策略将持续演进，为学前教育的质量提升和教育目标的实现提供强有力的支持。

第七章　学前教育美术活动的实施与评估

美术活动的实施和评估是学前教育不可忽视的重要环节。如何有效组织和实施美术活动，确保每个儿童在活动中都能得到充分的锻炼和发展，是本章探讨的核心内容。实施过程中，教师的角色至关重要，教师不仅是活动的引导者和组织者，更是儿童发展的支持者和观察者。因此，本章我们将深入探讨教师在美术活动中的角色和责任，分析如何通过有效的组织和引导，使儿童在美术活动中既能享受乐趣，又能获得知识和技能的提升。在美术活动结束后，评估其效果同样重要。本章我们将讨论如何通过系统的评估方法，分析和总结美术活动的实施效果，帮助教师发现问题并进行反思与改进。评估不仅包括儿童的艺术能力和创造力的提升情况，还包括其情感、社会性和认知能力的综合发展情况，为学前教育的优化提供科学依据。

第一节　学前教育美术活动的实施流程

一、活动目标的明确与教学设计

在幼儿美术活动的开展中，活动目标的设定及其与教学设计紧密结合至关重要。活动目标的明确性直接关系到整个教学过程的方向与效果。因此，在每一次活动的筹划中，我们首先必须清晰界定其教育意义，确保目标的多维性与适应性，以此为基础进行教学设计。对幼儿而言，美术活动不仅是技术技能的训练，更是情感、创造力、思维能力及社会性发展的重要途径。因此，活动目标的设计需充分考虑到这些方面，既要兼顾美术的专业性，又要关注幼儿综合能力的发展。

幼儿美术活动的目标设定，应结合幼儿的生理和心理发展特点，尤其要根据他们的年龄段、认知水平和情感需求来加以调整。比如，学龄前儿童处于探索与模仿的阶段，他们对色彩、形状的认知仍处在初级水平，因此，在设计美术活动时，我们应该考虑到幼儿的观察力和动手能力的发展，并注重通过形象直观、操作简便的内容来激发他们的兴趣。相对较大的幼儿则可以在此基础上加入一定的思维挑战活动，鼓励他们在活动中尝试表达自己的情感和想法，培养更高层次的创造力和艺术表现力。在目标设定时，我们必须精准把握幼儿在不同成长阶段的需求，既不能过于简单，使其无法满足儿童的求知欲，也不能过于复杂，以至于超出了他们的理解和操作范围。

明确活动目标之后，教学设计的核心任务就是围绕这些目标来展开，确保活动的顺利进行，并达到预期效果。在教学设计的过程中，内容选择是其中最关键的环节之一。活动内容的设计应紧密贴合幼儿的兴趣和需求，既要符合他们的认知水平，又要能够激发他们的好奇心和探索欲望。美术活动的内容不应仅仅局限于传统的绘画技巧训练，更要在多样化的表现形式中融入儿童的生活经验、社会情感及自然观察等元素，使活动内容富有生活气息，提升儿童的参与感与体验感。多种方式的结合，例如绘画、手工、泥塑等，不仅能够丰富幼儿的表现手段，还能提高他们的综合思维能力和审美水平。

与此同时，教学材料的准备也在整个活动设计中占有重要地位。美术活动的材料不仅提供工具，更是激发儿童创意与想象的媒介。选择与活动目标相符、操作简便且富有创意的材料，不仅能提升活动的趣味性，还能提高幼儿的参与度和自主性。例如，我们可以使用环保材料或者可回收的废弃物来进行创作，这不仅培养了幼儿的动手能力，还能激发他们的环保意识和创新意识。在选择材料时，我们还应注意材料的安全性，确保儿童能够在自由表达的同时，避免潜在的安全隐患。

在活动设计中，步骤的安排同样关键。教学步骤的合理性确保了活动的顺利进行与幼儿的学习效果。在活动开始时，教师应通过简洁明了的指导引导幼儿进入活动状态，避免过多的指示性语言，而应采用启发性提问或情境创设的方式，让幼儿能够自主发现并解决问题，通过引导他们观察、分析和尝试，激发他们对活动内容的兴趣与探索欲。活动的中期阶段，教师应根据幼儿的反应及时调整活动的进度与方式，关注个别差异，确保每一个幼儿都能在合适的难度下得到充分的发展。结束时，教师可以通过引导总结、集体展示等形式，让幼儿回顾自己的创作过程，提升他们的自我认知能力和集体合作意识。

值得注意的是，教学设计中的趣味性与挑战性是并行的。活动不仅是技能的培养过程，更是情感、思维和社会能力的拓展过程。因此，在设计活动时，教师应创造一种宽松、自由、充满支持与尊重的氛围，让幼儿能够毫无顾虑地表达自我，享受创作的乐趣。同时，在活动中加入适度的挑战性元素，引导幼儿在实践中发现问题、解决问题，在不断克服困难的过程中体验成功的喜悦，逐渐培养他们的自信心和独立性。

教学设计的灵活性同样是不可忽视的。在实施过程中，教师应根据幼儿的实际表现和兴趣变化，适时调整活动内容与步骤。每个幼儿的认知水平、兴趣爱好及表达方式不同，教师应根据幼儿的个体差异给予相应的支持和鼓励。比如，有些幼儿可能会表现出对某一材料或技法的浓厚兴趣，而有些幼儿则可能更倾向于某种形式的表现，此时教师可以通过适当的引导，帮助幼儿发现并发挥自己的潜力，让每个幼儿都能够在活动中获得最大程度的成长。

二、活动材料的准备与使用

在幼儿园美术活动中，活动材料的选择和使用至关重要，因为它们直接影响到教育目标的实现及幼儿艺术感知力、创造力的发展。美术活动不仅是幼儿通过感官世界与外界互动的一个过程，也是他们在具体材料中进行自我表达和想象的方式。活动材料不仅是辅助工具，它们本身就是美术教育的重要组成部分，教师应当在活动开始之前，进行周密的规划和精心的准备，确保材料的多样性与安全性，同时根据活动的主题和教育目标合理选用。

选择材料时我们应当进行多维度的考虑。传统材料如画纸、颜料、笔刷等，已经成为美术活动中最为常见的工具。这些常规材料的使用，能够帮助幼儿在日常创作中积累基础的艺术表现技能，培养他们的基本操作能力。然而，在幼儿美术活动中，教师并不应仅仅依赖传统的艺术工具，还应当考虑引入一些富有创造性和想象力的特殊材料，如彩纸、黏土、天然素材等。这些材料能够激发幼儿的创造力，提供更为丰富的表现手段。例如，使用天然素材如树叶、石块等，可以让幼儿感知自然界的多样性，探索不同材料的质感与特性，进而引导他们通过独特的方式来表达自己的思想和情感。

除了创意和艺术性，材料的安全性和环保性也是教师在选择和使用材料时必须考虑的重要因素。幼儿的生理特点和心理需求决定了他们对材料的依赖程度和接触频率，因此材料的安全性显得尤为重要。所有参与活动的材料必须符合儿童使用的安全标准，尤其是在触碰、口咬等行为的情况下，材料不得含有有害物质或容易引发过敏的成分。同时，环保性也应成为选择材料的重要依据。在现代社会，教育工作者应当意识到环保教育的必要性，借助材料的选择来引导幼儿关注环保理念，培养他们的生态意识。使用可降解、无毒的材料不仅能保障幼儿的健康，还能在潜移默化中对幼儿进行环保教育，让他们在实际的操作中理解环保的重要性。

材料的准备不仅是物质层面的准备，更多的是在教育内容和目标的指导下，确保这些材料能够在具体的美术活动中发挥应有的功能。在美术活动中，教师需要根据活动的主题、目标及幼儿的兴趣与发展需求来合理配置材料。例如，在一项关于色彩感知的创作活动中，教师可以选择一些色彩鲜艳、质感丰富的颜料和纸张，帮助幼儿通过颜色的混合、对比和搭配，理解色彩的美学特征和情感表达作用。这一过程中，教师不仅要为幼儿提供多样的选择，还应当引导他们使用这些材料，通过颜色、形状、结构等元素进行自我表达。这种教学方式能够激发幼儿的艺术潜能，培养他们的动手能力与创新思维。

美术活动不仅是物质材料的使用过程，更是幼儿情感和创造力的培养过程。在活动过程中，教师应鼓励幼儿大胆尝试，不拘泥于传统的艺术表现方式，激发他们对材料和创作的兴趣与热情。教师要通过适当的引导，帮助幼儿在材料的运用中找到创作的自由空间，并且学会如何将他们的想法转化为具体的艺术作品。通过对材料的合理选择，幼儿能够在动手操作的过程中，不仅提升艺术能力，也增强对世界的感知力和创造力。

在实际教学中，活动材料的使用还应当具有一定的灵活性和开放性。教师可以根据幼儿的反应和兴趣的变化，调整材料的使用，或者根据活动进程中的实际需要，灵活地引入新的材料和创作形式。这样不仅能够增强幼儿对美术活动的兴趣和参与度，还能够为他们提供更广阔的创作空间和表现平台。同时，教师应当注重与幼儿的互动，在他们使用材料时提供适时的支持和鼓励，引导幼儿在探索中不断积累经验，并帮助他们在创造中形成自信和独立思考的能力。

美术活动中的活动材料，不仅是帮助幼儿完成艺术创作的工具，它们还是幼儿认知、情感与行为发展的重要载体。通过精心准备和合理使用材料，教师能够创造出丰富多样的艺术教育环境，帮助幼儿在自由的创作氛围中逐步提升艺术表现力和综合能力。在活动中，材料的选择和使用，不仅要关注其创意性和多样性，还要注重其对幼儿身心发展的积极作用，通过材料的巧妙运用，带动幼儿在美术活动中不断探索与成长，最终实现教育目标，培养出更具艺术创造力和综合素质的幼儿。

第二节　教师在学前教育美术活动中的角色

在学前教育的美术活动中，教师不仅是绘画技巧和艺术知识的传授者，而且是一个多维度、多层次的综合性角色。教师的每一种角色功能都与幼儿的艺术发展密切相关，对其认知、情感和社会性等各方面的发展起到促进作用。具体来说，教师在美术活动中的角色为引导者、支持者、管理者和情感引领者，这四个角色在不同的教学情境中发挥着各自独特的作用。

一、引导者：启发艺术创意与认知

在学前美术教育中，教师作为引导者起着至关重要的作用。艺术创作是一项需要自由思考和创新的活动，教师的引导不仅是对技巧的教授，更重要的是要激发幼儿的想象力和创造力。教师通过精心设计的活动和教学策略，引导幼儿从感性体验过渡到理性思考，促进他们在创作中进行自我表达与情感发泄。教师的引导不仅局限于作品的创作步骤，还包括对艺术作品背后深层次含义的引导，引导幼儿在艺术创作过程中建立自我认知和对艺术的理解。

引导教师的作用，往往体现在对幼儿创造性思维的激发上。通过引导性问题的设置，教师能够帮助幼儿从不同的角度审视艺术作品。例如，教师可以通过提问让幼儿思考："你为什么选择这组颜色？它们传达了什么样的情感？"这种问题不仅让幼儿从技巧上有所反思，更能启发他们思考艺术背后的情感和理念。同时，教师通过开放性的引导，避免给幼儿过多的约束，让幼儿在自由创作中展现个人独特的艺术感知力和表现力。

在这一过程中，教师的角色不仅限于"教师"身份，而更多是以"启发者"和"激发者"的身份参与到教学中。通过启发式教学，教师能够帮助幼儿理解艺术创作的深层次含义，培养幼儿对艺术创作的兴趣与热爱，让他们在不断探索中发现自我。

二、支持者：提供资源和情感支持

美术教育中的支持者角色，不仅指教师在物质上为幼儿提供所需的材料和工具，还涵盖了教师在情感上对幼儿的关怀与鼓励。美术创作是一项高度个人化的活动，幼儿在创作过程中容易受到情感和心理的影响，因此，教师作为支持者，除了物质资源的提供，更重要的是给予情感上的支持和鼓励。教师的情感支持包括鼓励幼儿面对创作中的挑战，培养他们的坚持和耐心，同时帮助他们建立自信心，尤其是在面对艺术创作的失败时，教师能够及时给予积极的反馈，让幼儿从失败中汲取经验，继续前进。

教师在提供支持时，应特别关注幼儿的个体差异。每个幼儿在创作能力、兴趣、表达方式等方面都有独特性，因此，教师要根据每个幼儿的特点，提供个性化的指导和支持。对于一些有特别兴趣或天赋的幼儿，教师应为他们提供更多挑战性的任务，激发其创作潜力；而对于一些处于创作困境中的幼儿，教师则应通过耐心的引导与支持，帮助他们找到解决问题的思路。教师通过与幼儿的互动，建立起一种互信关系，这种支持不仅有助于幼儿在艺术创作中的情感调节，还能提升幼儿的创造力和自我认同感。

另外，教师在活动过程中还需为幼儿提供足够的时间与空间，使幼儿能够自由地探索和发挥。例如，在幼儿园的美术活动中，教师可以通过设置不同的创作任务，让幼儿选择自己感兴趣的项目进行创作。支持者角色不仅要在物质上保障，更是心理上的依托，它帮助幼儿克服内心的焦虑与不安，促进其内在潜力的发挥。

三、管理者：组织活动与课堂管理

在学前教育的美术活动中，教师除了担任引导者和支持者角色外，还必须具备强大的管理能力。作为管理者，教师不仅要规划和组织整个美术活动，还需要通过有效的课堂管理，确保活动能够顺利进行。美术活动往往需要一定的时间和空间来完成，因此教师需要合理地安排活动的进程，确保活动的各个环节高效衔接，避免时间上的浪费。

教师作为管理者，首先需要具备设计美术活动的能力。这包括根据幼儿的年龄特征、认知水平和兴趣设计适合的活动内容。其次，教师需要在活动中不断监督、评估和调整活动进程，确保每个幼儿都能在规定的时间内完成任务，同时避免部分幼儿因过于复杂的任务而产生焦虑。在此过程中，教师不仅要提供活动的结构性框架，还要根据实际情况灵活调整，以提升幼儿的参与感和责任感。

课堂管理不仅限于时间和流程的控制，还包括对活动中出现的问题进行及时干预和调整。例如，教师在组织集体创作时，需要有效管理幼儿之间的互动，确保每个幼儿都能够平等地参与创作，避免因某些幼儿的主导作用而导致其他幼儿的创作意图受限。此外，教师在管理过程中还需要时刻关注课堂的纪律，保障幼儿的安全，并通过管理手段促进幼儿在创作中获得更好的体验。

作为管理者，教师的任务不仅是确保活动的有序进行，更重要的是通过管理手段培养幼儿的艺术创作习惯。例如，教师可以通过细致的指导，帮助幼儿遵循规范的创作步骤，如材料准备、工具使用、作品整理等。这些习惯的培养，能够帮助幼儿在艺术创作中更加自信和有序。

四、情感引领者：情感共鸣与自我表达

在美术活动中，教师的情感引领者角色尤为重要。艺术创作不仅是技巧和知识的训练，更是情感的表达和自我认同的实现。教师在艺术教学中需要为幼儿创造一种充满情感共鸣的环境，引导幼儿通过艺术作品表达个人的情感和思想。教师可以通过自己的艺术创作示范，激发幼儿的情感共鸣，鼓励他们通过色彩、形

状、线条等艺术元素来展现自己的情感世界。

情感引领者的角色要求教师关注幼儿的情感需求，理解他们在创作过程中的心理变化，并给予恰当的情感支持。例如，教师可以通过观察幼儿在创作过程中的表现，发现他们的情感波动，并通过语言上的鼓励或肢体语言上的支持，帮助幼儿调节情绪。教师的情感支持不仅有助于幼儿在创作中的情感释放，还能够帮助他们建立积极的情感体验，让美术活动成为一种愉悦和富有意义的心理调节方式。

情感引领者的作用不仅体现在情感的疏导上，还包括通过艺术活动的开展，帮助幼儿培养情感认知与表达能力。教师通过引导幼儿在创作中表达自己内心的感受，使幼儿学会如何通过艺术的方式理解自己和他人的情感，这对于他们情感智力的提升具有重要意义。

通过这些情感引领，教师不仅让幼儿在创作中找到个人表达的渠道，还为他们提供了一个能够感知和表达内心情感的空间。这一角色的功能，不仅局限于艺术创作的过程，更深远地影响了幼儿在情感、心理及社会适应方面的全面发展。

教师在美术活动中的角色是多维的，涉及引导、支持、管理与情感引领等多个方面。每一角色职责的有效履行，不仅能促进幼儿的艺术技能发展，更能在情感、认知及社会性等多方面为幼儿的全面成长奠定基础。教师的角色不仅是知识的传授者和技能的培训者，更是幼儿艺术发展过程中不可或缺的支持者和引领者。通过综合运用这些角色功能，教师能够为幼儿创造一种丰富的艺术教育环境，推动其全面而均衡地发展。

第三节　幼儿美术能力的评估方法

一、评估的目标与意义

在幼儿园美术教育中，评估幼儿美术能力不仅是一个量化的过程，它更是理解和支持幼儿艺术发展的一种方式。通过科学的评估方法，教育工作者可以更全面地了解每个幼儿在美术活动中的表现，进一步洞察他们的个性特征、思维模式、情感表达能力及艺术创造力。评估的意义在于，它不仅能够为教育者提供必要的反馈，帮助他们调整教学策略，还能够为家长和社会提供幼儿艺术发展阶段的详细信息。评估的核心目标，不仅是检测技能的掌握程度，更注重儿童在艺术创作过程中的独特性及其与周围环境的互动。

幼儿的艺术表现往往反映了他们对世界的认知方式，以及他们情感和思想的表达方式。与其他学科不同，美术教育强调的是个体创造性的发展，这种发展过程不应仅仅通过完成作品的精细度来评价，而是要从创作的思路、表达的自由度及作品所传达的情感来进行综合评估。因此，评估的目标不仅限于技能的掌握情况，更重要的是通过艺术作品看出幼儿在表现过程中所展现的独立性与想象力。这种评估方式不仅能够帮助教师识别每个幼儿在艺术创作中的独特风格，还能够为其个性化教育设计提供依据。

评估的另一重要方面是识别儿童在活动中的情感表达方式。在美术创作中，儿童通过颜色、形状、线条和构图等元素传达他们的情感和思想，这一过程远比表面的艺术技巧更为深刻。幼儿往往未受过严格的艺术训练，其创作的自由性和直观性使得评估者能够通过这些作品去理解幼儿的内心世界，感受他们对环境、他人乃至自我情感的认知。因此，评估不应当仅仅局限于对技术层面的评价，更应重视幼儿情感的传递和心理状态的变化，这对于教育者调整教学方法、改善教育环境具有重要的指导意义。

对幼儿美术能力的评估还能够帮助教育者深入了解儿童与环境的互动。环境因素在幼儿艺术活动中扮演着至关重要的角色，幼儿在创作过程中往往会受到周围环境的影响。通过观察幼儿在不同环境条件下的创作表现，教师可以进一步判断幼儿在与环境互动中的适应性与创造性。无论是自然环境中的艺术活动，还是在人工创设的教学场景中进行的创作，评估者都可以通过分析幼儿对这些环境刺激的反应，来识别他们的个性特点与行为倾向。这样的评估不仅对幼儿的艺术学习起到了促进作用，同时也为教师创设更加符合幼儿发展需求的学习环境提供了参考依据。

同时，评估的目标还在于为幼儿园的教学活动提供有效的数据支持。通过对幼儿艺术能力的系统评估，教师能够在实践中发现每个幼儿的学习特点与艺术兴趣，从而为后续的教育活动提供依据。与传统的教育模式不同，现代教育强调以儿童为中心，注重个性化教学。在这种教育理念的引导下，教师需要根据评估结果，灵活调整教学内容和方式，以便更好地激发幼儿的艺术潜能。通过这种评估和反馈机制，教师能够在教学过程中不断优化自己的教育策略，使每个幼儿都能在适合自己的节奏中获得艺术的滋养与发展。

评估不仅是对单一幼儿的评定，更应是对全体幼儿艺术发展趋势的把握。通过对多个幼儿的评估，教育者可以获得更广泛的教育信息，从而了解整个班级在艺术教育中的共同需求和发展空间。这个过程不仅能够帮助教师发现班级的优势与不足，还能够为集体教学的改进提供有力的支持。通过数据分析和艺术表现的综合评价，教师能够更精准地设计集体活动和个性化学习方案，实现对幼儿艺术教育的整体优化。

此外，评估对家长的指导作用也不容忽视。家长是幼儿教育的第一责任人，评估结果不仅能够帮助家长了解幼儿在美术学习中的表现，还能为他们提供家庭教育的建议。在美术教育中，家长可以通过与幼儿的互动，鼓励幼儿发挥创造力，探索自我表达的方式。评估结果能够帮助家长理解幼儿在艺术创作中可能遇到的困难，以及他们的艺术兴趣和潜力。这样的信息对于家长而言，无疑是一种宝贵的资源，它帮助家长更好地支持幼儿的发展，尤其是在家庭教育和幼儿园教育之间架起一座桥梁，促进家庭与幼儿园的有效合作。

二、评估的原则与方法选择

在幼儿园美术教育的过程中，评估不仅是对幼儿艺术能力进行检测的工具，更是指导和推动其发展的重要手段。评估的设计应当根据教育目标与教学内容的不同需求，采取灵活多样的方式，确保其全面性和多维性。美术能力评估不仅是一个对幼儿现有表现的评价过程，它更应通过科学的方法，深度挖掘幼儿艺术潜能和创造力，从而为日后的教育规划提供有力依据。因此，评估的原则与方法的选择显得尤为关键，它不仅关系到教学质量，还影响着幼儿个体艺术能力的发展。

评估的原则应建立在"多元性"和"综合性"的基础上。传统的评估方法往往依赖于标准化的测试手段，这种方式往往片面而机械，忽视了幼儿个体差异及艺术发展的多样性。艺术教育本质上是一种情感和创造力的培养过程,艺术能力的提升既是渐进性的,也充满了主观性和个性化色彩。因此,评估不能仅仅依赖于固定的模式和单一的标准,而应通过多种方式的综合使用,全面反映幼儿的艺术素质和创造性表达。通过采用多元化的评估方式,教师可以从多个维度了解幼儿的艺术表现,这对于教学调整与改进具有重要价值。

观察法是一种常用的评估手段,它通过教师在日常教学活动中的直接观察,了解幼儿在美术活动中的参与情况、创作过程及艺术表现。观察法可以帮助教师及时捕捉幼儿在创造过程中的思维活动与情感表达,为评估提供更为直观和动态的依据。例如,教师可以在幼儿进行绘画、手工制作等活动时,观察其思维的流畅性、创造的独立性及对于艺术材料和工具的掌握程度。这种方式不仅能够反映幼儿的艺术能力,还能揭示其心理发展状态、对美术活动的兴趣与情感投入等方面的情况。因此,观察法不仅可以用于评估幼儿的艺术作品,也能评估其艺术活动中所展现的能力与态度。

作品分析法是评估时常用的另一种方法。它主要通过对幼儿艺术作品的分析,了解其在创作过程中表现出来的艺术感知力与表达能力。作品分析法通常侧重于对画面构图、色彩运用、主题表达等的深入剖析。画面构图是艺术创作的基础,它展示了幼儿对空间、形状与物体之间关系的理解。通过对画面构图的分析,教师可以判断幼儿是否能够合理地安排画面,使其富有层次感与美感。色彩运用则反映了幼儿对色彩的敏感度和创造力。在幼儿的作品中,教师可以通过对色彩搭配与运用的观察,了解幼儿对色彩的认知和情感表达。此外,主题表达的分析能够揭示幼儿对所创作主题的理解深度和情感投入。不同的主题创作展示了幼儿在表现思维和情感方面的独特方式,作品分析法可以帮助教师更好地把握幼儿的艺术潜力及其在美术领域的独特表达方式。

除了观察法和作品分析法,口头反馈也是一种重要的评估工具。口头反馈不仅是对幼儿艺术作品的简单评论,更是一种互动式的评估方式,通过与幼儿的对话与交流,教师能够进一步了解其创作动机、思维过程和情感倾向。在这一过程中,教师通过与幼儿的语言互动,不仅能够激发思考和表达,还能帮助教师了解幼儿对艺术活动的兴趣和投入程度。例如,当幼儿展示自己的作品时,教师可以通过询问其创作过程中的思考方式、材料选择等问题，进一步了解幼儿的艺术感知力与创造性思维。口头反馈的优势在于它能够通过非正式的对话形式，拉近师生关系，促使幼儿在轻松的氛围中表达自己，同时也有助于教师更全面地了解幼儿的艺术表现力。

评估方法的选择应考虑到幼儿的年龄特征和艺术发展阶段。幼儿的艺术表现力随着年龄的增长和认知能力的发展而不断变化，因此，在评估时，教师需要根据不同年龄段幼儿的特点，选择合适的评估方式。对于较小的幼儿，教师可以更多地依赖观察法和口头反馈，通过日常观察和与幼儿的互动了解其艺术兴趣和发展情况。而对于年龄稍大的幼儿，教师则可以适当增加作品分析法的运用，通过更为系统的分析，评估幼儿在美术活动中的创作能力和表现力。此外，评估工具的设计也应具有灵活性与多样性，避免"一刀切"的方式，尊重幼儿个体差异。

在评估过程中，教师应始终坚持真实与可靠的原则。评估不仅要准确反映幼儿的艺术表现，还应确保评估过程中的公正性与客观性。评估工具和方法的选择应有明确的标准和规范，避免因主观判断而造成评估结果的偏差。同时，评估应注重幼儿的进步与发展，而不仅是其当前的能力水平。通过持续性的评估，教师可以跟踪幼儿在艺术领域的成长轨迹，发现其潜力和不足，从而为今后的教学提供科学依据和改进方向。

幼儿美术能力的评估，不仅是对幼儿艺术能力的检验，它还应作为教师与幼儿互动的重要途径。通过合理的评估，教师能够深入了解幼儿的艺术发展情况，激发其创造力，并为其艺术成长提供支持与引导。因此，评估方法的选择应基于幼儿艺术能力发展的特点，充分考虑到个体差异，通过多样化的评估手段，综合反映幼儿的艺术表现力，从而推动其全面发展。在实际操作中，教师应根据具体情境灵活调整评估方法，确保评估结果的科学性与可靠性，为幼儿的艺术成长提供精准的指导与帮助。

三、评估结果的分析与反馈

评估结果的分析与反馈是幼儿园美术教育中不可忽视的一环，它不仅关乎对幼儿美术作品本身的评价，更涉及对幼儿情感、兴趣及参与度等多方面因素的全面考量。美术教育的本质不仅是培养幼儿的绘画技巧或艺术素养，更重要的是通过这一过程促进幼儿的情感发展与思维能力的提升。因此，我们对评估结果的分析应从多个维度入手，综合观察幼儿在美术活动中的表现。

在分析美术作品时，我们首先需要对不同阶段的作品进行横向对比。这种对比不仅是对幼儿绘画技巧的简单评判，更是对幼儿艺术认知能力和创意思维发展过程的追踪。每一幅作品都承载着幼儿在某一时段的思维方式、情感表达方式与技巧掌握程度。通过对比，我们可以发现幼儿在各个阶段的进步轨迹，进而识别出哪些方面已经得到较好的发展，哪些领域仍然存在不足。比如，有些幼儿在色彩运用上表现出较高的敏感度，能巧妙地运用对比色和相邻色进行搭配，而有些幼儿则在绘画过程中显得较为拘谨，色彩使用较为单一且缺乏变化。通过这种分析，教师可以了解到幼儿的绘画能力和创造性思维的差异，并能够为其提供个性化的引导。

除了作品本身的分析，幼儿在创作过程中的情感变化、兴趣表现及参与程度同样是评估的重要内容。美术教育不仅是技术训练，更是情感体验与内心世界的外化。幼儿的情感状态往往能通过其作品的细节表现出来。在创作过程中，某些幼儿可能表现出极大的兴趣和热情，投入大量的精力和时间，甚至在完成作品后表现出强烈的成就感。这类幼儿的作品通常具有鲜明的个性和独特的艺术风格，而他们的情感也反映出美术活动在他们生活中的重要性。相反，如果幼儿在创作过程中显得情绪低落、兴趣缺乏或者参与度不高，作品的表现往往会受到影响。这时候，评估者需要关注幼儿的情感波动，并通过与幼儿的沟通了解其创作中的困惑与难题，进而对其进行恰当的心理引导与鼓励。

为了更加全面地评估幼儿的艺术发展水平，反馈的过程显得尤为重要。有效的反馈不仅要关注幼儿作品的优点，也要指出其中的不足，并提供具体的改进建议。良好的反馈应当具有鼓励性，能够增强幼儿的自信心，使其在未来的创作中更加敢于尝试和突破。与此同时，反馈还应具有指导性，能够为幼儿提供清晰的改进方向。如果只是简单地赞扬而不加以具体的指导，幼儿可能会停留在原地，难以进一步提高。因此，教师应根据每个幼儿的实际表现量身定制反馈内容，既充分肯定其创作中的亮点，又针对性地指出改进的空间。例如，对于那些在技巧上有所欠缺的幼儿，反馈可以建议其在下一次创作中尝试更多的绘画技法或进行更为细致的观察；对于情感表达能力较为薄弱的幼儿，反馈可以鼓励其在作品中更多地融入个人情感，通过色彩或线条表现自己的心情与思考。

此外，评估结果的反馈不仅限于教师与幼儿之间的互动，家长的参与也是提升评估效果的重要因素。家长可以在家里继续关注幼儿的艺术创作，支持其兴趣的培养。通过与家长的沟通，教师可以帮助家长更好地理解幼儿在美术教育中的成长轨迹，从而提供更加有针对性的支持。在家庭教育的环境中，幼儿可以得到更多的鼓励和激励，这对其美术兴趣和创造力的培养具有深远影响。

反馈的目的不仅在于帮助幼儿识别自己的长处和短板，更在于激发幼儿对美术创作的兴趣和热情。通过对评估结果的详细分析，幼儿能够清楚地认识到自己的进步，同时也意识到自己在艺术表达上的潜力和不足。更为重要的是，反馈应当注重培养幼儿的反思能力，让他们能够自我评估、调整创作思路和方法。这样的反思不仅是对具体作品的评价，也有利于幼儿整体艺术能力的提升。随着时间的推移，幼儿在艺术创作中的自信心、创新能力和解决问题的能力会不断增强，从而形成更为独立的艺术思维模式。

有效的评估与反馈不仅为幼儿的艺术成长提供了方向，也为教师的教学改进提供了宝贵的依据。通过对幼儿作品的全面分析和细致反馈，教师可以根据每个幼儿的独特需求进行个性化教学，从而实现教育资源的最大化利用。同时，这种反馈也能够促进教师与家长、幼儿之间的良性互动，共同推动幼儿在美术领域的成长。综合的评估与细致的反馈，不仅能帮助幼儿在当前阶段得到发展，更能为其未来的艺术道路奠定坚实的基础。

第四节 活动效果的评价与反思

一、评价指标的设定与收集

在评价幼儿园美术活动的效果时，我们必须首先明确评价的标准和框架。这一框架不仅是对活动目标是否达成的简单衡量，更应该从多个维度综合考量，涵盖幼儿在活动中的参与程度、情感体验、兴趣变化、技能发展等方面。这些维度是多层次、多角度的，彼此间相互交织，无法孤立地进行分析。因此，评价指标的设定应从活动目标的性质出发，同时结合实际的教育背景和幼儿的个体差异进行适当的调整，以确保评价体系能够精准地反映出活动的整体效果。

评价的目标是要通过这一指标体系全面掌握活动实施过程中幼儿在认知、情感、技能等各方面的进展与变化，从而为教育工作者提供真实、有效的反馈。这种评价体系不是静态的，而是一个动态的、循序渐进的过程。活动的目标和幼儿的需求在实施过程中可能会有所变化，因此，评价体系的设定应具有一定的灵活性，能够在实际操作中根据具体情况适时进行调整。例如，如果某个活动的初衷是提高幼儿的艺术创作能力，但在实施过程中我们发现幼儿的情感体验和参与热情才是影响其表现的关键因素，那么在后续的评价中我们应适当加强对情感与兴趣的关注。

在数据收集上，除了传统的教师观察记录外，我们还应通过多种途径来获取更为全面的信息。教师的观察记录是一项重要的评价手段，但仅凭教师的观察可能存在局限性。不同教师的观察视角、个人偏好、经验差异等因素可能影响评价结果的客观性与准确性。因此，评价体系应包括多方面的数据来源，例如幼儿自我评估、家长反馈及同伴评价等，这些信息可以从多个维度反映幼儿的真实表现。例如，幼儿自我评估能够帮助教师了解幼儿自己对活动的理解和感受，而家长反馈则能够补充教师在活动过程中无法完全捕捉到的信息，提供家庭环境对幼儿参与的影响等有价值的视角。

为了构建一个科学而全面的评价体系，数据收集不仅要注重客观数据的收集，还应重视对幼儿主观感受的理解。在美术活动中，幼儿的情感反应、兴趣变化等往往是影响其表现的重要因素。传统的评价体系通常侧重于对技能和知识的评价，而忽略了情感体验与兴趣的层面。然而，情感的投入和兴趣的激发是美术活动中不可忽视的元素。一个情感丰富、兴趣盎然的活动才能真正激发幼儿的创造力和表现欲。因此，在数据收集的过程中，教师应注重倾听幼儿的情感表达，收集有关幼儿情绪和态度的反馈，以便更好地理解活动对幼儿的影响。

除了教师观察和幼儿自评外，家长反馈也是评价体系的重要组成部分。家长作为幼儿日常生活中最亲近的人,他们对幼儿的观察更为细致和全面。在许多情况下,幼儿在家长面前可能展现出与在课堂上不同的行为和情感表现。因此,家长对美术活动的反馈能够提供独特的视角。家长反馈不仅限于幼儿在活动中的表现,也包括活动对幼儿日常生活的潜在影响,如兴趣的培养、行为习惯的改变等方面。这种信息对于评估美术活动的长远效果至关重要。

综合来看,评价体系的构建应当充分考虑到活动的多维度性质,包括幼儿的情感发展、兴趣激发、技能培养及个体差异等因素。在数据收集时,教师应采取多种方式获取信息,确保反馈的综合性和全面性。这不仅是一个形式上的评价,更是促进教育实践反思和优化的重要工具。通过这一评价体系,教育者能够真实了解活动实施过程中的优点与不足,并为今后的教育活动提供更有针对性的改进措施。

在这一过程中,评价不仅是一个结果的反馈,它更是教育实践的一个重要环节。它能够帮助教师了解自己在活动设计与实施中的成功经验与不足之处,进而为活动的优化提供切实可行的依据。此外,评价还应具有一定的前瞻性,不仅关注当前活动的实施效果,还应对未来活动的改进和创新提供指导。通过持续的反思与调整,评价体系能够不断完善,从而推动幼儿教育质量的持续提升。

二、评估方法的选择与应用

在幼儿园美术活动的实施过程中,评估方法的选择与应用至关重要。评估不仅是对教学效果的一种反馈,也是教师调整教学策略、提升教学质量的有效依据。通过多元化的评估手段,教师能够全面地了解幼儿在美术活动中的表现、成长及其潜力,并在此基础上做出更为精准的教学调整,从而提高幼儿的学习效果与参与度。

对于幼儿园美术活动的评估而言,观察法是最为直接且常用的评估方法之一。教师通过在活动中的观察,能够捕捉到幼儿在实际操作过程中的具体表现,如其在创作活动中的主动性、创新性、协作能力等方面。教师可以通过一对一的观察记录,针对每个幼儿在活动中的具体表现进行详细分析,进一步了解幼儿的兴趣点和个性特征。观察法的优势在于其能够实时反映出幼儿的实际参与情况,并为教师提供即时反馈。然而，观察法在实施过程中也存在一定的局限性，主要表现在观察者可能受到自身情感、经验或认知偏差的影响，从而影响评估结果的客观性和准确性。因此，教师在使用观察法时，往往需要结合其他评估手段，以提高评估的全面性和科学性。

在此基础上，问卷调查法也是一种常用的评估手段，尤其是在需要对集体样本进行较大规模评估时，问卷调查法具有较好的操作性和较高的效率。通过设计一系列针对性的问题，教师可以获取来自幼儿、家长及其他教育工作者的反馈信息。这些信息不仅能够反映幼儿在美术活动中的兴趣与态度，还能揭示活动实施过程中可能存在的隐性问题。例如，教师可以通过问卷调查了解幼儿对于某一特定活动内容的反应，家长对美术教育质量的评价，以及其他教育工作者对活动设计的反馈等。问卷调查法能够多方位、多角度对美术活动进行评估，有助于形成一个较为全面的评价体系。然而，由于问卷调查法往往依赖被调查者的主观填写，因此其结果可能会受到调查对象认知水平和情感态度的影响，从而存在一定的偏差。因此，问卷调查法的有效性在于问题设计的科学性和调查对象的代表性。

除了观察法与问卷调查法，访谈法同样是一种重要的评估手段，尤其适用于需要深入探讨某些特定问题时的情况。访谈法通过与幼儿、家长、教师及其他教育工作者的面对面交流，能够帮助教师更好地理解他们对美术活动的真实感受与认知。这种评估方式不仅可以了解幼儿在活动中的创作过程和情感变化，还能从家长和教师的视角获得对活动效果的深度解读。例如，教师可以通过与家长的访谈，进一步了解幼儿在家中的艺术表现和兴趣延续情况，进而对活动的长期效果进行评估。访谈法具有较强的灵活性和深度，但其最大的挑战在于访谈的实施成本较高，并且对访谈者的技巧性要求较高。访谈过程中的语言引导、情感共鸣等因素都可能影响信息的真实性和有效性，因此，访谈法往往需要结合其他评估方法共同使用，以增加评估结果的可靠性。

此外，在进行评估时，教师还应考虑到幼儿参与活动过程中可能受到的各种外部因素的影响。环境、时间和教师的互动等都可能对幼儿的参与度与表现产生深远的影响。例如，在一种充满创意与鼓励的环境中，幼儿可能会更加积极地表达自己，展现更高的艺术创造力。而在时间较为紧迫、资源不足或环境不舒适的情况下，幼儿的参与积极性和创作质量可能受到影响。因此，评估活动效果时，我们不仅要关注幼儿的具体表现，还应综合考虑这些外部因素对活动效果的潜在影响。教师可以通过对环境条件、活动时间安排及师生互动模式的分析，深入理解活动中可能存在的不足之处，并针对性地进行改进。通过这一过程，教师能够更好地调整教学策略，使活动设计更具适应性和灵活性。

评估的另一个重要维度是活动目标的匹配性。美术活动的设计目标应当明确且符合幼儿的认知发展水平和兴趣特征，在评估时，教师需要对照活动目标，判断活动是否达到了预期的教学目标。如果活动目标与幼儿的实际表现之间存在较大差距，则说明活动设计可能存在不合理之处，教师应根据反馈结果调整活动内容与形式，以确保教学目标的实现。

教师在评估过程中应充分考虑到个体差异。每个幼儿的艺术表现能力、兴趣点和参与程度都有所不同，因此，在评估时，我们应根据幼儿的具体情况，采取个性化的评估方法。对于那些表现较为内向或存在一定创作困难的幼儿，教师应给予更多的关注和引导，帮助他们克服心理障碍，提升参与度。而对于那些表现较为突出、富有创造力的幼儿，教师可以通过更为复杂的活动任务，进一步激发他们的创作潜力和艺术探索精神。

三、反思与改进措施的制定

在美术教育活动的开展过程中，反思环节是实现教学效果提升的关键部分，它不仅是对教学过程的简单回顾，更是对活动实施全过程的深度剖析与再思考。通过反思，教师能够系统地识别出活动设计与实施中的优点与缺陷，从而为今后的教学工作提供改进的方向。具体来说，反思不仅局限于对活动目标、内容和方法的评价，还涉及对参与互动、儿童反应及活动后效果的全面审视。每一次反思都为教师提供了宝贵的经验积累，也使教学活动不断趋向更加成熟和科学的状态。

活动目标的清晰性和合理性是反思的重点之一。目标的清晰性直接关系到活动的方向性和实际效果。如果目标设定模糊或者不具备针对性，活动往往会显得缺乏焦点，参与的幼儿也难以形成对美术活动的有效理解和兴趣。因此，教师在反思时应重点分析目标设定是否符合幼儿的认知发展水平，以及是否能够激发幼儿的参与热情和创造力。反思的过程中，教师需要审视活动目标与幼儿需求的匹配度，是否能够有效调动他们的感官和思维，使其在活动中有所收获。

活动内容是否符合幼儿的年龄特点是另一个需要深刻反思的方面。美术活动的内容应当根据幼儿的认知水平、动手能力和情感需求进行设计。如果活动内容过于复杂或者与幼儿的实际发展水平不符，可能会造成他们的挫败感，影响学习的积极性与参与度。因此，教师应在反思时评估活动内容的难易度，考察其是否在激发幼儿兴趣的同时，又能促进其各项能力的均衡发展。此外，活动内容应当具备足够的灵活性，能够在实际操作中进行一定的调整和延展，以适应不同幼儿的个性差异和学习需求。

教学方法的适宜性是教师反思的一个重要维度。在实际的美术教学活动中，教师的教学方法和手段决定了活动的实施效果。如果教师使用的方法单一或不符合幼儿的思维特点，这往往会影响幼儿的学习热情与创作积极性。例如，过于依赖口头讲解而忽视了幼儿的动手实践，或是过度强调传统的教学方式而忽视了现代科技手段的运用，都可能导致教学效果的降低。因此，反思环节应当重点关注教学方法的多样性与互动性，探索更具启发性和创造性的教学方式，如通过游戏化的教学形式、合作学习等方式，让幼儿在体验中主动学习，在互动中获得更多的启示和灵感。

活动中的互动环节也是反思的重要内容之一。幼儿美术活动的核心在于通过动手实践和思维创作来探索自我表达的方式，而教师与幼儿之间的互动关系对于活动效果的提升至关重要。在某些情况下，教师可能过于注重活动的流程与管理，而忽视了与幼儿的情感交流与思想碰撞。这时，反思环节应当帮助教师意识到互动的重要性，思考如何通过语言引导、个别辅导、集体讨论等方式来促进幼儿的思维发展和创造力的激发。通过反思，教师可以发现自己在互动过程中存在的不足，例如是否给予了幼儿足够的表达机会，是否及时回应了他们的想法与疑惑，是否能有效激发幼儿的深度思考与创作灵感。

活动效果的评估与反思并不仅停留在表面，教师应当根据评估结果，制定出切实可行的改进措施，以便在未来的教学活动中进行调整和优化。改进措施的制定不仅是对个别问题的修正，更是教学理念与实践的进一步升华。例如，在发现某一活动形式过于单一或互动环节不足时，教师可以尝试引入更多元化的教学方法，如采用小组合作、角色扮演等形式，增加活动的趣味性和参与度；或者通过调整评价方式，将更多的关注点从静态的知识掌握转向动态的创意表达和情感发展。无论是活动形式的调整，还是评价方式的完善，都是教师在反思后不断推进教育实践、提升教学质量的有力手段。

第八章 科技在学前教育中的应用

随着科技的迅猛发展，数字化、智能化教育逐渐进入学前教育的各个层面，成为推动教育创新的重要力量。学前教育中的科技应用不仅限于电子设备的使用，更涉及如何将现代科技工具与儿童的学习需求相结合，创造更具互动性和创意性的教育环境。本章我们将探讨科技与学前教育的结合，重点分析如何通过科技工具提升美术教育的效果，激发儿童的创造力和学习兴趣。科技的应用为美术教育提供了更丰富的教学手段，如虚拟现实、增强现实等技术可以帮助儿童在互动中探索艺术的多样性和无限性。然而，科技应用也面临着一些挑战，如设备的适应性、教师的技术能力等。本章我们将深入分析科技应用面临的机遇与挑战，提出如何有效利用科技工具进行教学，并探讨科技应用于学前教育的长远发展趋势。

第一节 科技与学前教育的结合

一、科技在学前教育中的潜力与意义

随着社会的快速发展，科技已经渗透到日常生活的方方面面，教育领域也不例外。尤其是在学前教育阶段，科技的引入不仅为教育带来了新的方式，还对教育的质量、效果及幼儿的发展产生了深远影响。在传统的学前教育中，教学资源和手段相对有限，幼儿的学习体验通常依赖于教师的口头讲解和图文教材。随着科技工具的引入，教育内容的呈现方式变得更加多元和生动，为学前教育提供了全新的视角和实践路径。

现代教育技术，特别是计算机、互联网、虚拟现实技术、增强现实技术等先

进科技成果，已经逐渐成为学前教育的有力支撑。这些技术不仅提供了丰富的教学资源和工具，还为教师和幼儿提供了更加灵活和有效的互动方式。通过科技手段，教师可以更容易地组织教学内容并设计具有趣味性、互动性和教育意义的活动，激发幼儿的兴趣与积极性。这种技术赋能的教学方式，既避免了单一教学方式的枯燥无味，也提升了幼儿的参与感和体验感。不同于传统的静态教材，科技工具能够通过动态的音效、动画、互动功能等，将抽象的知识具体化、形象化，使幼儿在轻松愉快的氛围中获取信息和技能。

在学前教育阶段，幼儿正处于认知、语言、情感和社会性发展的关键时期。科技的应用能够全面促进这些领域的发展。通过智能教育软件、互动游戏等工具，幼儿能够在虚拟环境中自由探索、发现问题并尝试解决，从而促进他们的自主学习能力和问题解决能力的提升。比如，虚拟现实技术通过创造身临其境的环境，可以让幼儿在没有实际风险的情况下体验到丰富的情境，从而提高他们对新事物的认知和理解。此外，增强现实技术则能够在现实世界与虚拟世界之间架起桥梁，让幼儿在实际操作中与虚拟元素进行互动，这种方式不仅增加了学习的趣味性，还能提升幼儿的空间想象力和动手能力。

在语言和社交能力方面，科技的应用同样具有显著效果。通过与科技工具的互动，幼儿能够接触到丰富的语言素材和表达方式，提升语言表达能力。许多教育应用程序和智能学习设备能够根据幼儿的兴趣和发展水平，提供个性化的语言学习资源，从而促进他们在语言理解、发音和表达等方面能力的提升。同时，科技工具还能为幼儿提供与他人互动的机会。通过网络平台，幼儿可以与其他同龄幼儿进行远程互动，共同参与虚拟课程或合作任务，增强社交能力。

从认知发展的角度来看，科技不仅可以提高幼儿的注意力和记忆力，还能增强他们的学习动力和思维能力。许多基于人工智能技术的学习系统，能够根据幼儿的学习进度和理解能力，自动调整学习内容和方式，使其达到最佳的学习效果。这种智能化的学习过程，让每个幼儿都能按照自己的节奏进行学习，减少了传统教育模式下可能出现的学习压力和焦虑感。通过科技工具的支持，幼儿不仅能在轻松的学习环境中学习基础的学科知识，还能够在更广阔的视野中拓展他们的思维并提升创造力水平。

科技在学前教育中的应用，尤其是在美术教育中的运用，为我们带来了前所未有的创新机会。过去的美术教育大多依赖于手工创作和纸笔作画，虽然这些活动能够培养幼儿的动手能力和创造力，但在材料和空间的限制下，幼儿的表现可能受到一定的制约。而通过虚拟现实技术和互动多媒体设备，幼儿可以在虚拟画布上进行无限制的创作，打破了材料和空间的限制。这不仅激发了幼儿的想象力和创造力，还能够帮助他们更好地理解色彩、形状和空间等抽象概念。科技工具的引入，使得美术教育的形式更加多样化和更具包容性，能够为每个幼儿提供更多个性化的艺术表达平台。

另外，科技的引入不仅改变了教学的方式，还为学前教育带来了更深层次的教育理念变革。传统教育通常侧重于知识的灌输和技能的训练，而现代教育理念则更加注重个性化、互动性和创造性。科技的应用为这种理念的实现提供了坚实的技术保障。通过教育技术，教师可以实时跟踪幼儿的学习进度和发展状态，及时调整教学策略，确保每个幼儿都能在适合自己的节奏和方式中得到充分发展。这种个性化的教育方式，能够更好地满足不同幼儿的需求，促进他们在多方面全面发展。

二、科技工具与学前教育课程内容的契合性

在学前教育的实践过程中，科技工具的使用已经逐渐成为提升教学质量和实现个性化学习的重要手段。随着科技不断进步，传统的教育方式面临着前所未有的挑战和机遇。如何将这些先进的科技工具有效地与学前教育课程内容融合，成为学者、教育工作者及技术开发者不断探索的问题。学前教育不仅需要考虑幼儿的认知发展水平和身心健康，还需要在教育实践中充分利用科技的优势，提供更加生动、直观、互动的学习体验。

科技工具能够为学前教育提供多元的教学形式，并通过不同的途径和方式，满足幼儿个性化的学习需求。每个幼儿在学习过程中呈现出不同的发展节奏和兴趣，传统的"一刀切"式教学难以满足这些差异化的需求。科技工具，特别是智能教学系统的引入，使得教育可以实现高度的个性化。通过这些系统，教师可以实时跟踪幼儿的学习进度，及时发现其学习中存在的难点和困惑，从而调整教学

策略和内容。这种个性化的教学模式不仅能够帮助幼儿在适合的节奏中进行学习，还能增强他们的学习动机，提高学习效果。

例如，智能化教学系统可以根据幼儿的兴趣和学习能力，自动调整学习内容的难度，推荐符合其认知水平的学习材料，从而避免过难或过易的情况。这种基于大数据和人工智能的教学手段，使得每个幼儿的学习过程都能够得到精细化的管理与指导。而在学习内容的呈现方式上，科技工具也提供了更加灵活的选择。教师可以根据幼儿的兴趣和反应，使用视频、动画、游戏等多种形式，帮助幼儿更好地理解抽象的概念，培养他们的综合能力。这种多元化的呈现方式，不仅增强了课堂的互动性，也让幼儿能够在轻松愉快的氛围中学习，避免了传统教育模式中固有的单一与枯燥。

除了个性化学习，科技工具的应用还能够打破学科之间的界限，实现跨学科的综合教育。学前教育本身强调对幼儿多元智能的培养，而科技工具恰好能够在这一点上发挥重要作用。以虚拟现实和增强现实技术为例，这些技术能够提供沉浸式的学习体验，将抽象的知识形象化，使幼儿通过亲身体验来理解知识。例如，在进行美术活动时，教师可以利用VR技术带领幼儿进入虚拟的艺术世界，在其中自由创作，探索不同的表现方式。这种身临其境的教学方式不仅激发了幼儿的创造力，还能加深他们对美术概念和技巧的理解。

此外，AR技术也可以在学前教育中发挥重要作用。在传统的教育模式中，幼儿只能通过图画或模型来理解一些抽象的概念，如颜色的混合、几何图形的构造等。而通过AR技术，幼儿能够看到这些概念在现实世界中的动态表现，形成更加直观和深刻的认知。例如，教师可以通过AR技术展示一个虚拟的立体几何图形，让幼儿在观察和互动中，逐步掌握几何的基本概念。这种互动式的教学方式，不仅提升了幼儿的空间思维能力，还使得学习变得更加有趣和富有挑战性。

科技工具还可以通过游戏化学习的方式，使教育过程更加贴近幼儿的日常生活，从而激发他们的学习兴趣和探索精神。游戏化学习的特点在于其强烈的互动性和趣味性，幼儿通过游戏的形式获得知识，同时培养了他们的团队协作、问题解决、逻辑思维等能力。教育工作者可以根据课程的内容设计一些具有挑战性和创意性的游戏，如数字游戏、拼图游戏、角色扮演游戏等，使幼儿在娱乐中获得知识，并在游戏中发展多种能力。这种方式不仅能提高幼儿的学习兴趣，还能促进他们的社交技能和情感发展。

　　然而，要想充分发挥科技工具在学前教育中的作用，关键在于如何科学地设计和整合这些工具与课程内容。教育工作者在使用科技工具时，需要注重课程目标与科技工具的匹配性，避免工具的使用仅仅成为一种形式上的添加。科技工具的引入应该服务于课程，而不是取而代之。例如，在进行美术教学时，使用虚拟现实技术来展示艺术作品或进行创作活动时，教师需要确保虚拟世界中的图像、形态和色彩符合美术教育的实际需求，并能够激发幼儿的艺术创意。如果科技工具的使用没有针对性，或仅仅作为教学的附加内容，其效果往往适得其反，甚至可能分散幼儿的注意力，影响学习的连贯性和深度。

三、科技对学前教育师资的支持与提出的挑战

　　在当代学前教育领域，科技的融入不仅改变了教学内容和方法，还对教师的专业发展和教学方式提出了新的要求。随着信息技术的飞速发展，尤其是数字化工具和智能设备的广泛应用，学前教育已经从传统的以教师为中心的教学模式，逐渐转向以儿童为中心、强调个性化和互动性的现代化教育模式。科技的引入，不仅为幼儿教育带来了丰富的资源和手段，也促使教师不断更新教学理念、拓宽教学思维。然而，科技在促进学前教育发展的同时，也对教师提出了许多挑战，特别是在教学技能的更新、技术适应能力的提升及教学创新的实施方面。对此，教师的专业培训和技术支持显得尤为重要，只有通过持续的学习和实践，教师才能更好地将科技与学前教育的实践结合，实现教育质量的提升。

　　在传统的学前教育教学模式中，教师的角色通常是知识的传递者，教学活动以面对面的讲解和示范为主，教育资源也相对有限，教师的教学方式较为单一。随着科技的快速发展，学前教育的教学形式和手段发生了深刻变化。多媒体、智能设备、教育软件等工具的普及，使得教学过程更加灵活和丰满。通过电子白板、触摸屏、平板电脑等工具，教师可以随时根据幼儿的兴趣和需要，调节教学内容，创造一种更加生动和互动的学习环境。同时，科技还帮助教师实现了对幼儿学习进展的实时跟踪，通过数据收集和分析，教师能够了解幼儿的学习状态，及时发

现问题并进行个性化的指导和调整。这样不仅可以提高教学的针对性和有效性，还能够满足不同幼儿在学习进度和方式上的多样化需求，促进其全面发展。

　　然而，尽管科技为学前教育带来了诸多便利和创新的可能性，教师在实际应用过程中也面临许多挑战。科技工具和平台的多样性要求教师必须具备一定的技术能力。对于一些教师来说，学习和掌握新技术可能会成为一项巨大的挑战。许多教师在面对各种新型的教学设备时，可能会因为缺乏相关知识或操作经验而感到不知所措，这不仅影响了教学效果，还可能导致技术的浪费或误用。科技的引入也要求教师在教学方法上做出调整。例如，教师不仅要关注如何操作这些技术工具，还需要考虑如何将这些工具有效地融入教学活动中，如何在保持教育质量的同时，利用科技提升教育的互动性和个性化水平。这对于一些长期习惯于传统教学方式的教师而言，是一种全新的挑战。

　　科技在教学中的应用往往伴随着一定的技术障碍和设备故障，教师在使用过程中可能会遇到设备无法正常运行、平台不兼容等问题，这些技术障碍不仅会影响教学进程，还可能带来不必要的时间和精力浪费。因此，教师在使用科技工具时，需要具备一定的应急处理能力，能够快速排除技术故障，保证教学活动的顺利进行。同时，教师还需要不断更新自己的科技使用技能，跟上教育技术的步伐，因为科技的不断进步意味着教师的技术能力和教学方法也必须不断适应新的要求。

　　为了帮助教师克服这些挑战，专业的培训和技术支持显得尤为重要。教师的教育背景和经验固然是教学质量的重要保障，但随着科技的不断发展，教师的科技素养和适应能力也成了现代教育成功的关键因素。因此，学前教育的师资培训应当不仅局限于教学理念和课程设计的提升方面，还应注重教师的技术培训，帮助教师掌握各种新兴的科技工具，提升他们的技术应用能力。定期的培训和技术支持可以帮助教师更好地理解和运用科技工具，确保这些工具在实际教学中发挥最大作用。

　　教育行政部门和学前教育机构也应当为教师提供必要的技术支持和资源保障。例如，其可以设立专门的技术支持团队，帮助教师解决在教学中遇到的技术难题；同时，幼儿园可以定期组织教学交流和技术分享活动，让教师们在互动中互相学习、共同进步。只有通过这样持续的学习和实践，教师才能真正掌握科技工具的使用方法，并将其有效应用到教学中，推动学前教育的创新和发展。

第二节　利用科技工具进行美术教学

一、科技工具对美术教学的支持作用

科技工具的应用为美术教育领域带来了深刻的变革，逐步打破了传统美术教学的局限，提升了教学效果和学习体验。随着信息技术的不断发展，现代教育理念不断渗透到学科教学中，尤其是在美术教育领域，科技工具的引入不仅为教师的教学方法提供了新的可能，也为幼儿的学习过程提供了更加丰富的媒介和互动平台。这种技术与艺术的融合，深刻改变了幼儿对美术学习的认知方式和感知方式，使得美术教育的形式更加多元，内容更加丰富，教学更具互动性和即时反馈性。

通过现代科技工具，教师能够有效地突破传统教学的局限。传统美术教学多依赖于教师的讲解和幼儿的实践操作，而这种方式在某些情况下往往难以满足幼儿的个性化需求，也限制了教学内容的呈现形式。借助多媒体设备，教师不仅能够展示静态的艺术作品，还能通过动态的影像、声音及三维建模等技术，展示更加生动、立体的艺术作品。这种多感官的教学方式能够有效吸引幼儿的注意力，激发他们的兴趣，并帮助他们更好地理解艺术作品的内涵和表现手法。同时，图像处理软件的使用，也使得幼儿能够直观地看到自己的创作过程和成果的变化。通过数字化工具，幼儿不仅能够进行创作，也能方便地进行修改和优化，这在传统教学中是难以实现的。

虚拟现实和增强现实技术的引入，更是将美术教学推向了一个全新的高度。通过VR技术，幼儿可以身临其境地体验艺术作品，感受艺术创作的过程。教师能够带领幼儿进入虚拟的艺术世界，在虚拟画布上进行创作，或者通过虚拟的博物馆和画廊进行艺术欣赏。这种沉浸式的体验不仅增强了幼儿对艺术作品的感知，也让他们能够在虚拟的环境中自由探索，拓宽了他们的艺术视野。而AR技术则能够将虚拟的艺术元素与现实场景相结合，为幼儿提供更加直观和互动的学习方式。这种技术手段的应用，使得美术教育不再局限于二维的纸张和画布，而是拓展到了一个更加多维的空间中，丰富了幼儿的艺术表达方式。

除了内容展示和创作工具，科技工具的引入也使得幼儿在学习过程中能够获得更加及时和个性化的反馈。在传统美术教学中，幼儿的作品往往只能在课后得到教师的评价，而这种反馈的延迟性往往导致幼儿在创作过程中难以调整和改进。而通过科技工具，幼儿能够在创作的过程中实时获得反馈，无论是通过图像处理软件的自动分析，还是通过教师与幼儿互动的平台，幼儿都能够迅速了解自己的创作中存在的问题，并及时加以调整。这种即时反馈不仅增强了幼儿的学习动机，也提高了他们解决问题的能力，帮助他们在创作过程中不断提升自己的技能和艺术素养。

科技工具还打破了传统课堂教学的空间和时间限制，使得幼儿能够随时随地进行艺术创作和学习。在过去，幼儿只能在规定的课堂时间内进行创作，而现如今，借助平板电脑、智能手机等设备，幼儿可以在课外时间继续进行美术练习和创作。数字化平台和在线教育资源的提供，使得幼儿能够随时随地获取学习材料，观看教学视频，参与线上互动。这种不受时间和空间限制的学习方式，不仅能够让幼儿自主安排学习时间，还能够促进他们的个性化学习发展。

科技工具的支持还促进了美术教学的多样性，推动了教学内容和方法的创新。在传统美术教学中，作品的展示往往是以实物或照片的形式呈现，而现代科技的引入使得艺术作品可以通过数字化手段进行展示。通过三维扫描和虚拟展示技术，幼儿不仅能够看到艺术作品的外观，还能够深入了解其构造、技法和创作背景。这种全方位、多维度的展示方式，为幼儿提供了更为丰富的艺术体验，也激发了他们的创造性思维。

同时，科技工具的应用催生了跨学科融合的美术教育模式。在现代教育体系中，学科之间的边界逐渐模糊，科技工具的引入使得美术教学与科学、技术等其他学科得到了有机结合。例如，在美术创作过程中，幼儿不仅能够运用绘画技巧，还能够利用物理学中的光影原理、数学中的比例关系等知识，来提升自己的作品质量。这种跨学科的学习方式，不仅培养了幼儿的艺术素养，也提高了他们的综合素质和创新能力。

二、科技工具促进跨学科整合与创意发展

科技工具在幼儿园美术教学中的应用，不仅是提升美术教育效果的手段，更是一种跨学科整合和创意发展的重要推动力。随着信息技术的快速发展，数字化和智能化工具在教学中的角色日益重要，尤其是在促进学科间的融合和创新方面具有显著优势。在传统的美术教学中，教师往往侧重于艺术技巧的训练与艺术感知的培养，但随着科技工具的引入，教育者能够突破单一学科的界限，促进学科间的协同发展。美术教学作为一种富有创造性和表现性的艺术形式，其与数学、科学、历史等学科的结合，不仅能拓展幼儿的知识面，还能提升幼儿的综合思维能力。

在实际的教学过程中，科技工具的使用提供了更加多元化和开放的教学环境。例如，借助计算机辅助设计软件，幼儿可以在数学的框架下进行艺术创作，应用几何学原理构建作品的结构和形式。在这一过程中，幼儿不仅要理解和运用几何知识，如对称、比例和角度等概念，还需要通过调整这些数学元素来呈现艺术效果，从而实现数学与美术的有机结合。通过这种跨学科的整合，幼儿能够在美术创作中理解数学的实际应用，培养数学思维的同时，提升他们的艺术感知力和创造能力。这种融合方式，不仅能让幼儿感受到学科之间的关联，还能激发他们在解决问题时的创新思维，进而提升他们的综合素质。

科技工具的引入使得历史学科与美术的结合变得更加生动和具体。通过虚拟现实技术，幼儿可以身临其境地体验历史背景下的艺术创作过程。例如，借助VR技术，幼儿可以穿越到古代艺术创作的现场，观察古代艺术家如何在特定历史背景下运用材料和技巧创作艺术作品。这种沉浸式的学习方式，不仅让幼儿更好地理解历史文化背景，还能激发他们在此基础上的艺术创作灵感。在这一过程中，幼儿通过科技工具了解历史事件和艺术形式，进而结合自己的理解，创造出独特的艺术作品。这种跨学科的教学模式，不仅深化了幼儿对历史的理解，也提升了他们对美术创作的理解，增强了他们在历史与艺术交织的语境中的创意表现力。

在科学领域，尤其是物理学和自然科学的知识，也可以通过科技工具与美术创作相结合。比如，通过使用电子绘图工具，幼儿可以更精确地描绘自然界中的图像，如植物的细胞结构、动物的解剖结构，或者天文现象等。在这一过程中，幼儿不仅能够掌握相关的科学知识，还能将这些科学元素转化为艺术语言，创作出富有科学性的艺术作品。这种方式促进了科学与艺术的深度融合，帮助幼儿理解科学原理的同时，激发了他们的艺术创作潜力。

科技工具的多功能性还体现在其能够为幼儿提供即时反馈和个性化的学习支持。在传统的美术课堂上，幼儿的作品往往需要教师逐一评审，这一过程既耗时又难以满足每个幼儿的个性化需求。而通过使用数字化绘画工具，幼儿可以在创作过程中随时调整和修改自己的作品，甚至可以通过算法生成新的艺术形式，这种即时性和灵活性大大增强了幼儿的自主学习能力。与此同时，科技工具还能够通过数据分析，对幼儿的学习过程和创作成果进行评估，从而为教师提供更加全面和具体的教学反馈。这种基于科技的评估系统，不仅能帮助幼儿发现自己的优点和不足，还能根据个人的兴趣和特长，提供定制化的学习路径。

科技工具还能够提升幼儿在美术创作中的批判性思维和创新意识。在传统的美术教学中，幼儿的创作往往受到教师既定思维和框架的限制，而科技工具的使用打破了这一局限。通过使用虚拟画布、3D建模等工具，幼儿能够在虚拟世界中自由创作，突破传统媒介和材料的局限，进行更加大胆的艺术尝试。在这一过程中，幼儿的批判性思维和创新意识得到了极大的激发，他们不再仅仅模仿和复制，而是通过科技工具提供的无限可能性进行自我探索，创作出富有个性和创意的艺术作品。这种创新思维的培养，不仅有助于幼儿在艺术领域的发展，还能够影响他们在其他学科中的思维方式，提升他们的综合能力。

此外，科技工具的应用还促进了教育资源的共享和协作。在传统的美术教学中，教师和幼儿的互动多局限于课堂内部，幼儿的创作成果往往只能在课堂中展示。而通过互联网和社交平台，幼儿的作品可以在全球范围内进行分享和交流，教师和幼儿之间也能够跨越空间和时间的限制，进行更加开放和多元的互动。这种共享和协作的模式，不仅拓展了幼儿的视野，还鼓励他们通过与他人的交流和合作，吸取不同的创作经验，丰富自己的艺术创作思维。

第三节　科技应用的评估与挑战

一、多媒体技术在美术教学中的融合

在现代教育中，多媒体技术已经成为提升教学效果的重要工具，其在幼儿园美术教育中展现出了独特的优势。随着信息技术的不断发展，传统的教学模式正在逐渐转变，多媒体技术的引入打破了传统教学的局限，为幼儿艺术教育的开展提供了更为丰富和直观的手段。多媒体技术将声音、图像、动画等元素有机融合，不仅丰富了课堂内容，还提升了幼儿的艺术体验和创造力，极大地激发了他们对美术活动的兴趣。

在幼儿园美术教学中，教师借助投影设备、音响系统及动画制作软件等工具，将静态的艺术作品转化为动态的表现形式，这种转换不仅突破了传统教学的单一形式，还让艺术教育更加生动。比如，通过投影展示一幅画作的渐变色彩，幼儿可以清晰地看到色彩如何从浅到深、如何从冷色到暖色的变化过程，而这一切是通过传统的绘画技巧难以直接呈现的。动态效果使得幼儿能够更加直观地理解和掌握艺术创作中的一些复杂概念，如色彩的搭配、形态的转变等。同时，动画技术的运用使得抽象的艺术创作过程变得具象化，通过逐步演示创作步骤，幼儿可以在每个环节中找到自己的理解和表现方式。这种创新性的教学方法不仅让幼儿从中获得更深层次的认知，还能帮助他们在实践中更好地理解艺术的多样性和创造性。

多媒体技术还能够提供丰富的互动体验，尤其是对于幼儿来说，这种互动性非常重要。通过与投影画面或音响系统的互动，幼儿不是被动接收信息，而是参与其中，激发了他们主动思考和创作的兴趣。例如，幼儿可以通过触摸屏或虚拟画笔自由选择颜色、图案，甚至参与到绘画过程的变化中，从而感受到创作的乐趣。这种自由度和参与感使得艺术创作不再局限于教师的指引，幼儿的创意有了更广泛的发挥空间。多媒体工具为幼儿提供了更为灵活的创作方式，帮助他们将自己的思维、情感通过视觉艺术形式表达出来。

借助多媒体技术，幼儿可以在一种更加开放和包容的环境中进行艺术欣赏和创作。这种环境不仅包括了对艺术形式的认知，还涵盖了艺术感知力的提升。多媒体的可视化特点使得幼儿在欣赏艺术作品时能够更好地捕捉细节，通过反复观看艺术作品的变化，逐步培养起对美的敏感性和对艺术的欣赏能力。幼儿通过观察、模仿、探索等方式，不仅能够获得关于形状、色彩和比例等方面的知识，还能够通过这些感官上的体验培养艺术审美能力。这种审美能力的培养，对于幼儿日后的成长和综合素质的提升具有重要意义。

多媒体技术的使用还能够在艺术创作的过程中实现跨学科的融合。在传统的美术教育中，艺术通常是单一的学科，幼儿的艺术活动往往局限于绘画和手工制作，而多媒体的引入则为艺术教育提供了更加广阔的视野。通过与数学、科学、文学等学科内容的结合，幼儿不仅能够学习到艺术创作的技巧，还能够在创作过程中理解和运用其他学科的知识。例如，在进行一幅画作的创作时，幼儿可能需要运用数学知识来理解比例和对称，或者借助物理原理来理解色光的混合与反射。这样，幼儿在艺术创作的同时，能够将其他学科的知识和能力融入其中，从而在多维度的学习中获得更为全面的发展。

在提高幼儿艺术能力的同时，多媒体技术也促进了教师教学方式的转变。传统的美术教学往往依赖教师的口头讲解和示范，而多媒体技术则让教师能够更加灵活地设计和组织教学活动。例如，教师可以通过多媒体课件展示艺术创作的不同阶段、不同技巧，或者通过动态示范帮助幼儿更好地理解绘画技巧的运用。通过这些多样化的教学手段，教师能够更好地激发幼儿的学习兴趣和创作热情，从而达到更好的教学效果。同时，教师还可以通过多媒体技术对幼儿的创作过程进行实时评估和反馈，在教学中实现更加精准的个性化指导。

然而，多媒体技术在幼儿园美术教学中的应用虽然带来了诸多便利，也存在一些挑战。首先，设备的投入和维护需要一定的经济成本，尤其是在一些经济条件相对较为薄弱的地区，幼儿园可能难以配备足够的多媒体设施。其次，多媒体技术的有效运用依赖于教师的专业素养和技术能力，教师不仅需要掌握多媒体操作技能，还要具备将多媒体与艺术教学有效结合的能力。这要求教师不断提升自己的教学理念和技术素养，才能充分发挥多媒体技术在教学中的潜能。

二、互动式平板与触控设备的创作潜力

在幼儿园美术教育的实践过程中，触控设备的应用为艺术创作带来了前所未有的灵活性与创新潜力，改变了传统的艺术教育模式。触控设备，如平板电脑和智能画板，已成为一种重要的辅助工具，其所带来的不仅是操作方式的创新，更是对创作理念和艺术表现形式的深刻影响。通过这些设备，幼儿能够在虚拟环境中进行创作，不再受制于传统材料，这种变化极大地拓展了他们的艺术表现空间。

触控设备的最大优势之一在于其操作方式的直观性和简便性。与传统的绘画工具相比，幼儿通过触控屏幕进行创作时，不再需要具备一定的手眼协调能力或复杂的操作技巧。触控笔或手指便能实现对画面元素的直接操作，这种操作方式更符合幼儿的认知发展特点。通过直接触摸，幼儿能够快速实现色彩选择、图形绘制，甚至是形状的变化，创作过程变得更加自由和富有乐趣。与传统美术活动中使用的颜料、纸张、画笔等耗材不同，触控设备为幼儿提供了一种几乎"零污染"的创作途径。这种无污染、无废弃物的创作途径不仅保护了环境，也减少了教学中的后勤负担，让美术活动的实施更加高效和环保。

触控设备内置的图形处理功能为幼儿提供了更多的创作工具。通过这些技术，幼儿可以在短时间内实现更加复杂的创作。例如，自动对称绘画功能可以帮助幼儿轻松创造出对称的艺术作品，而颜色填充工具则让他们在不拘泥于细节的情况下，快速完成涂色任务。这些功能不仅降低了创作的难度，也让幼儿能够更加专注于创作过程中的创新和表达，而非过多纠结于技术性的细节问题。这样的创作环境，既提升了幼儿的艺术表现力，也极大地激发了他们的创作热情。

触控设备在幼儿园美术活动中的另一个独特优势是其能够记录和存储创作过程。这种记录功能让教师和家长能够回顾幼儿的创作历程，了解他们的兴趣变化、创作进度及在艺术表现中的独特倾向。通过这一方式，教师能够根据幼儿的创作轨迹，精确把握他们的艺术发展需求，进而提供更具针对性的教学建议。同时，家长也能够通过这些记录更好地了解幼儿在艺术教育中的成长与变化，进而在家庭中更好地进行幼儿的艺术兴趣培养。这种全程可追溯的教学模式，为幼儿的个

性化发展提供了重要支持。

触控设备的应用在一定程度上改变了幼儿艺术创作的工具观念，也促进了艺术教育中技术与艺术的融合。过去，幼儿的艺术创作主要依赖于画笔、颜料、剪刀等传统工具，这些工具虽然在某种程度上有助于培养幼儿的手工能力和艺术技巧，但也存在不少局限性。传统工具的使用常常伴随着复杂的操作和一定的时间消耗，限制了幼儿的创作速度和表达的流畅性。而触控设备的出现，极大地简化了这些操作，不仅提升了创作效率，还让幼儿能够尝试更多元的表现形式，突破了传统艺术表现的单一性。这种设备为艺术创作带来的突破性变化，不仅限于作品本身的表现力，更在于幼儿对艺术的理解和兴趣的拓展。

然而，触控设备的引入也带来了一些新的挑战和思考。首先，尽管这些设备为艺术创作提供了更广阔的空间，但过度依赖数字工具可能会使幼儿失去对传统艺术创作工具的兴趣。数字化创作虽然便捷，但它无法替代手工绘画中对材料、工具的感知与操作的亲身体验。如何在引入数字化工具的同时，保持传统艺术教育的核心价值，成为教育者需要思考的问题。其次，触控设备的使用也可能引发一些健康问题，尤其是对于幼儿来说，过度使用电子屏幕可能对视力和身体发育造成一定影响。因此，如何合理安排触控设备在美术教育中的应用时间，避免过度依赖数字化工具，也是教育工作者需要关注的问题。

尽管存在一定的挑战，触控设备在幼儿园美术教育中应用的潜力依然不可忽视。它不仅拓宽了幼儿的艺术表达形式，还为教师和家长提供了更加科学的评估和指导方式。通过技术的引导和支持，幼儿在创作过程中能够得到更多的自由和空间，激发他们的创意思维与个性化表达能力。随着技术的不断发展和教育理念的更新，触控设备将在未来的美术教育中发挥更加重要的作用。如何充分利用这一技术工具，为幼儿提供一种更具创意、包容性和个性化的艺术学习环境，成为新时代美术教育发展的重要课题。

三、电子工具与美术材料的结合创新

随着时代的发展，教育理念的创新与技术的进步不断推动着学前教育的变革。特别是在幼儿园美术教育中，传统的艺术教育方式正逐渐与现代科技工具相结合，形成了一种新的教育模式。这种模式不仅没有忽视传统美术材料的重要性，反而通过融合现代电子工具，为幼儿提供了更多元的创作体验和表现形式。电子工具的引入，在不替代传统材料的前提下，创新性地拓宽了美术教育的边界，促进了幼儿艺术创造力的发展。

在这一创新模式下，电子工具的作用并非单纯替代，而是作为辅助性工具与传统手工材料相结合，提供一种新的艺术创作体验。举例来说，二维码的扫描功能被巧妙地融入艺术创作的过程中，幼儿通过扫描二维码获取相关的艺术指导内容。这些内容不仅是静态的艺术作品或设计，而是可以激发幼儿创作灵感的互动性内容，包含了形态、色彩、构图等方面的指导。通过这种方式，幼儿能够在有限的时间内，更加高效地获取灵感并理解艺术创作的基本原则。同时，这也使得艺术创作不再局限于纸笔和颜料的传统材料，而是拓展到了一种数字化和互动化的全新领域。这样的结合方式，让科技成为艺术创作的有力辅助，而不是取代传统创作方式的主导力量。幼儿在数字化工具的帮助下，能更清晰地理解艺术作品的结构与表现形式，从而增强了他们的感性认识和艺术感知能力。

不仅如此，电子剪切机、3D打印机等现代科技工具的使用，极大地拓宽了幼儿的艺术创作空间。传统的手工制作通常受限于幼儿的动手能力和材料的限制，而电子剪切机和3D打印机的加入，则使得这些限制得到有效突破。电子剪切机能够根据预设的设计，将不同的材料精准地切割成所需的形状，幼儿无需担心手工制作过程中可能出现的粗糙或不规则的问题。3D打印机的应用则将这一创新带到了一个新的高度，幼儿能够通过数字化设计与打印技术，直接创作出立体的艺术作品，这些作品不仅具有传统艺术创作中的二维美感，还增加了空间感和立体感。通过这种方式，幼儿能够直观地感受到艺术作品的多维度特性，进一步激发他们对艺术的兴趣和创造力。

这种将电子工具与传统美术材料相结合的创新，不仅是一种技术手段的革新，更是一种教育理念的转变。在这一过程中，幼儿不再是被动接受艺术创作指导的对象，而是变成了能够主动探索和实践的创作者。传统的美术创作，往往需要依赖于幼儿的手工技巧与想象力，而现代科技工具的引入，让创作的过程变得更加自由和多元。幼儿可以利用电子工具快速制作出他们需要的艺术素材，譬如通过 3D 打印机打印出特定的形状，或是用电子剪切机将不同材料切割成艺术作品的构件。然后，他们可以根据自己的创意将这些素材与传统手工材料进行结合，形成独特的艺术作品。这样的创作过程，不仅是技术的展示，更是幼儿创新思维和解决问题能力的体现。在这种创新的艺术教育方式下，科技与艺术的结合，丰富了幼儿的艺术表达手段，拓展了他们的思维边界，培养了他们的综合能力。

在这种教学模式中，电子工具不仅是工具本身，更重要的是其引导了幼儿对艺术创作的深度思考与自我探索。现代科技所带来的便捷性，减少了传统艺术创作过程中可能遇到的困难和瓶颈，使幼儿能够更加专注于创意的表达和艺术的探索。例如，电子剪切机和 3D 打印机的使用，使得幼儿可以快速获得所需的艺术素材，而这些素材可以不受传统材料的限制，呈现出丰富的色彩与形态。通过对这些素材的组合与排列，幼儿在实际操作中不仅锻炼了自己的动手能力，还进一步理解了艺术创作的多样性与无限性。

电子工具与手工艺术材料的结合，也为教师提供了更多的教学选择与策略。教师可以通过电子工具引导幼儿进入艺术创作的状态，并在过程中进行有效的教学干预和指导。传统美术教育往往侧重于艺术技能的培养，而电子工具的引入，让教学更加注重艺术创作的过程和幼儿的思维成长。在这个过程中，教师不再是单纯的知识传授者，而是艺术探索的引导者。通过提供多样化的电子工具和艺术材料，教师能够激发幼儿的兴趣，让他们在动手实践中培养对艺术的敏感性和创造力。这种方式不仅改变了幼儿的艺术教育方式，也重新定义了教师的角色和教育的内涵。

第九章　学前教育的教师培养

　　教师是决定学前教育质量的关键因素之一，尤其在美术教育领域，教师不仅需要具备扎实的艺术专业能力，还需具备良好的教育理念和创新思维。美术教育的目标不仅是让儿童掌握艺术技巧，更重要的是激发其创造力、提升其审美素养，并帮助其建立对美的感知和理解。因此，本章我们将重点讨论美术教师的专业素养及其在幼儿园美术教育中的作用，分析教师如何在活动中扮演多重角色，如引导者、支持者、观察者和评估者等。同时，教师的持续专业发展是提高教育质量的重要途径。本章我们将探讨教师培训与专业发展的模式，提出如何通过系统的培训提升教师的教育理念、教学能力和创新意识。特别是在面对新时代学前教育的多元需求时，教师应如何适应教学环境的变化，不断提升自我，以更好地支持幼儿的发展。此外，本章我们还将探讨教师在美术教育中的创新角色，提出如何通过创新的教学策略激发儿童的艺术潜力，培养其创造性思维，提升其在美术活动中的参与感和自信心。

第一节　教师培训与专业发展

一、教师培训的目标与方向

　　教师培训的核心目标在于提升教师的综合教学能力，使其在面对日益多样化的教育环境时能够灵活应对、有效应变。当前的教师培训不仅局限于传授学科知识，更应涵盖多维度的素质提升，包括教师的教育理念、教学策略、情感调控及人际交往能力的培养。这种多角度的培训模式旨在提高教师在各类教学情境下的应对能力，从而更好地推动幼儿的全面发展。教师在教学实践中的角色不再是单一的知识传递者，而是幼儿成长过程中的引导者、支持者和合作者。因此，培训应侧重于帮助教师建立更加开放、包容的教育视野，提升其在多样化教学环境中的适应能力。

为了实现这一目标，教师培训内容必须具备前瞻性，与当前教育发展趋势相契合。现代教育不仅要求教师具备扎实的学科知识基础，还要求教师能不断更新自己的教育理念，掌握多样化的教学方法，并能在复杂的课堂环境中进行有效的管理和评价。传统的以学科知识为核心的教师培训模式已逐渐无法满足新时代教育的需求。教师培训的方向应当从单纯的知识传授转向更加全面的素质提升，强调教育理论与实践的结合，帮助教师形成全面的教育视野和适应现代教育需求的能力。在这一过程中，教师不仅要提升自己的教育教学能力，还要能够深刻理解幼儿的发展需求，敏锐把握幼儿个体差异，制定个性化的教学策略，以促进每一位幼儿的全面成长。

除了专业知识的提升，教师的职业素养也应当成为培训的重要组成部分。教师不仅是知识的传播者，更是幼儿情感的引导者、价值观的塑造者。教师的情感管理能力、人际沟通技巧及对教育伦理的理解和践行，对于其日常教学工作至关重要。有效的情感管理不仅能帮助教师自身更好地应对教学压力，还能够在与幼儿的互动中创造一种积极、包容的学习氛围。通过培训，教师能够学会如何调节自己的情绪，保持良好的心理状态，在教学中保持高度的热情和责任感，从而增强其职业的可持续性。

教师培训的目标不仅是提高教师的专业能力，更要注重教师的自我反思与成长。传统的教师培训往往是外部输入的过程，培训内容大多由外部专家提供，教师的个体差异和职业发展需求容易被忽视。现代教师培训应当更加注重教师的个性化发展，鼓励教师根据自身的教学实践进行自我反思，提出自己的困惑与问题，并在集体研讨中找到解决方案。这种自我驱动的学习方式，不仅能激发教师的内在动力，也能促使教师形成更加自主、灵活的教育理念。在这一过程中，教师的创新思维和批判性思维得到充分激发，教师不仅能够在传授知识的过程中有所创新，还能够在教学方法、课堂管理和教学评价等方面进行创新，以应对不断变化的教育环境。

教师培训还应当关注培养教师对幼儿个体差异的敏感性。教育的核心目的是促进每一位幼儿的发展，而幼儿之间的个体差异是不可忽视的现实。在传统的教学模式中，教师往往会依据统一的标准来进行教学，忽视了幼儿个体差异的存在。然而，随着教育理念的转变，教师在教学过程中必须认识到每个幼儿的独特性，并能够根据幼儿的兴趣、能力和需求进行差异化教学。教师需要具备较高的教育敏感性，能够及时发现幼儿的个性特点，制定出适合其发展的教学策略。通过个性化的教学方法，教师能够帮助幼儿发掘自身潜力，提升其学习兴趣，进而达到教育的真正目的。

在教师培训的具体实施过程中，我们需要注重教学内容与教师实际工作的紧密结合。培训课程应当涵盖最新的教育理论和方法，但这些理论和方法必须与教师日常的教学实际相契合。培训不是纸上谈兵，更要注重实操性，通过案例分析、情境模拟、课堂实践等多种形式，教师在实际工作中能有效应用所学知识。在这一过程中，教师的实际需求和困惑应当得到充分尊重与理解。通过实用性强的培训，教师能够在日常教学中更加得心应手，在课堂上灵活应对各种突发情况，提高教学效果。

二、教师的专业发展路径与成长规划

教师的专业发展是一个动态的过程，涉及知识更新、技能提升和个人教育理念的不断升华。在当前教育环境中，教师不仅需要具备扎实的专业知识和教育技能，还必须具备持续学习和自我完善的能力。教师的成长路径通常并不是一蹴而就的，而是通过不断的实践积累、学术探索和教学创新来实现的。为了确保这种发展路径能够真正促进教师的个人和职业成长，制定明确的个人发展规划显得尤为重要。通过这一规划，教师可以有目的地提升自己在各个方面的能力，最终实现从一名普通教师到教育专家的转变。

教师的专业发展需要从教育的实际需求出发，结合自身的教学实践，综合考虑学术背景、教育理念及未来职业发展的长远规划。在这一过程中，教师应明确自己所处的职业阶段和目标，设定具体且可达成的短期和长期目标。短期目标可能是提升课堂管理能力、优化教学设计，或者增强与幼儿互动的能力；而长期目标则往往涉及学术研究的深入、教育理念的创新，甚至是教育管理岗位的谋求。通过将这些目标与个人的职业发展相结合，教师不仅能够在专业成长中找到方向，也能够通过有针对性的学习和实践，不断丰富自己的知识结构和教学方法。

对于教师来说，知识的更新是不可或缺的一部分。无论是基础学科的理论知识，还是教育学、心理学等跨学科的知识，都需要不断地进行更新和深化。随着教育理念的进步和学科发展，教师必须不断关注最新的教育研究成果和教学方法，并将其应用到实际教学中。例如，教师可以通过进修相关领域的高层次学位课程来系统性地深化自己的学术研究，或通过参加学术交流和教育研讨会，及时了解国内外教育发展的最新趋势和动态。此外，参与教育研究项目也是教师自我发展的重要途径之一，这不仅能够帮助教师更好地理解教育理论与实践的结合，也能增强教师的学术思维能力和创新能力。

然而，教师的专业发展不仅局限于学术知识的提升，更重要的是在教育实践中不断积累经验并形成个人的教育教学风格。教师的教育风格往往是其专业发展的结果，是其长期积累的教学经验、对教育理念的理解及对幼儿需求的回应。为了形成独特的教学风格，教师可以根据自身的兴趣与优势，选择特定的学科领域或教育方法进行深入研究和探索。例如，一些教师可能对特殊教育情境中的教学法产生浓厚兴趣，便可以通过参与相关课程和培训，提升自己在这一领域的专业能力；而另一些教师则可能更关注教育技术的应用，逐步培养自己在教育技术领域的教学能力。这种个性化的专业发展路径不仅能够帮助教师提升专业素养，也使得教师能够在教育教学中展现出独特的个性和风采。

良好的教师专业发展路径对于适应教育环境的变化至关重要。随着社会、科技和教育体制的不断发展，教育领域面临着许多新的挑战和机遇。例如，数字化技术的广泛应用对教学模式、教师角色及幼儿学习方式都带来了深刻的影响，这要求教师具备灵活的应对能力和创新意识。因此，教师在不断追求专业发展的过程中，必须加强对教育环境变化的敏感度，并根据这些变化调整自己的教学策略和职业发展方向。在这种动态变化的环境中，教师的持续学习和专业能力提升便成了应对挑战和抓住机遇的关键所在。

教师的成长不仅是单纯的职业技能水平提升，更是其职业素养、教育理念和文化视野的全面拓展。在教育教学的过程中，教师不仅需要关注幼儿的学业成绩，更要关注幼儿的全面发展，培养幼儿的创新精神和实践能力。因此，教师在进行专业发展规划时，必须将培养幼儿的综合素质作为自身发展的目标之一。这要求教师在提升自己的教学能力的同时，也要不断深化对教育本质的理解，关注教育的社会功能和人文关怀。通过这种全方位的职业发展，教师不仅能够在教学中取得更好的成绩，也能够为幼儿的全面发展和教育事业的长远发展做出更大的贡献。

三、教师培训的持续性与评价机制

教师培训的持续性和评价机制是教育质量保障中的核心要素，尤其是在现代教育体系中，教师的职业素养与教学能力的提升已成为推动教育进步的重要因素。随着教育领域不断深化改革，新的教学理念、技术手段及教育政策的不断涌现，教师的职业发展面临着日益严峻的挑战。因此，教师培训的过程不应成为一项短期的、单次的活动，而应成为长期规划和动态调整的持续过程。有效的教师培训应当为教师提供一个不断更新自我、提升教育教学能力的机会，从而确保教师能够跟上教育发展的步伐，适应不同教育阶段和环境的需求。

教师培训的持续性体现在两个方面：一方面，它需要在时间上进行延续，避免造成短期培训的断裂和被忽视；另一方面，教师培训应当与教育实际需求紧密结合，具有灵活性和可调整性。教育改革和社会发展带来的是不断变化的教育要求和幼儿需求，教师的教学方法、思维方式及专业技能也必须随之进化。为了实现这种与时俱进的目标，教师培训必须是一个长期而持续的过程，教师要不断参与各类培训活动，逐步提升自身的专业素养和实践能力。在这种背景下，建立长效的教师培训机制显得尤为重要。此类机制不仅要为教师提供定期的培训机会，还要根据不同学科、教学领域及教师的成长需求，灵活调整培训的内容和形式。通过制定长远的发展规划，并在实践中不断优化调整，我们可以确保教师能够持续提升专业能力，同时应对教育领域日益变化的挑战。

在持续性教师培训的基础上，如何进行有效的培训评价也成了一个亟待解决的重要问题。培训评价不仅要关注教师的课程反馈，还应当从多角度对培训效果进行综合评估。传统的教师培训评价往往局限于教师对培训内容和形式的满意度调查，但这种评价方式无法真实反映教师在实践中所获得的具体提升。现代教育培训评价机制要求能够从教师实际的教学表现出发，进行多维度的评估。例如，教师的课堂管理能力、幼儿的学习效果、教育创新的实际应用等，都是培训效果的重要指标。教师在接受培训后，是否能够将所学的理论知识和教学技巧有效地转化为课堂实践，直接关系到培训的成效。因此，评价体系需要在传统的课程反馈基础上，拓展到课堂教学的具体表现、幼儿的学习成效及教师的自我反思等多个层面。

教师培训的评价机制不仅限于对教师个人的评估，还应当考虑到教育环境、幼儿园文化及教育政策的影响。教育的本质是一个系统性、互动性的过程，教师的教学表现与幼儿园整体教育氛围和支持政策有着密切关系。在这一背景下，评价机制应当综合考虑外部环境对教师发展的影响，分析教师能否在特定的教育环境中实现自我成长。因此，评价标准应当不仅关注教师个人的教学能力，还要关注教师与幼儿、幼儿园及家长的互动关系。这种评价机制能够帮助教育部门和幼儿园更全面地理解教师培训的效果，进而制定更有针对性和针对性强的改进措施。

此外，教师培训的持续性和评价机制相辅相成，共同推动教师的专业发展与教育质量的提升。定期的培训评价能够为培训内容的优化提供科学依据，同时也能为教师提供反思和调整自我教学策略的机会。通过这种双向的反馈机制，教师培训可以更加灵活和有针对性地进行调整，从而提升其实际效果。在评价的过程中，我们应当重视教师的个体差异，关注教师在不同教育阶段、不同学科领域的实际需求，为其量身定制培训方案。这不仅能够提高培训的效率，还能够增强教师的参与感和获得感，从而激发其持续发展的动力。

有效的教师培训不仅依赖于制度化的培训机制，还需要教师本身的积极参与和自我驱动。在培养教师终身学习理念和促进其自我提升的过程中，教师的主动性和参与度起着至关重要的作用。教师应当树立终身学习的理念，认识到教师培训并非一种外在的强制行为，而是自己提升职业能力、实现自我价值的重要途径。培训应该使教师认识到自身在教学中的优点与不足，并能够通过持续的学习和反思，逐步改进自己的教学方式和教育理念。此外，培训的内容和形式也应当紧跟教育实践的需求，不断引入新的教学理念和教育技术，为教师提供更为丰富的教育资源和支持。通过这种与教师专业成长相结合的培训机制，教师能够在实践中不断提升自我，达到更高的教学水平。

第二节　教师培养模式的探索与实践

一、教师的道德素养和职业伦理建设

教师的道德素养与职业伦理建设是学前教育质量提升的重要组成部分，其不仅影响教师自身的教育行为，还对幼儿的心理发展、学业成就和价值观塑造起着深远的作用。作为教育实践的主导者，教师不仅承担着知识传授的责任，更担负着育人、塑造人格和引导价值观的任务。教师的道德素养的提升，要求其具备坚实的职业道德基础，同时遵循并践行学前教育领域的伦理规范，这样才能确保其在实际教育过程中不偏离教育的初心和使命。

教育的核心使命之一是关注幼儿的全面发展，特别是在学前教育阶段，教师的行为和品德直接影响幼儿的成长环境和心理感受。因此，教师的道德素养不单纯是个人品质的体现，更是在日常教学和生活中通过具体行为对幼儿进行潜移默化影响的载体。作为教育者，教师应当树立正确的教育观念，尊重每一位幼儿的个性，理解其内心的需求和成长的规律。教师应平等对待每一个幼儿，避免任何形式的歧视或偏袒，在教育实践中做到公正、透明、理性，使每一位幼儿都能在公平的环境中接受教育并获得成长机会。这种教育态度和行为的根本目的是让幼儿在良好的教育氛围中形成自信、独立、合作和尊重的品质，为其未来的人格发展和社会适应打下坚实基础。

除了教育理念和实践中的公正性，教师的职业伦理要求教师必须遵守学前教育领域的相关法规与制度。学前教育教师的职业行为必须严格遵循国家和地方的相关政策，同时其应自觉履行对幼儿、家长、社会和教育事业的责任。学前教育不仅是基础教育的重要组成部分，它对社会的长远发展也有着不可忽视的影响。

因此，教师的行为不仅关乎自身的职业发展，更关乎教育事业的社会责任。良好的师德师风是教师专业发展的核心所在，它包括教师的责任心、爱心、耐心与公平心，要求教师在工作中时刻保持高尚的职业操守，避免任何可能影响教育公正性和公平性的行为。教师在日常教育过程中，要确保其言行与教育理念的一致性，做到言传身教，成为幼儿的榜样，帮助他们树立正确的三观，传递社会的核心价值观。

教师的职业伦理还体现在与家长的沟通与合作中。家长与教师的密切配合不仅是幼儿成长的重要保障，也是教育过程顺利进行的必要条件。在这一过程中，教师应始终保持高度的责任感和职业性，不仅要关注幼儿的学习情况，还要对其心理发展、情感需求及家庭背景等多方面的因素进行综合考量。在与家长的互动中，教师应表现出足够的耐心与理解，特别是在面对不同家庭背景的幼儿时，教师更应展现出包容心和敏感性。家校合作的关键建立在相互信任和尊重的基础之上，教师应主动向家长提供关于幼儿成长与发展的反馈，帮助家长了解幼儿在园中的表现和进展，共同制定个性化的教育方案。

学前教育的质量直接影响到幼儿的未来发展，而教师的道德素养与职业伦理建设是这一质量保障的重要环节。教师是幼儿园教育环境中的核心人物，除了具备扎实的专业知识和教学能力外，其高尚的职业操守、积极的教育态度及与家长、幼儿建立良好的沟通关系，都对教育效果起到了至关重要的作用。教师的道德素养，不仅关乎教学过程中的行为规范，更关乎教师如何以身作则，通过榜样的力量引导幼儿形成健全的世界观、人生观和价值观。每一位教师的专业行为和职业素养，都是整个学前教育体系健康运行的重要一环，只有全社会共同关注并提升教师的道德素养，才能为幼儿营造出更加公正、和谐和充满爱的成长环境。

因此，教师的职业伦理建设不仅会促进教师个人素养的提升，更是对整个学前教育体系的长远发展负责。教师应当在教学实践中不断完善自身的职业伦理素养，将其内化为教育行为的自觉规范，通过对幼儿的真诚关怀、科学引导和情感支持，培养出具有高尚品质和良好社会适应能力的未来公民。只有这样，教师在学前教育中才能真正实现其社会价值，推动教育事业的健康发展。

二、教师的教育理论与实践能力相结合

教师在教育实践中的专业发展离不开理论学习与实践能力的有机结合。教育的本质在于传递知识、培养能力、塑造人格，而这一过程不仅是理论的灌输，更是理论与实践的深度融合。教师不仅需要具备丰富的学科知识，还要拥有扎实的教育理论和实践经验，这两者相辅相成，缺一不可。教师的专业能力是在不断实践中积累的，但这种实践的有效性必须依托于理论的指导。因此，教师在教育过程中不仅要关注教学内容的传授，还要根据幼儿的实际情况和发展需求，灵活调整教学策略，确保教育效果的最优化。

教育学和心理学的基础理论为教师的教育实践提供了科学依据。教师必须理解儿童的成长规律、心理特点和学习需求，这些理论知识帮助教师更准确地把握幼儿的认知发展阶段，进而设计符合幼儿实际需要的教育活动。儿童的思维方式、情感表达、行为习惯等都有其特定的规律，教师只有深刻理解这些规律，才能做到因材施教。教育学理论为教师提供了关于教学方法、教学目标、教学评价等方面的指导，而心理学知识则帮助教师理解幼儿的情感和认知发展阶段，确保教育活动的有效性。例如，在设计一堂美术课时，教师需要考虑幼儿的心理发展阶段，选择适合他们认知水平的教学内容，并通过适当的方式激发他们的兴趣和创造力。因此，扎实的理论基础是教师开展教育活动的根本前提。

然而，理论知识只有在实践中得以运用，才能真正转化为教师的教育能力。教师的教育实践能力不仅体现在对教学内容的熟悉程度上，更体现在教师如何根据具体教学情境进行灵活调整。例如，在面对不同背景、不同兴趣的幼儿时，教师需要根据幼儿的特点设计个性化的教学方案。在课堂上，教师可能会遇到各种突发情况，如幼儿的注意力分散、情绪波动等，这时教师必须具备应对的能力，根据幼儿的反应及时调整教学节奏和方式，从而保持课堂的高效运行。教育理论为教师提供了多种教学方法和策略，但真正的教育实践要求教师能够在实际教学中灵活运用这些理论。例如，教师在教学过程中可能会运用建构主义的教学方法，引导幼儿通过自主探索和合作学习来解决问题，但在某些情况下，教师可能需要改变策略，采用更具引导性的教学方法，以确保幼儿能够在理解的基础上完成任

务。这种能力的培养离不开教师在长期的教学实践中不断积累经验、总结教训。

教育实践中的不断反思与调整，是教师专业成长的另一重要方面。教师的教育实践并非一成不变，而是一个动态发展的过程。教学过程中不可避免地会出现不足或偏差，教师需要通过反思来发现问题，进而调整和优化自己的教学方法。例如，在某次教学活动后，教师可以通过与幼儿的互动反馈，了解幼儿在学习过程中遇到的困难，分析这些困难产生的原因，并在下一次教学中加以改进。通过反思，教师能够更清晰地认识到自己的教学风格、教学策略的优势与不足，从而不断优化自己的教学设计。反思不仅是对教学内容的回顾，更是对教学过程的深刻审视，它促使教师从幼儿的角度出发，思考自己的教学是否达到了预期的效果，是否能够更好地激发幼儿的兴趣和参与感。

教师的教育实践还需要依托有效的反馈机制来促进自身的成长。在教学过程中，幼儿是最直接的反馈来源，教师需要通过与幼儿的互动，及时了解幼儿对教学内容的理解情况和情感反应。除了幼儿的反馈，教师还可以通过同行评议、家长意见等多渠道获得反馈信息。通过这些反馈，教师能够更好地调整教学策略，确保教育活动的顺利进行。同时，教师之间的相互学习和经验分享，也是促进教育实践反思的重要途径。通过参与教育研究和专业发展活动，教师不仅能够获得新的教育理念，还能在实践中不断修正自己的教学方法，提升教育质量。

教师的教育实践能力不仅限于课堂教学，它还包括教育管理、幼儿指导等多方面的工作。教师的专业能力是一种综合能力的体现，其不仅需要掌握教学技能，还要具备良好的沟通能力、组织能力和问题解决能力。在美术教学中，教师不仅要教授艺术技能，还要关注幼儿情感和思维的培养，帮助幼儿建立正确的审美观并激发其创造力。教师需要通过多种方式激发幼儿的想象力和创造力，同时又要注重培养幼儿的细致观察力和艺术感知能力。为了实现这一目标，教师必须在教学活动中灵活运用多种教学策略，如引导式教学、启发式教学等，帮助幼儿在实践中不断提升自我。

教师的教育实践能力的提升是一个循序渐进的过程，需要教师不断地学习、实践和反思。理论的学习为教师的教育实践提供了指导和框架，而实际的教学操作则是理论的应用和验证。教师必须在实践中不断调整自己的教学方法，通过总结经验和反馈信息，优化教育活动，从而提高教学效果和幼儿的学习体验。教育实践的不断优化，不仅有助于提升教师的专业能力，也有助于推动教育质量的整体提升，为幼儿的发展创造更好的条件。

三、教师终身学习与职业发展的机制

教师职业发展的核心在于教师的不断学习与成长，在这一过程中建立和完善职业发展机制显得尤为重要，其使教师在整个职业生涯中能够获得持续提升的机会。为了实现这一目标，教育系统必须为教师提供一个支持其个人专业发展的全方位平台，从而帮助他们应对教育环境不断变化的挑战，并提高教学效果和教育质量。

在教师职业生涯的不同阶段，我们应该建立多层次的培训和进修体系，以满足教师在各个发展阶段的不同需求。职业发展的初期，教师通常需要通过系统的基础教育培训和课堂教学实践来积累经验。随着经验的积累，教师对学科的理解日渐深入，对教学方法的掌握也趋于成熟。然而，在教学实践逐渐稳定之后，教师对专业知识的进一步掌握及对教育理念的更新则成为其职业发展的关键。因此，教育部门应当设计符合教师不同发展阶段的培训计划，定期开办专业进修课程、研讨会及学术交流活动。这些活动不仅能帮助教师拓展知识面，提升其学术水平，还能够促使其更新教育理念，增强其创新意识，并在教学中融入新的思维方式和教学方法。

而教师职业发展的进一步推进，则离不开其对科研活动的积极参与和对学术交流的广泛参与。科研活动不仅有助于教师深化学科知识的理解，推动学科前沿知识的探讨，而且能够促使教师在教育实践中不断反思，进而提升其教学的创新性与实效性。在参与科研过程中，教师不仅能够使用系统的研究方法深入探讨教学中的问题，还能够在实践中发现新的教学策略和技巧，进一步提升自身的专业能力和解决实际问题的能力。因此，幼儿园和教育管理部门应鼓励教师积极参与科研项目，支持他们发表学术论文，参与学术会议，提升其在学术界的参与度。这种学术交流和科研活动的参与，有助于教师拓宽视野，促进知识更新，推动教师个人教育理念的更新与教学方法的改革。

　　然而，教师的职业发展不仅依赖于自我学习和科研活动的参与，还需要一个良好的激励机制。教师的职业发展与评估、考核与激励机制紧密相连，尤其是在长期的教育实践中，教师的工作成效和教学创新往往难以通过单一的评价方式进行全面衡量。因此，建立科学的教师评估体系，结合教师的教学质量、科研水平、职业道德及教育贡献等多个维度，对教师进行综合考评至关重要。这一体系的核心在于准确评估教师的工作成果，鼓励教师在教学过程中不断探索创新，并通过激励机制激发其潜力，进而推动教育事业的进步。

　　评估体系的设计应当注重多元化和公正性。在此基础上，幼儿园和教育行政部门应当设立相应的奖励措施，对表现突出的教师给予荣誉、奖励及物质激励。这些激励措施不仅能够鼓励教师在职业生涯中追求卓越，推动其在学术领域不断深耕细作，而且能够为教师提供更多的职业发展机会和平台，例如岗位晋升、薪酬待遇的提升等。通过这样的评估与奖励机制，教师可以看到自己不断努力与成长所带来的实际回报，从而增强其职业发展的信心，并激发其持续学习与提升的动力。

第十章　学前教育中的情感与社会性发展

学前教育不仅关注儿童的认知能力发展，还注重其情感和社会性的成长。情感与社会性发展是儿童全面发展中不可忽视的组成部分。学前阶段是情感与社会性发展的关键时期，儿童在此阶段通过与同伴、教师和家长的互动，逐渐形成自我意识、情感管理能力及与他人合作的能力。本章我们将重点探讨情感教育在学前阶段的重要性，分析情感教育如何帮助儿童理解和调控情绪，形成积极的人际关系。与此同时，社会性发展是儿童成长过程中另一个重要方面，能否在集体活动中学习合作、分享和沟通，能否在多样化的社会环境中理解和接受他人，将直接影响儿童未来的社会适应能力。因此，本章我们还将分析社会性发展的理论与实践，提出促进儿童情感与社会性发展的具体策略。情感与社会性发展不仅是单一的教育目标，它们还是相互促进、相辅相成的机制。本章我们将探讨情感与社会性发展的相互作用，提出如何通过有针对性的教育活动，帮助儿童在情感与社会性上实现协调发展，并为学前教育提供评估与支持的有效方法。

第一节　情感教育在学前阶段的重要性

一、情感教育是儿童身心发展的基础

情感教育在儿童的身心发展中占据着至关重要的地位，尤其是在学前阶段。这个阶段是个体社会化和情感认知的奠基期，因此，情感教育的质量直接影响到儿童情感能力的培养与发展。学前教育不仅进行知识的传授和技能的训练，更进行情感世界的塑造和性格形成。情感教育使儿童可以在早期便学会如何认识、理解和调节自己的情绪，从而形成良好的情感基础，为日后的社会适应能力和人际

交往提供有力支持。

在学前教育的背景下，情感教育的核心目标不仅是帮助儿童理解和表达自身的情感，还要引导他们学会控制情绪，并在社会互动中展示出适宜的情感反应。情感是人类行为的重要驱动力，它直接影响到个体的心理健康、社会适应能力和人际关系。因此，学前阶段正是儿童情感教育的关键期，这一时期儿童的情感发展具有强烈的可塑性和敏感性。儿童通过日常的生活体验和教育引导，逐步学会如何识别并调节情绪，如如何应对愤怒、悲伤、焦虑等负面情绪，如何体验并表达快乐、幸福等积极情绪。这一过程不仅有助于其情感的健康发展，更能为其未来的人际交往和情感管理打下坚实的基础。

情感教育的实施对儿童的情感体验、情绪管理和情感表达能力有着深远的影响。学前儿童的情感发展与其大脑发育、认知能力和社交经验密切相关。在这一阶段，儿童的情感表达方式较为直接和简单，他们往往依赖外部环境和成人的引导来理解和调节情感。如果教育者能够通过科学的情感教育策略，帮助儿童学习如何识别情绪变化，并采取恰当的方式表达与调节情绪，那么这些能力将成为他们日后更复杂情感管理能力的基础。因此，学前教育中的情感教育不仅是对情感知识的传授，更重要的是通过具体的活动和实践，培养儿童面对不同情境时的情感调控能力，增强他们处理生活中复杂情感问题的自信心和能力。

情感教育也能帮助儿童在集体生活中建立积极的社会联系。在集体活动中，儿童常常面临情感的冲突与挑战，例如与同伴发生争执、在集体活动中表现出自卑或焦虑等。这时，情感教育的介入显得尤为重要。教育者通过引导儿童认识到情感表达方式的多样性及情感冲突的解决方式，能够有效帮助儿童学会如何与他人沟通情感，如何理解他人的情感，并在互动中发展出更加积极和谐的人际关系。通过这种情感交流与互动，儿童不仅学会了表达自己内心的真实情感，也学会了尊重他人的情感，进而为建立健康的同伴关系、培养社会责任感和团队协作精神打下了坚实基础。

从发展心理学的角度来看，情感教育的实施能够帮助儿童在认知、行为和情感三个方面得到全面提升。学前教育中的情感教育并不仅限于情绪调节，它还涉及儿童对自我身份的认知、对他人情感的理解和对社会规范的适应。在儿童情感发展的过程中，他们不仅需要学会如何管理自身的情绪，还需要培养情感的同理心，即理解他人的情感和需求。这一过程需要教育者为儿童提供一个丰富的情感表达平台，通过多种形式的互动游戏、情境模拟等活动，帮助儿童在愉悦的氛围中体验情感的多样性与复杂性。儿童通过这种实践性的学习，不仅能够识别和表达自己的情感，还能够学会如何与他人共同分享情感和解决情感上的困惑，形成更加成熟的情感反应模式。

二、情感教育促进自我意识的形成

情感教育在学前阶段的重要性不言而喻，它不仅是儿童社会化的一个关键环节，也是儿童个体心理发展不可或缺的一部分。学前儿童处于一个自我意识初步觉醒的阶段，情感教育为他们提供了一个多元化的情境框架，帮助他们逐步意识到自我与他人的差异，认识到自己的情感需求，并且在此过程中不断塑造和调整自我认知。尽管学前儿童的自我意识尚未完全成熟，但情感教育却为他们的自我认识奠定了坚实的基础。通过情感教育，儿童不仅能够理解自身的情感体验，还能在与他人的互动中学会如何管理和表达自己的情绪，这对于其未来的情感健康和社交能力的发展具有重要的推动作用。

儿童在情感教育过程中，最初并不具备明确的自我意识，他们更多的是通过外部的反馈和情境中的互动来构建对自己的认知。在这个阶段，儿童的情绪反应较为直接且以自我为中心，他们在面对某一情境时，往往仅凭感性认识作出反应，而这种反应并未深入到对自我情感的理解和控制上。然而，情感教育通过不断的情感交流和多样化的互动方式，引导儿童在不同的情境中体验并逐步识别自己的情感反应。例如，在集体活动中，儿童可能会遇到同伴的排斥或是因游戏规则产生的不满，这时，情感教育提供了一个引导的空间，帮助儿童学会通过言语或行为表达自己的情绪，认识到自己在情境中的情感状态，并且逐步体会到这种情感与他人反应的差异。

这种情感体验的过程，有助于儿童逐渐识别并表达自我情感，促进他们对自我情感的意识提升。经过情感教育的引导，儿童能够学会如何表达喜悦、愤怒、害怕等基本情感，并且意识到不同情境下的情绪反应往往带有主观性和个体差异性。这一过程为儿童形成独立的自我认知提供了重要的心理支持。儿童在情感教育的引导下，不仅能够辨识自己的情绪，还能够体会到自己情感的多样性和复杂性，这对于自我意识的逐步发展起到了催化作用。

除了识别情感反应，情感教育还帮助儿童在不同的互动过程中理解自己在社会关系中的角色。通过与教师、家长及同伴的互动，儿童逐渐明白自己在群体中的位置，并意识到自己与他人存在的情感差异。情感教育通过强化儿童对他人情感反应的关注，促使他们从他人的视角看待自己，进而对自我有了更为全面的认识。在情感互动中，儿童逐步感受到自我情感的外在表达所带来的影响，这种外在反馈能够帮助儿童在反思和调整中逐步明确自我认知。

学前儿童的情感教育，尤其是在集体活动和日常交流中，强化了自我情感认同的过程。儿童在小组游戏或合作活动中，会体验到与他人意见不同、情感冲突的情况，这种情感冲突往往成为自我情感认知的重要突破点。经过情感教育，儿童能够理解并接纳自己在不同情境下的情感波动，学会在情感上作出适当的调节，从而促进对自我的接纳与认同。在这种教育模式下，儿童的情感不仅是个人的内在体验，它们也通过外部的反馈和互动得以表达和升华。儿童逐步认识到自己情感的独特性，进而在情感的共鸣和对他人情感的理解中，逐渐形成更加成熟的自我意识。

情感教育的有效开展，还能够增强儿童的自信心。在面对情感困境时，儿童通过教师或家长的支持与鼓励，能够体验到情感调节的成功，从而形成对自己情感调控能力的信任。在集体活动和与同伴的交往中，儿童通过积极的情感交流和互动，能够获得更多的认同与鼓励，这种外部的支持增强了他们的自信心，也促使他们更加主动地去探索和认知自己。通过这种正向的情感体验，儿童能够不断强化自我认同感，建立起对自己能力和价值的肯定。

情感教育的作用不仅是帮助儿童识别和管理情感，更重要的是，它通过营造一种支持性的情感环境，使儿童能够在自我认知的过程中获得积极的反馈与肯定，进而为他们的自我意识的发展提供了动力。在这个过程中，儿童不仅学会如何表达情感，如何理解他人的情感，还能够在与他人的互动中建立起自我价值感和自我认同感。随着情感教育的不断深入，儿童的自我意识逐步从模糊走向清晰，从局限到全面，他们能够在多样化的情感体验和互动中，逐渐形成更为稳定的自我认知，并为未来的心理发展和社会适应奠定坚实的基础。

三、情感教育助力人际关系的构建

学前阶段是儿童心理与社会发展中至关重要的时期，尤其在人际关系的构建方面，具有深远影响。儿童在这一阶段开始接触并逐渐建立与他人的互动，这一过程不仅是他们社会性发展的基础，也是他们情感与认知能力不断发展的关键。情感教育在这一过程中扮演着至关重要的角色，它不仅帮助儿童学会表达和分享自己的情感，更重要的是，它能够引导他们认识并理解他人的情感，从而促进他们的同理心发展，这一切都为儿童日后在家庭及教育环境中的社会适应能力发展提供了深厚的支持。

情感教育通过细致的情感体验和反思活动，引导儿童理解自己的内心世界，并与他人建立情感联系。学前儿童通常处于自我为中心的阶段，他们的情感反应往往是即时的、直观的，很难从他人角度出发去理解和考虑问题。因此，情感教育的核心任务之一便是通过多样化的教育形式，引导儿童在不同情境下体验他人的情感，进而培养他们的同理心。通过角色扮演、情感表达游戏、故事讲述等方式，教师帮助儿童意识到，他人也有与自己相似的情感需求与反应，这种意识的培养在幼儿的成长过程中起到了润物细无声的作用。

在日常的情感教育中，教师不仅需要关注儿童情感表达的方式，更需要通过细致入微的观察和引导，帮助儿童形成对他人情感的理解和尊重。通过与同伴的互动，儿童逐渐学会如何在他人需求和自我需求之间找到平衡，如何通过积极的情感交流解决冲突，如何在集体活动中维持和谐的情感氛围。这些能力的培养，实际上是社会性能力的培养，是儿童日后能够顺利融入各种社会环境的基础。

在儿童的情感世界中，家庭的角色尤为重要，家庭关系是儿童最初也是最重要的情感依托。家庭中父母的情感教育方式，尤其是父母与幼儿之间的互动模式，直接影响到儿童的情感认知与表达方式。如果家庭成员能够通过积极、健康的情感交流，为儿童提供一种情感稳定、支持性强的环境，那么儿童的情感发展将更加成熟与平衡。因此，情感教育不仅局限于幼儿园课堂，它是一个家庭、幼儿园与社会共同参与的过程，只有在这一多维环境中，儿童的情感才能够得到全面、深刻的发展。

与此同时，儿童的情感教育还需要通过多元化的互动平台来加强。儿童不仅需要通过与父母的互动获得情感支持，也需要通过与同伴的互动体验到合作与分享的乐趣。在集体活动中，儿童学习到如何通过相互帮助、相互体谅来解决问题，并在这个过程中体验到集体情感的力量。在合作与分享中，儿童逐渐形成对他人情感需求的敏感度，并学会如何在群体中找到自己的位置。这些早期的情感体验，往往成为儿童日后社会适应能力的基石。

在情感教育的过程中，教师扮演着引导者和榜样的双重角色。教师不仅需要具备一定的情感教育技巧，更要在日常教学中通过自身的行为与情感表达，为儿童树立积极的榜样。教师用温和、耐心的态度与儿童互动，通过鼓励与引导，帮助儿童树立自信，增强他们在群体中的情感安全感。在集体活动中，教师需要为儿童提供适宜的情感体验，确保每个幼儿都能在情感上得到尊重与关注，进而提高他们的社交技能与自我表达能力。

学前阶段的情感教育不仅是对情感的培养，更是对儿童整体人格发展的促进。通过情感教育，儿童能够逐渐形成对自己与他人情感的认知，学会如何在社会生活中维持健康、和谐的情感关系。这不仅有助于儿童在人际关系中建立信任与合作关系，也为他们未来的情感生活、职业生涯及社会责任感的培养奠定了基础。情感教育的核心，便是通过日常的互动与体验，让儿童学会在尊重与理解中成长，培养他们的社会适应能力，让他们在未来的人际关系中更加从容与自信。

同理心的培养与情感表达的能力是学前教育中情感教育的两个重要方面。通过情感教育，儿童不仅学会了如何理解他人的需求与感受，还学会了如何适时地表达自己的情感。这种情感的双向流动，实际上是儿童社会性发展与人际关系构建的基础。随着情感教育的深入，儿童的情感世界将变得更加丰富多彩，他们在建立与同伴、家人及师生关系时，能够更加顺利地进行情感交流与沟通，最终在生活中建立起健康、积极的人际关系。

情感教育的影响是深远的，它不仅关乎儿童当前的情感表达能力，更关乎他们未来如何与他人和谐相处、如何在社会中找到自己的位置。在学前教育中，情感教育的意义远超出课堂，它是塑造儿童社会性人格的重要环节，也是他们情感健康发展的基石。因此，情感教育应当成为学前教育不可或缺的重要组成部分，只有不断强化这一教育，我们才能真正帮助儿童为未来的社会生活奠定坚实的情感基础。

第二节　社会性发展的理论与实践

一、社会性发展的理论框架

社会性发展是儿童成长过程中不可或缺的一部分，涉及个体如何通过与外部世界的互动形成自我意识、情感理解及社会行为规范。儿童的社会性发展既受到内在生理、认知等因素的影响，又与外部环境、文化背景、教育体系等密切相关。为了更好地理解这一过程，学者们提出了多种理论框架，其中最具影响力的包括儿童社会化理论和社会认知发展理论。

儿童社会化理论认为，社会性发展是儿童与社会环境互动的结果。儿童从出生开始便进入一种充满社会规范和文化习惯的环境，逐步通过与他人交往习得社会行为。该理论强调，儿童的社会性不仅是自然成长的产物，更是在与家人、教师、同伴等的各类互动中，学习到的行为和价值观。家庭作为最初的社会环境，是儿童社会化的起点。家长通过言传身教、榜样作用及对行为的反馈，帮助儿童建立最初的社会规则认知，例如如何尊重他人、如何遵循公共规范、如何与他人建立合作关系等。

教育系统和同伴关系对儿童社会化的进一步影响不容忽视。幼儿园等早期教育机构是儿童社会化的重要场所，在这里，儿童不仅能与同龄人交往，培养社会技能，还能在教师的引导下，学习合作、分享、遵守规则等基本社会行为规范。同时，教师在这一过程中扮演着至关重要的角色，他们不仅是知识的传递者，还是行为规范的塑造者。通过集体活动、游戏和日常互动，教师帮助儿童理解并适应群体生活中的社会规则与道德准则。

在社会认知发展理论的框架下，儿童的社会性发展更多地被视为一个逐步发展的认知过程。根据皮亚杰和维果茨基等学者的理论，儿童的社会认知能力是与其认知发展密切相关的。儿童在与他人交往过程中，逐渐从个体的视角拓展到他者的视角，学习理解他人的情感、需求和观点。这一过程不仅是行为上的模仿和学习，更是心理上逐步理解社会互动的复杂性。例如，儿童会逐渐意识到，在互动中如何表达情感、如何通过语言与他人建立沟通、如何调节自己的情绪等，都是社会性发展的重要组成部分。

社会认知发展理论强调，儿童在社会交往中的认知能力并非一成不变的，而是随着年龄和经验的积累不断提高的。婴儿在早期阶段更多依赖感知和本能的反应，而随着年龄的增长，他们逐渐学会通过推理、反思他人的行为来理解社会情境。这种认知能力的提升帮助儿童在复杂的社会交往中做出更加合理的判断，并能够在冲突中找到合适的解决方案。

社交情境和同伴互动对于儿童社会性发展具有重要意义。在与同伴的交往中，儿童不仅学习如何分享、合作、竞争等，更通过这些互动不断完善自己的社会认知。例如，在游戏中，儿童通过角色扮演、规则设定和任务分配等方式，学会如何与他人共同解决问题，如何在集体中找到自己的位置，如何平衡个人需求和集体需求。这些经验无疑为儿童将来适应社会生活、形成健康的社会行为模式奠定了基础。

然而，社会性发展的过程并非总是平稳的。儿童在不同的发展阶段，面对的社会性挑战各不相同。在早期阶段，儿童可能更多地表现出自我中心主义，难以从他者的角度理解社会情境，但随着认知能力的提高，他们逐渐学会关注他人的感受和需求，社会性行为也会逐步成熟。社会认知发展理论指出，儿童的同情心、道德判断和社会责任感的形成，并不是凭空而来的，它们是通过与社会环境的互动和自我反思逐步发展起来的。与此同时，儿童个体的情感发展也在社会性学习中起着重要作用。儿童通过与他人情感的共鸣，逐步理解和管理自己的情绪，从而提高在群体中的适应性和协调性。

从更广泛的角度来看，社会性发展的核心不仅在于儿童学会如何与他人互动，如何遵循社会规范，还在于他们如何通过这些互动形成自我认同，并在群体中找到自己的角色和位置。自我认同的形成是儿童社会性发展中的一项重要任务，它不仅涉及个体如何认知自我，还包括个体如何通过他人的反馈来不断调整和优化自我形象。这一过程对于儿童的心理健康和未来的社会适应能力至关重要。

儿童社会性发展的理论为我们提供了理解儿童成长中如何逐步构建社会行为规范的框架。通过与家庭、教育者、同伴及社会环境的互动，儿童不仅学习到行为规范和社会规则，还学会如何管理情绪、调节行为、理解他人，并在此过程中形成自我认同。这些社会性技能的习得是儿童走向成熟和社会化的关键，而在这一过程中，教育者的作用尤为重要。通过精心设计的教育活动和恰当的情境引导，教育者不仅能够帮助儿童习得基本的社会技能，更能够为他们提供发展社交认知、情感理解和道德判断的机会。

二、社会性发展的关键能力

在学前教育阶段，社会性发展是儿童全面成长的重要组成部分。它不仅关乎儿童与他人相处的基本能力，还涉及更为复杂的社交技巧，如合作、分享与沟通等。社会性发展的关键能力是儿童能够在集体活动中建立起适当的行为模式，从而更好地适应群体生活并与他人建立有效的互动关系。这一过程的基础并非天生具备，而是通过不断的学习和实践逐步内化的。学前教育阶段为儿童提供了一个重要的社会化平台，儿童在这个时期通过参与不同的社会活动，逐渐实现社会性能力的养成。

集体活动和合作游戏是学前教育中促进社会性发展的重要方式。通过集体活动，儿童不仅能够体验到与他人合作的意义，还能通过角色分配、责任承担与行为协调等实践，逐步理解和适应群体生活的规则。在集体中，儿童会遇到各种不同的人际交往情境，这些情境对其社会性发展具有极为重要的影响。与同龄人共同参与活动时，儿童不仅学会如何通过言语或行为与他人进行沟通，还学会尊重他人的意见与选择，理解合作的重要性。这些能力为儿童今后进入幼儿园、融入更广泛的社会生活打下了坚实的基础。

儿童的社会性发展不仅局限于个体与他人相处的表面形式，更在于通过与同伴的互动，逐步建立起对社会角色和规则的认知。在学前阶段，儿童通过合作游戏，学习到如何与他人共同努力实现一个目标，如何在游戏中分享资源和解决冲突。这一过程促使儿童在相互依赖的环境中增强了责任感和团队精神，进而促进了集体意识的形成。合作和分享的能力不仅限于简单的物品交换，它包含着情感上的理解与支持，表现在对他人需求的敏感性和对他人权利的尊重上。

儿童在集体活动中的角色分配和责任承担也是社会性发展的关键环节。在合作过程中，每个儿童都有机会担任不同的角色，这些角色的分配不仅基于儿童的能力和特长，也受到其社会意识和情感需求的影响。通过角色的转换与实践，儿童能够学习到不同的社会角色在群体中的功能和重要性，从而更好地理解群体中的合作与互助精神。与此同时，责任的承担让儿童逐步认识到个人行为对集体产生的影响，这不仅提高了他们的自我管理能力，还增强了他们的集体归属感。

与他人建立有效沟通的能力也是社会性发展的核心部分。学前阶段的儿童通常通过非语言的方式进行初步的表达，如面部表情、肢体语言和简单的语言交流。随着年龄的增长，语言逐渐成为儿童表达思想、情感和需求的主要工具。因此，在这一阶段，语言沟通能力的培养尤为重要。儿童通过与同伴、教师及家庭成员的互动，逐渐掌握如何使用语言表达自己的想法，同时也学会了倾听他人的观点与意见。语言的学习不仅是词汇和语法的积累，更重要的是通过语言来理解他人的情感和意图，从而达到情感的共鸣与思想的交流。

然而，社会性发展并非一蹴而就的过程，而是一个持续且动态的过程。学前儿童的社会性能力往往在不同的环境和情境中不断调整和完善。家庭、幼儿园及社会环境的共同作用，使得儿童能够在不断变化的社会情境中学会适应和应对。家庭作为儿童社会化的第一课堂，在其中扮演着不可或缺的角色。家长的教养方式、对待与他人关系的态度及如何处理冲突等行为，都深刻影响着儿童的社会性发展。在家长的引导下，儿童逐步学会如何在日常生活中进行有效的沟通与协作，同时也学习如何面对挑战和解决冲突。

幼儿园则提供了一个更加丰富的社会化场景。在这种环境中，儿童通过与教师和同伴的互动，逐步学会在集体中遵守规则，发展团队合作能力，并在集体生活中发现自我价值。幼儿园的教育活动设计注重促进儿童情感等各方面的发展，教师通过巧妙的活动安排和日常的言传身教，引导儿童在具体的情境中培养社交技能。例如，在小组合作游戏中，教师鼓励儿童分享意见、轮流发言、合作解决问题，这些互动和合作为儿童社会性能力的提升提供了多维度的实践机会。

儿童社会性发展的又一个重要因素是情绪管理能力。良好的情绪管理能力使儿童能够在面对冲突时保持冷静，并通过适当的方式表达情绪。在集体活动和合作游戏中，儿童不可避免地会遇到不顺心的情况，如资源争夺、角色冲突等，这时情绪管理能力显得尤为重要。通过在日常教育活动中的练习，儿童可以学习如何调节自己的情绪，并通过语言或行为表达出内心的真实想法。情绪的适当表达和管理，不仅有助于儿童自身的情绪稳定，还能促进与他人的积极互动，最终提升其社会适应能力。

学前教育阶段的社会性发展不仅是儿童与他人交往能力的简单提升，更是一个复杂的能力整合过程。通过集体活动、合作游戏和情感交流，儿童逐步学会在群体中建立起适当的行为模式，培养合作、分享、沟通等核心社会技能。随着儿童在家庭、幼儿园及社会环境中的不断实践和学习，其社会性发展逐渐走向成熟，这为其未来的社会适应和人际关系和谐奠定了坚实的基础。

三、社会性发展的实践途径

在学前教育的实践中，社会性发展的培养被视为儿童成长的一个重要方面。教师和家长的引导与互动是推动儿童社会性发展的关键因素。通过科学而富有针对性的教育策略，儿童在互动过程中能够逐步理解和适应社会规范，提升其人际交往能力。这一过程不是社会性技能的简单积累，而是通过一系列精心设计的活动与教育形式，使儿童在多种情境中不断实践与学习，从而形成成熟的社会行为模式。

社会性发展的培养是一个渐进且综合的过程，它需要儿童在不同的环境和情境中体验和学习。教师在这一过程中扮演着至关重要的角色，通过组织集体活动、情境模拟、角色扮演等方式，帮助儿童主动融入群体，学习如何与他人协作和互动。在集体活动中，儿童能够通过与同伴的互动，学习到如何分享、如何尊重他人的意愿，以及如何在集体中承担责任与担任角色。这些活动不仅提供了儿童互动的机会，还帮助他们在日常生活中逐步形成合作与竞争的意识，从而在多元化的社会环境中灵活应对各种交往情境。

情境模拟是另一种行之有效的教育方法。通过设计模拟情境，教师能够引导儿童在模拟的社会情境中进行角色扮演与交流。在这一过程中，儿童不仅能够体会他人的感受，还能够通过换位思考，理解不同角色的需求与行为动机。情境模拟的优势在于它能让儿童在一种相对安全、可控的环境中进行社会行为的尝试，而不必担心真实情境中的失败或尴尬。因此，这种方法在培养儿童的社会性技能方面具有独特的优势，特别是在提高他们的情感理解与合作能力方面，具有较为显著的效果。

角色扮演则是帮助儿童理解社会交往中的规则和行为规范的又一重要途径。在这一过程中，儿童不仅模仿他人的行为，更重要的是通过自身的参与，逐步内化社会行为的规范与原则。角色扮演能够帮助儿童理解复杂的社会关系与行为模式，在实践中逐步形成正确的社会交往观念和行为习惯。教师在这个过程中扮演的角色至关重要，不仅要根据儿童的年龄与社会性发展水平设计适宜的角色，还需要给予适时的反馈与支持，帮助儿童在角色转换和行为模仿中获得更深入的理解和体验。

然而，社会性发展并非一蹴而就，它要求教师根据儿童的个体差异，提供个性化的引导和支持。每个儿童在社会性发展的进程中都有不同的起点和节奏，教师需要敏锐地察觉到这些差异，并在此基础上调整教育策略。对一些内向或较为羞涩的儿童，教师可能需要提供更多的支持和鼓励，帮助他们克服与同伴交往时的困难；而对于那些相对外向、善于表达的儿童，教师则可以利用更复杂的社交情境，帮助他们进一步提升社交能力。这种个性化的教育方式能够最大程度地促进每个儿童社会性能力的发展，使他们能够在与他人交往时保持自信，同时也能尊重他人的感受与需求。

除了教师的引导和支持，家长的作用也不容忽视。家长是儿童社会性发展的第一导师，家庭是幼儿最早接触的社交环境。家长在日常生活中通过与幼儿的互动，传递社会性行为的规范与价值观。因此，教师和家长之间的密切合作尤为重要。家长可以在家中为幼儿创造更多的社交机会，鼓励幼儿与同龄人互动，通过共同游戏、讨论等方式，提高幼儿的社交技能。与此同时，教师可以与家长保持沟通，共享关于幼儿社交行为的发展情况，为家长提供有效的指导建议，以便在家庭中实施更加有针对性的教育措施。

儿童社会性发展过程中的困难和挑战也需要特别关注。儿童在交往过程中，常常会遇到许多不适应的情境，比如在集体中不敢发言，或者在合作中无法处理与他人的分歧等。这些问题如果得不到及时的解决，可能会影响儿童的自信心和社交能力的发展。因此，教师的任务不仅是提供机会让儿童进行社交活动，还需要在这些活动中扮演积极的引导者角色，帮助儿童理解和处理社交冲突，逐步学会如何在复杂的社交场景中寻找到适当的应对策略。

社会性发展的实践路径不应仅限于课堂和教育活动的设计，还应考虑到儿童日常生活中的多重社会化经验。儿童在家庭、社区及幼儿园等不同场域的社会化经验相互交织，共同塑造着他们的社会认知与行为。因此，在推动学前教育社会性发展时，教师不仅要注重课堂教学与集体活动，更要与家长及社会力量共同合作，提供更多元的社会交往机会，使儿童能够在多样的社会情境中得到全面的锻炼与成长。

学前教育中的社会性发展是一项系统性、复杂性的工作，涉及儿童个体的成长、教师的引导及家长的配合等多个方面。通过科学设计教育活动，提供个性化的指导，并充分利用家庭与社会环境的资源，我们能够有效促进儿童社会性能力的全面提升，帮助他们为将来进入更为广泛的社会生活奠定良好的基础。

第三节　情感与社会性发展相互促进的机制

一、情感与社会性发展的互相依赖关系

情感与社会性发展是相互依赖、相辅相成的两个重要方面。情感健康的儿童通常表现出较高的社交能力，他们能够有效地与他人沟通、合作，并在社交场合中展现出适当的情绪反应。同样，儿童在社会交往过程中获得的经验，不仅能增强其社会能力，也能促进情感发展。两者的交织关系不仅反映了个体社会化的复杂性，还揭示了情感和社会性发展在儿童成长中的内在联系。

情感发展的核心在于儿童在面对外部世界时，如何识别、理解并适当地表达自己的情绪。儿童情感健康的表现，首先体现在其对情绪的识别和调控能力上。情感的表达和管理是儿童社会性行为的重要组成部分，而这一能力的培养离不开良好的社会互动。情感的觉察使得儿童能够在与他人交往时调节自己的行为，避免因情绪失控而导致的不适当的社交反应。与此同时，儿童在社交互动中所积累的经验，有助于他们更好地理解他人情绪，从而形成有效的共情能力。这种共情能力进一步促进了情感认知的提升，使得儿童能够在复杂的社会环境中更为敏感地察觉并适应不同情境下的情感需求。

社会性发展则是指个体在与他人交往过程中，逐渐形成和完善的行为模式、社会认知和人际关系的管理能力。儿童通过与同龄人、家庭成员及教师等人的互动，获得了如何与他人合作、分享、解决冲突及沟通的经验。社会性行为不仅是行为上的规范，它还深刻影响着儿童如何理解和表达情感。一个在社交中感到舒适和自信的儿童，通常能够在情感上展现出更为积极的情绪反应，而情绪的积极性又有助于其在社交互动中吸引更多的关注和友谊。因此，情感和社会性行为之间存在着互动和促进作用，彼此交织，无法割裂地共同发展。

情感和社会性发展的相互依赖性在学前阶段尤为显著。此时的儿童正处于从家庭向更广泛社会环境过渡的关键时期，他们不仅在家庭中获得情感支持和社会化教育，还需要通过幼儿园和同伴群体来进一步发展和巩固这些技能。情感健康的儿童在进入幼儿园后，更容易与同伴建立友好的关系，他们能够在集体活动中找到自己的一席之地，并表现出对集体规则和社交规范的遵守。而具有良好社会性互动经验的儿童，则通常表现出较强的情感调控能力，他们能够识别并理解他人的情绪，知道如何调整自己的行为以维持和谐的社会关系。

情感表达和社会互动的紧密联系还表现在儿童应对冲突和挑战的能力上。冲突管理是社会性发展的一个关键领域，而冲突的产生往往与情感因素密切相关。当儿童遇到情感上的挫折时，如何管理和调节情绪，成为他们解决问题的能力的核心。在与他人交往过程中，儿童若能够理解和尊重他人的感受，并能够合理表达自己的需求和情感，便能有效避免不必要的冲突，并保持良好的人际关系。相反，情感调控能力不足的儿童可能容易在冲突中表现出极端反应，这会阻碍其社会交往能力的进一步发展。

情感与社会性发展的相互依赖还可以从儿童的情绪自我调节能力和其社会行为的相互影响中得到体现。儿童的情绪自我调节能力不仅是其情感健康的重要标志，也是他们适应社会环境的关键技能。能够自我调节情绪的儿童，更容易适应不同的社会场合，处理复杂的人际关系。而这一能力的培养离不开社会交往的支持，通过与他人的互动，儿童能够不断学习如何控制自己的情绪反应，逐步掌握情感管理的技巧。同时，社会交往的经验也能够促进儿童的情绪自我调节能力的提升，帮助儿童在社交情境中表现出更加恰当的情绪反应。

情感和社会性发展的相互作用和相互依赖性，体现了儿童在成长过程中必须经历多维度发展。在学前教育阶段，教师和家长应当重视情感和社会性能力的双重培养。通过组织丰富的社交活动，儿童不仅能够在实践中提升自己的社交技巧，还能在互动中学会如何表达、管理自己的情感。在这一过程中，情感教育和社会性教育应当有机结合，形成对儿童全面发展的支持体系，帮助他们在情感与社会性两方面得到均衡的发展。

二、情感调节与社会交往能力的互动

情感调节与社会交往能力之间存在着紧密的互动关系，二者相互影响、相互促进，形成了儿童社会性发展中不可或缺的双向作用机制。在学前教育阶段，情感调节能力的培养与社会交往能力的提升是儿童发展中的两个关键领域，它们不仅有助于儿童心理健康的维护，也对其与他人建立和谐关系、融入集体环境、顺利适应社会生活起到了基础性作用。

情感调节是指个体在面对内外部情境的挑战时，能够有效地识别和管理自身情绪的过程。对于儿童来说，这一能力的培养尤为重要。由于其情绪调控机制尚未成熟，儿童在面对挫折、冲突或不如意的情境时，常常会表现出情绪的剧烈波动和不适当的情绪反应。因此，情感教育的核心目标之一便是帮助儿童通过学习识别和调节自身情绪，增强他们面对复杂社会环境时的情感应对能力。通过这一过程，儿童能够学会在社交互动中保持积极、稳定的情绪状态，有效避免情绪失控带来的负面影响。这种情感控制能力不仅有助于减少冲突和误解，还能够提升其与他人互动时的信任感和亲和力，进而推动社会交往技能的发展。

良好的情感调节能力是社会交往能力提升的基础。儿童在与他人交往的过程中，经常会遇到各种各样的情绪挑战，例如意见分歧、合作中的协调问题，甚至是情感的误解和冲突。如果缺乏有效的情感调节策略，儿童很可能在面对这些挑战时表现出过度的情绪反应，例如愤怒、焦虑或羞怯，这些情绪往往会导致沟通的障碍，甚至可能使社交关系产生裂痕。而具有较强情感调节能力的儿童，在这些情境中能够更好地识别自身的情绪状态，并采取合适的方式来进行情感管理，从而有效缓解不良情绪对社交的干扰。通过冷静应对和积极表达，儿童能够更好地与他人沟通与合作，保持良好的社交关系，进而提高社会适应性，增强集体合作意识。

情感调节与社会交往能力的互动关系在儿童的合作活动中得到了更加显著的体现。在合作性任务和团体活动中，情感调节不仅是个人应对挑战的工具，也是集体互动的重要催化剂。当儿童在集体合作中能够有效调控自身的情绪时，他们便能在集体中维持和谐、稳定的互动氛围，避免因个体情绪失控而导致的团体冲突或合作失败。而这一过程中的情感调节并不是孤立的，它往往伴随着儿童对他人情绪的察觉和反应。在集体活动中，儿童通过观察同伴的情绪反应和行为模式，逐渐学会如何调节自己的情绪，如何在合作中有效应对他人的情绪表达，从而实现情感管理技能的进一步发展。这种通过社会互动促进情感调节的过程，不仅帮助儿童提升了自身的情感调控能力，也使其在社交场合中逐步掌握了更多的社会交往技巧，如倾听、反馈、分享和协商等，这些都为儿童未来融入更广泛的社会圈子奠定了基础。

这种情感调节与社会交往能力的相互作用并非一成不变，而是随着儿童年龄的增长、认知能力的发展及社会经验的积累不断深化。在学前教育阶段，儿童的情感调节能力和社会交往能力往往表现为密切相关的动态过程。在初期，儿童可能更多依赖外部的指导和帮助，通过教师、家长的示范和支持，逐渐学习如何识别和管理自己的情绪。在这个过程中，成人作为情感调节的引导者和榜样，能够帮助儿童认识到情感是正常的，但情感的表达和管理需要与社会规则和他人需求相适应。而随着年龄的增长，儿童的情感调节能力和社会交往能力也会逐步内化为自主的能力，变得更加成熟和灵活。此时，儿童已经能够在较为复杂的社会互动中，主动调节情绪、理解他人感受，并采取适当的策略来应对冲突和挑战，从而促进有效的沟通与合作。

情感教育对儿童社会交往能力的促进不仅局限于面对直接的人际关系，还在儿童的情感表达和人际沟通中起到了潜移默化的作用。在儿童的语言交流中，情感调节的能力使他们能够更加准确、恰当地表达自己的情绪和需求，从而增强与他人沟通的效果。当儿童能够控制情绪的表达方式时，他们更能够在群体活动中发挥积极作用，避免情感冲突对群体和谐氛围的破坏。同时，儿童在进行社会交往的过程中，也会通过不断的实践，逐步形成情感调节的策略和技巧，进一步促进其社会性的发展。

情感调节与社会交往能力的互动关系是学前教育中不可忽视的课题，二者不仅在儿童个体层面上发挥着重要作用，而且在集体环境中也对儿童的社会化进程起到了至关重要的推动作用。通过科学有效的情感教育，儿童不仅能够增强情感调节能力，还能够提升社会交往技巧，从而更好地适应复杂的社会环境，建立和谐的人际关系，促进社会适应力的发展。因此，在学前教育实践中，教师应充分认识到情感教育的深远意义，将情感调节与社会交往能力的培养作为儿童教育的核心内容之一，为儿童的健康成长和未来发展打下坚实的基础。

三、教育活动设计中的情感与社会性协同发展

在学前教育的过程中，情感与社会性的发展是儿童成长的重要组成部分，这两者之间的紧密联系为教育活动设计提供了深刻的启示。情感教育不仅关乎儿童情绪的识别与调控，还涵盖了他们对自己和他人情感的理解与共鸣。而社会性教育则侧重于儿童在人际交往中展现出的行为规范、社会责任感和协作精神。在这一背景下，情感教育与社会性教育的有机结合能够有效促进儿童身心的全面发展。在幼儿园的日常教学活动中，通过精心设计的教育活动，教师能够为儿童创造一种兼具情感支持与社会互动的学习环境，从而促进其情感与社会性能力的同步发展。

情感和社会性的相互作用为教育活动设计提供了广阔的空间。在幼儿园的教

学实践中，情感教育与社会性教育通常通过集体活动、互动游戏、角色扮演等形式得到有效融合。例如，在集体讨论环节中，儿童不仅能够学习到如何表达自己的情感，理解他人的情绪，还能通过集体互动的形式，体验到如何在团队中扮演不同的角色，从而培养其社会交往能力。在这种活动中，情感的表达与社会性行为的规范是互为补充的，通过一种共同的活动情境，儿童能够在情感共鸣中实现自我调节和与他人协作的双重发展。

教育活动设计的核心在于能够为儿童提供一种富有情感意义的学习体验，同时又能强化其社会性技能的培养。情感教育的一个关键目标是帮助儿童学会识别并调节自己的情绪，这一过程通常与儿童的社会互动密切相关。通过设计具体的情境活动，儿童可以在面对挫折或冲突时学会冷静应对，并学会通过适当的情感表达来解决问题。例如，在小组合作活动中，儿童可能会因意见不合而产生情绪冲突，此时，教师可以引导儿童通过情感表达的方式来调解彼此之间的矛盾，同时又不失对他人情感的尊重。这种基于情感教育的冲突解决方式，不仅有助于儿童情绪的调节，还能促进他们在互动中提升社会责任感和集体合作意识。

情感与社会性的协同发展也表现在教育活动设计中的情境创设上。为了让儿童在活动中获得更多的情感体验和社会互动机会，教师需要根据儿童的年龄特点与心理需求，设计多样化的教育活动。譬如，通过游戏化的学习形式，儿童能够在愉悦的情境中与同伴一起探索、分享和协作，从而在情感的愉悦中培养社会交往技能。这类活动不仅能够激发儿童的情感表达欲望，还能促进他们学会在集体生活中关心他人、尊重他人及为集体利益做出贡献。无论是在活动的前期策划阶段，还是在活动的实施过程中，教师都需要关注如何通过设计让儿童在互动中感受到彼此间情感的联系，并通过这一联系促进社会性行为的形成。

当情感教育与社会性教育在教育活动中得到高度融合时，儿童能够在自我认知与他人认知的双重视角下实现情感与行为的平衡发展。具体而言，情感教育帮助儿童认识到自己的情感体验和他人的情感表达之间的差异，进而学会通过适当的方式表达和调节自己的情绪。而社会性教育则在此过程中为儿童提供了行为规范和社交技能的引导，使他们能够在与同伴的互动中更好地适应社会规则，学会尊重他人的感受，培养良好的集体意识和团队精神。在这一协同发展过程中，教师不仅是情感与社会性教育的引导者，更是儿童情感与社会性能力发展的促进者。通过对教育活动的精心设计，教师能够为儿童提供更多样的实践机会，让他们在实际操作中体验情感与社会性发展的内在联系。

在这一过程中，家长和社会的支持同样至关重要。幼儿园教育不仅局限于课堂内的活动，家庭与社会也对儿童的情感和社会性发展产生深远影响。因此，教育活动的设计要注意与家庭教育和社会环境的对接，使得儿童能够在多种情境中进行情感与社会性能力的锻炼。例如，家长可以在日常生活中提供更多的互动机会，鼓励幼儿在家庭环境中与他人分享情感，并在社会活动中展现出合作和互助精神。通过家庭与社会的共同作用，儿童能够在多个层次和维度上获得情感与社会性发展的支持，从而在综合的教育环境中成长为具有良好情感调节能力和社会交往能力的个体。

情感教育与社会性教育的协同发展不仅是一种教育活动的设计策略，更是一种深刻的教育理念。在这种理念下，教育活动不再单纯地关注某一方面的能力培养，而是力求通过综合性、多元化的活动设计，促进儿童在情感与社会性两个维度的共同成长。这种协同发展的模式，不仅有助于提升儿童的自我认知与社会适应能力，更为其未来的情感健康与社会生活奠定了坚实的基础。在学前教育阶段，情感教育与社会性教育的有机结合，将为儿童的全面发展打下良好的基础，为其进入更加复杂的社会环境做好充分的准备。

第四节　情感与社会性发展的评估与支持

一、情感与社会性发展评估的理论依据

情感与社会性发展是儿童整体发展的重要组成部分，它们不仅对儿童的心理健康、行为习惯和学业成绩产生深远影响，还直接决定了儿童适应社会环境的能力。对情感与社会性发展的评估，依托于一系列理论基础，涵盖了多个学科领域的研究成果。这些理论为评估提供了深刻的洞察力和操作性的框架，使教师能够准确把握儿童情感与社会性发展的现状，并在教育实践中有效干预。发展心理学

和社会化理论是评估儿童情感与社会性发展的核心理论支撑，下面我们将从这两个角度探讨其对评估过程的理论指导作用。

发展心理学为儿童情感与社会性发展的评估提供了一个阶段性和连续性的视角。根据发展心理学理论，儿童的情感与社会性发展是一个渐进的过程，随着年龄的增长，儿童的情感理解、情感表达和情感调控能力都会发生显著变化。从婴幼儿时期的简单情感反应，到学龄前儿童能够识别并表达更为复杂的情感，再到学龄期儿童能够调控自己的情感并与他人建立更为深刻的社会关系，这一过程是逐步深化的。发展心理学指出，儿童情感与社会性发展的评估应遵循这种发展规律，关注儿童在不同发展阶段中的表现，特别是在情感表达、情感调节能力及社会交往能力等方面的差异性。

通过对儿童在集体活动中的表现进行观察，教师能够掌握儿童在情感认知与调控方面的成长轨迹。例如，幼儿园儿童在面对集体活动时，常常表现出不同程度的情感反应，如开心、焦虑、恐惧或生气。这些情感反应不仅与个体的心理特征有关，也受到外部社会环境、家庭背景等因素的影响。因此，教师在评估儿童情感与社会性发展时，需将情感表达作为一个动态的过程来考察，而非静态的个体特征。通过系统观察儿童在不同情境中的情感反应和变化，教师可以更全面地评估其情感发展的水平，并据此提供个性化的支持与干预。

在情感调节方面，发展心理学强调儿童从依赖外部支持逐渐向自我调节转变的过程。学前儿童的情感调节能力较为初步，通常依赖成人的引导与支持，而随着年龄的增长，儿童逐步能够学会在没有成人干预的情况下调整自己的情感反应。教师通过观察儿童在面对挫折、冲突及压力时的应对策略，能够评估其情感调节能力。在这一过程中，教师还需关注儿童的社会性发展，尤其是儿童如何在与他人互动中理解和表达情感。社会性发展的评估不仅是对儿童行为的观察，还包括对儿童情感理解和情感共鸣能力的考察。

社会化理论则从社会互动的角度为评估提供了重要的视野。社会化理论认为，儿童的社会性发展是一个通过社会互动逐渐内化社会规范和行为模式的过程。在这一过程中，儿童学习如何与他人建立关系、如何遵循社会规则及如何在群体中找到自己的位置。教师可以通过观察儿童在日常活动中的社交行为，如与同伴的互动、在游戏中的角色扮演、对规则的遵循等，来评估其社会性发展的水平。通过对儿童在群体中的表现进行持续跟踪，教师不仅能够了解其与他人交往的能力，还能够识别出其中可能存在的情感与社会性问题，如孤立、攻击性行为或社交焦虑等。

社会化理论特别强调了儿童在社会情境中的学习过程，认为社会交往不仅是情感发展的载体，也是社会行为模式的习得途径。儿童通过与同伴和成人的互动，不断理解他人的情感状态并学习适当的情感表达方式。这一过程中，儿童的社会性发展受到家庭、幼儿园、社区等多方面因素的共同作用。教师在评估儿童的社会性发展时，不能仅仅关注个体行为表现，还需要考虑儿童所处的社会环境，尤其是家庭环境的影响。通过与家长的沟通和合作，教师能够更全面地了解儿童在家庭中的情感表现和社交行为，从而为评估提供更为丰富的信息。

情感与社会性发展的评估还需要关注文化和社会背景的差异性。不同文化背景下的儿童，可能在情感表达、情感调节及社会交往方式上存在显著差异。因此，教师在评估儿童的情感与社会性发展时，需避免简单地用单一标准进行判断，而应当根据儿童所在的文化环境来进行动态评估。例如，某些文化可能鼓励儿童更为外向、情感表达更为直率，而其他文化则可能更强调情感的内敛和自我调节。这要求教师在评估时具备文化敏感性，能够根据文化差异调整评估方式，确保评估结果的准确性与适应性。

二、情感与社会性发展评估工具

在幼儿教育领域，情感与社会性发展是儿童成长过程中的重要组成部分，这一领域的评估工具的研发与实践对教师的教学策略与教育干预具有重要意义。情感与社会性发展评估工具是为了更好地理解儿童在互动、情绪管理、社交能力等方面的表现，为教师提供有力的支持，帮助他们识别每个幼儿在这些领域的优势与需要改进的地方。通过这些工具，教师能够更系统地了解幼儿在群体交往、情感表达、社交适应等方面的表现，并据此制定个性化的教育策略和干预措施，从而促进儿童的全面发展。

情感与社会性发展评估工具在实际操作中主要包括观察记录法、问卷调查法及访谈法等几种形式。观察记录法作为一种最为直观的评估方式，通过教师在日常教学活动中对儿童的行为进行持续观察和记录，提供了大量有价值的信息。这种方法不仅能够反映儿童在集体活动中的互动情况，还能深入挖掘他们在情绪管理、问题解决及人际关系等方面的表现。教师通过细致的观察，能够捕捉到儿童在不同情境下的反应，从而为其情感和社会性发展的评估提供具体依据。例如，教师通过观察儿童在和同伴合作时表现出的合作意愿、情绪变化及冲突处理方式，能够较为准确地评估出儿童的社交适应能力及情感调节能力。

问卷调查法也是一种常见的评估工具，尤其是在儿童情感与社会性发展的量化分析中具有独特的价值。通过设计科学、合理的问题，问卷调查法能够帮助教师了解儿童对情感问题的认知和对社会互动的态度。这些问卷通常涉及儿童在群体中的角色扮演、对他人情绪的理解与反应，以及他们在群体中的归属感等方面。通过统计分析儿童的回答，教师不仅可以获得关于儿童社会性发展的定量数据，还能识别出儿童在情感表达、情绪管理等方面存在的具体问题。与其他评估工具相比，问卷调查法的优点在于其能够在短时间内收集大量的信息，同时它具有一定的结构性，便于系统分析和比较。

访谈法则在评估儿童情感与社会性发展方面具有重要的补充作用，尤其是在需要更深入理解儿童个体差异和心理发展背景时，访谈提供了一种重要途径。访谈不仅能从儿童的直接表达中获得信息，还能通过与家长或其他相关人员的交流，进一步了解儿童的情感状态和社会性发展轨迹。访谈法常常采用半结构化的方式，教师在与儿童交流时根据需要灵活调整问题，以确保能够引导儿童表达他们的真实想法和感受。访谈法还可以通过与儿童家庭成员的对话，了解儿童在家庭生活中的情感表现与亲子关系的互动模式等，从而获得全面的情感与社会性发展信息。通过这种方式，评估不仅限于课堂环境，还能扩展到儿童的生活和家庭背景。

这些评估工具的有效应用能够为教师提供量化和定性的双重依据，帮助他们在日常教学中发现儿童情感与社会性发展的潜在问题，并制定相应的干预策略。对于情感与社会性发展的教育工作者而言，能够及时了解每个幼儿的情感变化和社会适应状况至关重要。这些工具的使用，有助于教师准确识别儿童的情感需求，及时给予他们支持与指导。例如，如果通过观察记录法，教师发现某个儿童在与同伴互动时经常表现出焦虑或回避行为，那么教师就可以通过进一步的访谈了解其情感背景，并设计相应的情感支持策略；如果通过问卷调查法，教师发现某个儿童在群体互动中表现出较低的自我效能感，教师就可以针对性地设计一些提高儿童社交信心的活动。

然而，尽管这些工具能够为教师提供丰富的信息，但它们的应用仍然存在一定的局限性。首先，观察记录法要求教师具备高度的观察能力和敏感性，教师需要在日常教育活动中细致入微地观察儿童的每一个情感与社交细节，且记录的有效性和全面性依赖于教师个人的观察经验和专业素养。其次，问卷调查法虽然能提供量化数据，但问卷的设计需要考虑到儿童的认知发展水平，过于复杂或抽象的问题可能会影响儿童的答题质量，因此需要精心设计并适应不同年龄段儿童的认知特点。最后，访谈法虽然能提供深度的情感理解，但由于访谈过程中涉及儿童的主观感受，儿童的回答可能受到个人表达能力或外部因素的影响，因此其信息的准确性需要进一步验证。

尽管如此，情感与社会性发展的评估工具在幼儿教育中的应用无疑为教师提供了重要的支持。通过对这些工具的有效使用，教师不仅能够全面了解儿童的情感与社会性发展状态，还能够根据评估结果设计和实施相应的教育策略。通过与儿童、家长和其他教育工作者的密切合作，评估工具的应用可以帮助儿童在日常互动中获得更多的情感支持和社会技能的培养，从而为儿童的情感健康与社会性成长奠定坚实的基础。随着教育领域对情感与社会性发展重视程度的不断提升，这些评估工具将不断完善和创新，成为促进儿童全面发展的重要组成部分。

三、情感与社会性发展的支持策略

儿童的情感与社会性发展是其整体发展的重要组成部分，它直接影响到儿童的自我认知、情感调节及与他人互动的能力。为了有效支持儿童在这一方面的发展，教师必须根据每个儿童的个体特点，实施针对性和个性化的支持策略。这些策略不仅要关注情感支持、行为引导和社交技能的培养，还应通过多样化的教育形式，如小组辅导、角色扮演、集体活动等，帮助儿童在真实的情境中学会处理复杂的情感和社交问题，促进他们的情感发展与社会性成长。

情感支持是促进儿童心理健康和社会性发展的基础。情感支持意味着教师应关注儿童的内心世界，理解并接纳他们的情绪变化。当儿童在情感上遇到困扰时，教师应给予适时的关怀与鼓励，帮助儿童理解自己的情绪及情绪的来源。这不仅是简单的安慰或安抚，更重要的是帮助儿童认识到自己的情感需求，并通过有效的情感表达方式加以释放。在这一过程中，教师需要具备高度的敏感性与同理心，能够准确捕捉到每个儿童的情感变化，并采取适当的方式进行干预，避免情感困扰在儿童身上积累成长期问题。

情感支持的同时，教师也需要关注儿童在社交方面的发展。在群体交往中，儿童常常会面临诸如冲突、排斥、孤立等问题，尤其在同伴互动中，情感的表达和理解能力对幼儿的社交适应至关重要。因此，行为引导与社交技能的训练显得尤为重要。教师可以通过设置富有挑战性的互动情境，帮助儿童在集体活动中锻炼与他人合作的能力，例如共同完成任务、相互协作解决问题等，这样的活动不仅能够促进儿童的社交技巧提升，还能够增强他们的集体意识和团队精神。通过这种方式，儿童在面对社交困境时，能够更加自信、从容地应对和处理各种社交挑战。

在儿童情感与社会性发展的支持中，小组辅导是一种十分有效的教育形式。通过小组辅导，教师可以为不同情感需求的儿童提供更加个性化的支持。在小组环境中，儿童能够分享自己在日常生活中的情感经历，与同伴们进行交流，发现他人也有相似的困扰。这种共情体验有助于儿童建立起自信，并鼓励他们表达自己内心的想法。教师在小组辅导中既是引导者，也是情感支持的提供者。通过言传身教，教师可以在小组活动中传递情感调节的技巧，如如何在面对压力时保持冷静、如何在冲突中理智地沟通等，从而帮助儿童更好地掌握情感调节与社交的技巧。

角色扮演作为又一种有效的教学策略，也能够为儿童提供一个实践情感与社交技能的机会。通过角色扮演，儿童可以在安全的环境中模拟日常生活中的各种情境，如家庭中的沟通、幼儿园中的合作等，从而加深对社会规则和情感表达的理解。例如，在角色扮演的过程中，教师可以设计一些具有挑战性的情境，要求儿童在模拟的互动中进行适当的情感表达或冲突解决。这种活动不仅可以帮助儿童提高情感理解能力，还能促进他们更好地理解和尊重他人的感受，进而提升他们的社交适应能力。

集体活动也是促进儿童情感与社会性发展的一种重要途径。在集体活动中，儿童不仅要与他人合作，还要面对来自他人的情感需求和行为挑战。集体活动能够为儿童提供一个多元化的社交平台，让他们学会与不同性格的同伴交往，学习如何与他人协作、沟通和分享。在这些活动中，教师可以通过适当的引导，帮助儿童理解集体生活中的互动规则，并学会如何尊重他人的情感需求。例如，通过团体游戏或共同创作，儿童不仅能够感受到集体合作的力量，还能够增强他们在社交场合中的自信心和情感认同感。

为了实现对情感与社会性发展的全面支持，教师需要有足够的耐心和灵活性，及时根据儿童的需求和变化调整教育策略。在这一过程中，教师不仅是知识的传递者，更是儿童情感发展的支持者和引导者。教师的情感支持和行为引导应与儿童的个体特点、情感状态及社会环境相结合，帮助他们在不断变化的社会互动中找到适合自己的表达方式和应对策略。通过这种个性化的支持，儿童的情感和社交能力将得到不断提升，从而为其未来的社会生活奠定坚实的基础。

支持儿童情感与社会性发展是一项复杂且充满挑战的任务，需要教师通过个性化的情感支持、行为引导和社交技能训练等多方面的努力，为儿童创造一种积极、健康的成长环境。教师应通过多种有效的教育策略，如小组辅导、角色扮演和集体活动等，帮助儿童在真实的情境中获得情感认知和社交经验。这种全面的支持不仅能帮助儿童更好地调节自己的情绪，还能为他们的社会性发展进行有力推动，最终促使他们成为具有良好情感表达能力和社会适应能力的个体。

第十一章　学前教育中的语言与认知发展

　　语言与认知发展是学前教育的核心内容之一，尤其是语言能力的发展，它直接影响到儿童的思维方式、学习能力和人际交往能力。学前阶段是儿童语言发展的关键期，早期语言教育不仅能够提升语言表达能力，还能促进儿童认知能力的发展。认知发展是儿童理解世界的基础，而语言则是认知发展的重要工具。语言和认知发展之间有着密切的关系，语言不仅是认知能力的体现，也是认知能力发展的推动力。本章我们将探讨语言发展与认知发展的关系，分析语言教育的关键期与策略，指出在学前教育阶段如何根据儿童的年龄特点和发展需求，设计有效的语言教育活动。此外，认知发展是一个多维的过程，它包括感知、记忆、问题解决、推理等多个方面。本章我们将探讨认知发展与教育内容的匹配问题，指出如何根据儿童认知能力的发展规律设计教学内容，帮助儿童通过语言活动促进认知能力的发展。语言与认知发展的评价与优化也将是本章的重要内容，如何通过科学的评估方法，全面了解儿童语言与认知发展水平，并为教育实践提供指导，成为学前教育领域的重要议题。

第一节　语言与认知发展的关系

一、语言与认知能力的相互作用

　　语言与认知能力之间的关系是相辅相成、密不可分的。语言作为认知发展的工具，不仅是表达思想和情感的媒介，它更深刻地影响着儿童的思维方式和认知结构的形成。儿童通过语言的学习和使用，能够逐步建构起对世界的理解和认知框架，同时，认知能力的提升又反过来促进了语言能力的发展。这种互动关系表明，语言不仅是思想的载体，更是思维发展的催化剂。

　　儿童语言的发展，是认知发展不可或缺的一部分。语言的获得使得儿童能够逐渐掌握和表达复杂的概念。通过语言，儿童不仅能够表达当前的经验，还能回溯过去、预测未来，这种时间性的思维能力的形成，恰恰是认知发展中一种重要的进步。语言不仅帮助儿童处理信息，还能在内心构建出一个逻辑化、系统化的思维体系。在儿童的日常生活中，语言帮助他们在一定的情境中认识因果关系，解决问题，表达需求，并理解社会规则和他人的情感。通过反复的语言实践，儿童不断修正自己的认知偏差，从而使其思维更加严谨、精确。

　　认知水平对语言的影响则体现于儿童对语言的理解和使用能力上。儿童的认知发展水平决定了他们对语言信息的吸收能力及对语言结构的掌握能力。例如，在语言学习初期，儿童常常依赖直观的经验和具体的事物，而随着认知能力的提升，他们开始能够理解抽象的概念，并能用更为复杂的句式和语法来表达思想。这一过程中，认知能力的发展使得语言的运用不再仅仅局限于日常交流，而是逐渐向更高层次的思维表达过渡。儿童能够通过语言对复杂的概念进行区分、分类，甚至能够在言语中融入自己独特的见解和推理。

　　语言和认知的互动不仅表现在儿童个体的发展过程中，也深刻反映在社会文化环境对思维模式的塑造作用上。语言作为文化的载体，它的学习和使用直接影响着儿童对社会的认知与适应。语言不仅承载着日常生活的交流信息，还传递了文化的深层次含义。在语言的学习过程中，儿童不仅是吸收信息，更是在形成自己对社会结构、文化习俗及人与人之间关系的认知。语言的社会性和工具性让儿童能够在不同的情境中调整自己的认知模式，从而促进他们对社会世界的理解。正是通过这种语言的互动，儿童的认知逐步向更复杂、更具抽象性的层面发展。

　　语言的运用也在一定程度上塑造了儿童的思维方式。许多心理学研究表明，儿童思维的多样性和灵活性与语言能力的发展是密切相关的。在语言的表达过程中，儿童不仅通过词汇和句法来组织思维，还通过语言的形式来展现如何看待和解读周围的事物。例如，语言中对时间、空间、数量等概念的表述方式，直接影响着儿童对这些概念的理解与应用。语言的丰富性使得儿童能够从不同的角度和层面来思考问题，而这种思维的扩展，进而推动了认知能力的发展。

语言和认知的关系在教育领域中具有重要的启示作用。尤其是在幼儿教育中，语言的教学不仅是为了提高儿童的表达能力，更是通过语言的训练来促进其认知能力的发展。教师在教学中通过言语引导，不仅帮助儿童理解世界，还通过言语的互动激发其内在的认知潜能。例如，在美术教育中，教师不仅传授绘画技巧，更通过语言帮助儿童理解和表达自己对艺术作品的感受与认知。这种语言与认知的结合，能够使儿童在艺术创作中更加自信，思维更加开阔，进一步促进其创造性思维的发展。

二、语言是认知发展的推动力

在学前阶段，儿童的语言能力与认知发展呈现出高度的同步性。语言的发展不仅是认知活动的外在表现，更是认知过程本身的内在驱动力。儿童通过语言的学习与使用，能够逐步理解世界，这一过程在认知能力的构建中起到了基础性作用。语言作为思维的工具，体现为儿童如何通过语言将感知到的信息进行分类、整理和存储，从而提升他们的思维水平与问题解决能力。

语言的获得使儿童能够将他们的经验和感知转换成符号化的形式，进而为抽象思维的发展提供了条件。儿童在不断与周围环境互动的过程中，通过言语交流不仅学习了具体事物的名称，还逐步掌握了与这些事物相关的规则和分类标准。这些规则和分类体系的构建正是认知发展的一个关键要素。通过语言，儿童能够对外界事物进行更加精确的归类与整理，这种能力的提升直接提升了他们认知结构的复杂化，进而在日常生活中表现出更高水平的思维灵活性和适应能力。

语言和思维的相互关系在认知心理学中得到了理论的充分支持。研究表明，语言的丰富性和复杂性与思维的深度和广度密切相关。儿童在语言学习的过程中，不仅是在掌握词汇和语法结构，更是在不断拓展他们的认知边界。更为丰富的语言表达能力使儿童能够更有效地进行逻辑推理，并能够在面对问题时，运用更为复杂的思维方式。这种思维的扩展，不仅表现在解决问题时的策略多样性，也在于儿童能够通过言语进行自我调节和情境预测。可以说，语言在推动儿童认知发展方面发挥着催化剂的作用，它不仅增强了儿童对外部世界的认知理解，也促进了他们自我反思和内在推理能力的提升。

进一步来看，语言的发展对儿童的记忆能力方面也具有深远影响。在儿童语言能力提升的过程中，他们能够以更为系统的方式对所学知识进行存储和回忆。语言使得他们能够建立起更加清晰的认知图式，这不仅帮助儿童在回忆过去经验时能够更加迅速和准确地提取信息，也有助于他们在新的情境中做出更为合理的判断与决策。语言的符号化功能使得复杂的信息可以被简化并分类，从而使儿童在处理信息时能够更加高效和精准。这种能力的提高，无疑为儿童未来完成更高级的认知任务打下了坚实的基础。

语言作为认知发展的推动力，还体现在其对问题解决能力的促进上。语言的发展使得儿童在面临问题时，不仅能够依靠已有的经验进行解决，还能够在语言的帮助下进行更加系统的思考与推理。语言为儿童提供了一个框架，通过这个框架，他们可以将感知到的现象进行更加严密的分析，并找到不同事物之间的联系。这种能力的提升，不仅表现在他们在具体任务中表现出的灵活性，也体现在他们解决问题时能够运用更加抽象和复杂的策略。

同时，语言对儿童社交能力和情感发展的推动作用也不可忽视。在学前阶段，儿童通过语言与他人建立联系，并在互动中学习社会规则、情感表达及行为规范。语言使得儿童能够更有效地理解他人的情感和意图，同时也帮助他们表达自己的情感需求。在这一过程中，儿童的认知能力得到进一步的发展，他们学会了通过语言进行情境的理解与分析，也学会了如何通过语言进行情感的调节和控制。可以说，语言不仅促进了儿童认知发展，也在社会化过程中起到了不可替代的作用。

第二节　语言教育的关键期与策略

一、语言教育的关键期与敏感期

学前儿童的语言教育在其语言发展过程中扮演着至关重要的角色。研究表明，语言教育的效果与教育的时机密切相关，特别是语言学习的关键期与敏感期对儿童语言能力的发展产生深远的影响。语言教育的关键期通常是在 1 至 6 岁这一阶段，正是在这一时期，儿童的语言学习能力最为突出，对语言的学习与理解呈现出敏感性。该阶段的儿童，语言系统尚未完全成型，处于语言学习的高峰期，其语言学习的效果远高于其他时期，因此，学前阶段的教育者有必要抓住这一时期，及时为儿童提供丰富的语言输入和良好的语言学习环境，以促进其语言能力的全面发展。

这一关键期与敏感期的关系，决定了语言教育在儿童早期发展中的重要性。语言学习并非一蹴而就，它是一个渐进的、持续的过程。语言的发展并不是单一的，除了词汇、语法、发音等基础语言能力，语言的思维表达等复杂能力，也都需要在这一时期得以充分发展。研究指出，1 至 6 岁的儿童大脑神经网络处于极为活跃的阶段，语言学习能力特别强，具有高度的可塑性。因此，语言教育的效果在这一时期的儿童身上呈现得最为明显，早期的语言教育不仅能够促进语言理解能力的提高，还能增强儿童的语言表达能力，使其在进入小学及更高年级时具备更强的语言能力。

在这一阶段，儿童大脑对语言的敏感性极强，对各种语音、语调及语法结构具有较强的接受能力。研究发现，儿童在这一时期不仅能够较快掌握母语的基本词汇和句法结构，还能敏锐地感知和模仿成人的语言行为，快速吸收和掌握语法规则。在没有明显外部干扰的环境下，儿童能够在无意识的情况下迅速积累语言知识，并通过与周围成人和同伴的互动进一步提升语言能力。然而，如果错过了这一关键期，儿童的语言能力可能会受到一定程度的限制，进而影响其思维能力、社交能力及学习能力。

因此，教育者在学前教育中应充分利用这一阶段的语言学习敏感性，创造有利的语言环境，确保儿童能够接触到丰富且多样化的语言输入。阅读故事书、与儿童进行日常对话、鼓励其表达自己内心的想法等方式，不仅能提高儿童的语言理解能力，还能在潜移默化中培养其语言输出的能力。实际上，语言教育不仅是知识的传递，更是儿童社会化过程的一部分。语言作为社会交往的工具，承载着丰富的社会文化信息，儿童在语言学习的过程中，逐渐掌握了如何通过语言进行有效的交流与合作，如何理解他人的情感与需求，这对于他们将来的学习和生活都具有不可估量的影响。

与此同时，教师和家长在语言教育中的角色至关重要。教师不仅是语言教育的引导者和支持者，更是儿童语言学习过程中至关重要的榜样。教师的语言表达方式、语调、发音清晰度，以及他们对语言的使用是否准确、规范，都会直接影响儿童的语言学习效果。通过不断提供丰富的语言刺激，教师能够帮助儿童在这一关键期内建立起语言能力的基础。此外，教师还应通过关注儿童在语言学习过程中的表现，及时发现可能的语言发展问题，采取相应的措施予以干预，防止儿童因语言发展滞后而影响其他领域的发展。

家长的角色同样不容忽视。家庭是儿童语言学习的第一个课堂，是儿童语言发展的基础环境。父母通过与幼儿的互动，语言的交流，不仅可以帮助幼儿学习词汇和句式，更能够通过日常对话让幼儿体验到语言的社交功能，从而培养其语言使用的兴趣。家长的语言表达和交流方式，将成为儿童语言学习的镜子，影响其语言表达的习惯和方式。

然而，在学前语言教育的实施过程中，我们也必须警惕一些常见的问题。首先，一些家长和教育者可能忽视了语言教育的重要性，未能在幼儿语言发展的关键期内提供充足的语言输入。此时，幼儿可能由于缺乏丰富的语言交流，造成语言理解能力和表达能力的滞后，影响其语言发展的顺利进行。其次，有些教育者可能仅仅注重儿童语言知识的灌输，而忽视了语言交际能力的培养。语言不仅是语法和词汇的积累，更是一种有效的交流工具。学前教育中，教育者应注重通过情境教学，培养儿童语言的实际应用能力，而不仅是理论上的知识积累。最后，随着社会的进步和科技的发展，现代信息技术对语言教育产生了深远影响。教育者可以借助各种科技工具，如互动式电子书籍、语言学习应用程序等，丰富语言教育的形式与内容。然而，无论采用何种方式，语言教育的核心仍然是通过真实、生动的语言交流，促进儿童语言能力的全面发展。在这一过程中，教师、家长和社会各界应共同努力，为儿童提供一种丰富、互动且多样的语言学习环境，帮助他们在语言发展的关键期内得到最好的教育支持。

二、个体差异与语言教育策略

在学前教育中，儿童的语言发展是一个复杂且多维的过程，涉及语音、词汇、语法等多个方面。然而，每个儿童的语言发展进程及其表现出的特点都存在显著差异。个体差异的存在不仅源自生理因素，还与社会文化背景、教育环境、家庭支持等因素密切相关。因此，教育者在进行语言教育设计时，必须深入理解这些差异，并根据不同儿童的需求和发展水平提供相应的教育支持。个体差异不仅体现在语言表达的速度和准确性上，更表现在学习风格、理解能力及表达的偏好上，这使得教育者在组织语言教育活动时需要采用灵活、多样的策略，以便最大程度地满足每个儿童的发展需求。

教育者首先需要认识到，不同儿童的语言学习节奏存在很大差异。有些儿童可能在语言的早期阶段便能够迅速掌握丰富的词汇，并能进行复杂的句式表达；而另一些儿童则可能在同样的年龄段语言表达较为简单，甚至在某些领域的语言理解上存在滞后性。为了适应这种差异，教育者应该提供不同层次的语言刺激和支持。对发展较慢的儿童来说，教师提供更为细致、循序渐进的语言刺激至关重要，而对于语言发展较快的儿童，教师则可以设计更多具有挑战性、能够激发他们语言潜能的活动。通过因材施教，教育者能够确保每个儿童都能在适合自己的节奏下，逐步掌握语言表达的技巧。

除了个体语言发展水平的差异外，儿童的语言学习方式也存在很大差异。有些儿童通过听觉学习更加高效，而有些儿童则更倾向于通过视觉或动手实践的方式获得语言输入。因此，教育者在设计语言教育活动时，应采取多元化的教学方法，结合听、说、读、写等多种手段，为每个儿童提供多渠道的语言刺激。比如，在语言学习过程中，教师可以通过播放儿歌、故事朗读等听觉性活动帮助儿童加深对语言的感知；同时，使用图画书、手偶等工具，也能激发儿童通过视觉手段更好地理解和表达语言。此外，鼓励儿童进行语言互动、角色扮演等活动，有助于他们通过实践不断强化语言能力，并在互动中培养其表达、理解和思维能力。

语言教育的多元化不仅体现为教学方法的多样性，还包括在活动内容和教学资源上的灵活选择。教育者可以根据不同儿童的兴趣和需求，设计个性化的语言教育活动。例如，对于那些语言能力较弱的儿童，教师可以通过简单的图文匹配、语言游戏等互动活动，帮助他们在轻松愉快的氛围中逐步建立语言信心；对于语言能力较强的儿童，教师则可以设计更多挑战性的任务，例如通过小组讨论、讲述个人经历等活动来提升他们的语言表达能力和思维深度。这种个性化的教学策略，能够帮助每个儿童在符合自身特点的学习方式下，获得最大程度的语言成长。

在语言教育中，互动性和情境化也起到了至关重要的作用。研究表明，语言学习的有效性在很大程度上取决于儿童在真实情境中的语言使用机会。通过语言互动，儿童能够将语言学习与实际情境相结合，从而提高语言的应用能力。因此，教育者应当在日常教学活动中创造丰富的语言互动场景，例如通过小组讨论、角色扮演、情境模拟等方式，让儿童在互动中体验语言的多样性和复杂性。这些互动不仅有助于增强儿童的语言理解能力，也能帮助他们在实践中逐步掌握语言表达的技巧和策略。教育者通过精心设计这些互动场景，能够激发儿童的语言兴趣，并促进他们语言能力的综合发展。

此外，教育者还应重视家庭环境在儿童语言发展中的作用。家庭是儿童语言发展的第一课堂，家长的言语行为、交流方式对儿童的语言学习具有重要影响。家长与儿童之间的互动质量，尤其是语言交流的频率和质量，直接影响儿童语言能力的形成。因此，在设计语言教育活动时，教育者应与家长密切合作，通过家园共育的方式，帮助家长了解语言教育的重要性，并为他们提供相关的指导建议，确保家庭语言环境的优化。

在语言教育活动的实施过程中，教育者还应注重对儿童语言能力的持续观察和反馈。每个儿童在语言发展过程中都可能遇到不同的挑战，而教育者的及时反馈和适当指导能够有效促进儿童语言能力的提升。教育者应通过多种方式对儿童的语言表现进行动态评估，了解他们在语言学习中的优势与不足，并根据评估结果调整教学策略。这种个性化、持续性的教育干预，不仅能够帮助儿童克服语言发展中的困难，还能激发他们的学习兴趣和探索精神，促进其语言能力的全面提高。

第三节　认知发展与教育内容的匹配

一、认知发展规律与教育内容设计

认知发展是儿童成长过程中至关重要的一个方面，它是一个动态的过程，随着时间的推移和经验的积累，儿童的认知能力会发生显著变化。在学前教育阶段，儿童的认知水平在不断地变化与发展，因此，教育内容的设计应当紧密结合这一发展规律，以便于儿童在自然的学习环境中充分发展其潜在的认知能力。不同年龄段的儿童在认知能力上存在着显著差异，教师需要敏锐地察觉这些差异，并据此调整教育策略与内容，从而确保每一位儿童都能在适宜的教育内容下获得最佳的学习体验与认知发展。

3岁左右的儿童处于认知发展的初期阶段，其认知主要通过感知与记忆来实现。此时，儿童的思维方式较为直观，依赖感官体验来认识世界。教师在为这一年龄段的儿童设计教育内容时，应当充分考虑到儿童认知发展的特点，注重通过丰富的感官刺激来帮助儿童建立初步的概念。例如，在美术教育中，教育者可以通过简单的图形、色彩和纹理等元素，引导儿童对形状、颜色、大小等基本概念的理解。这一阶段的儿童对环境中的细节特别敏感，通过感官的探索与体验，他们能够在实际操作中逐步积累起基础的认知经验。此外，这一阶段的儿童记忆力尚处于发展的初期阶段，短期记忆和重复记忆是其主要的记忆方式。因此，教育活动应设计为能够激发儿童兴趣并通过反复操作与感知来加深记忆印象的形式。

当儿童进入4岁到5岁的阶段，他们的认知能力得到发展，特别是推理、分类、判断和问题解决等方面的能力显著增强。在这一阶段，儿童的思维已不再完全局限于感知经验，而是逐步开始具备一定的抽象思维能力。他们能够对事物进行简单的推理，并在特定情境下运用一定的逻辑规则进行问题解决。因此，教师在设计教育内容时，可以开始引入一些更为复杂的认知任务，鼓励儿童通过实验、探索和推理来发展其解决问题的能力。例如，在美术教育中，教师可以通过引导儿童进行简单的造型设计、色彩搭配和图案组合等活动，帮助他们提高空间思维能力和创造性思维能力。此时，儿童能够在一定程度上理解因果关系和时间顺序，也开始能够处理更复杂的概念，如形状与空间、对称与不对称、组合与分解等。

随着年龄的增长，儿童的认知发展逐步呈现出更高层次的特点。在6岁左右的年龄阶段，儿童的认知能力不仅包括具体操作，还逐步向抽象思维、逻辑推理及符号系统的理解过渡。他们可以理解更复杂的概念和关系，能够从多个角度对问题进行分析与解决。在此阶段，儿童已具备了将思维和现实世界相联系的能力，他们能够从多个维度看待和思考问题。教育者在这一阶段需要更多地关注儿童自主思考和探究的能力，鼓励他们在不同的情境下尝试提出问题和解决问题。此时的教育内容可以更加丰富多样，涵盖逻辑思维、语言表达、情感认知等多方面内容，既能够促进儿童认知能力的进一步发展，又能够增强他们对世界的探索兴趣。

认知发展的多样性和差异性要求学前教育中的教育内容设计要有高度的灵活性与适应性。不同的年龄段、不同的认知水平、不同个体的差异，都要求教育者根据具体情况做出合理的调整。在学前教育中，教育的内容不仅是传授知识，更重要的是通过设计具有针对性的学习任务和活动，激发儿童的认知潜能，促进他们从感知到抽象思维的过渡，帮助他们在游戏和探索中逐步掌握新知识，并在此过程中获得认知上的满足与成长。教师不仅是知识的传递者，更是儿童认知发展的引导者，他们的任务是根据儿童的认知发展规律，设计出适宜的教学活动，让儿童在轻松愉快的学习氛围中不断获得新的认知体验。

然而，认知发展的规律性并不意味着教育内容设计应当过于统一化或机械化。每个儿童的成长路径都是独特的，因此，教育者不仅需要了解认知发展的一般规律，还需要关注每个幼儿的个体差异，从而根据儿童的兴趣、特点和需求，灵活调整教育内容。在实际教学中，教师应充分利用儿童生活中的经验和兴趣，结合他们的个性特点，创设多元的学习环境，鼓励他们从不同的角度去思考问题。这种个性化的教学设计不仅能够提升儿童的认知能力，也能够培养他们的创造性思维和解决问题的能力，为他们的终身学习奠定坚实的基础。

二、层次化教学内容的设计

在学前教育的过程中，如何设计适合儿童认知发展的教学内容是提升教育质量的关键因素之一。有效的教学内容设计不仅需要考虑儿童的认知水平，还应通过合理的层次化安排，逐步引导儿童拓展思维、提高认知能力。层次化教学内容的设计，能够通过循序渐进的方式，将知识的复杂性与儿童的认知需求相匹配，从而达到激发儿童潜力、促进其全面发展的目标。

层次化的教学内容首先应当根据儿童的认知发展阶段进行合理划分。儿童在不同的年龄阶段，其认知能力呈现出显著的差异，因此，教学内容的设计必须考虑到这一点，确保所提供的学习材料既符合儿童的实际认知水平，又能够激发他们进一步学习和探索的兴趣。例如，在学前教育阶段，幼儿的认知结构尚在不断形成，他们对世界的理解依赖于具体的感知和直接的体验。因此，教学内容应从具象到抽象，从简单到复杂，逐步引导儿童从具体的事物、情境入手，逐步过渡到更具概念性和抽象性的知识。

在此过程中，教师需要根据儿童的思维特点和认知能力，设计富有层次感的活动和任务。这些活动不仅要考虑到儿童目前能够理解和操作的范围，还要适当具有一定的挑战性，促使儿童在完成任务的过程中进行深层次的思考。例如，通过鼓励儿童在艺术创作中进行自由发挥，教师能够帮助儿童在具体的操作过程中，逐渐掌握形状、颜色、线条等元素的基本概念。随着认知水平的提高，教师可以引导儿童探索更复杂的美术技巧与表现形式，从而提升其审美与创造能力。

层次化教学内容的设计不仅能够激发儿童的认知潜力，还能够培养其解决问题的能力。在学前教育中，儿童常常通过游戏和探索活动进行学习。在设计这些活动时，教师应考虑到不同儿童的认知差异，通过适当的任务难度与引导策略，使每个儿童都能够在挑战与支持的平衡中得到认知发展的机会。层次化的教学内容为儿童提供了不同的成长路径，既满足了其个性化学习需求，又激发了他们在面对挑战时的自信心和解决问题的能力。例如，设计一个关于颜色混合的活动，初始阶段教师可以通过简单的颜色识别和分类引导儿童熟悉基本色彩，接着可以通过让儿童进行颜色混合实验，探索不同色彩之间的相互作用和变化，逐步提升其抽象思维能力。

层次化教学内容的设计还应关注知识之间的内在联系。在学前教育阶段，儿童的思维尚处于具体操作阶段，缺乏抽象的概念框架。为了有效地促进其认知发展，教师应设计具有层次性和系统性的教学内容，帮助儿童建立知识之间的关联。通过将简单的知识点逐步串联，教师可以帮助儿童理解更复杂的概念，进而促进其综合思维能力的培养。例如，在美术教育中，教师可以通过讲解色彩、构图、形态等基本概念的关系，引导儿童在创作中进行尝试与反思，逐步培养其将这些知识整合运用的能力。

层次化教学内容的设计还能够帮助儿童在学习过程中获得成就感。通过设计符合其认知水平的任务与活动，儿童能够在顺利完成任务的过程中体验到成功的喜悦和成就感。这种正向的反馈不仅增强了儿童对学习的兴趣，还激发了他们更深入学习的动力。教师应通过精心设计的教学任务，循序渐进地提高任务难度，使儿童在每个阶段都能够获得适当的挑战，同时也能够通过完成任务获得自我认同和满足感。这样的设计不仅能够提升儿童的自信心，还能促进其内在动机的发展，使其在未来的学习中更加积极主动。

层次化教学内容的设计，不仅是为了满足儿童当前的认知需求，更是为了激发其未来发展的潜力。学前教育的核心目标之一是促进儿童的全面发展，这不仅包括知识的学习，更包括认知能力、思维能力及情感和社交能力的培养。在层次化教学内容的引导下，儿童能够在充满挑战与支持的学习环境中不断超越自我，逐步形成独立思考和解决问题的能力。同时，教师通过合理的设计和引导，能够根据每个儿童的兴趣和能力，提供个性化的学习路径，从而使每个儿童都能够在适合自己的方式中成长，最大限度地发挥其潜力。

第四节　语言与认知发展的评价与优化

一、科学的评价体系构建

在学前教育领域，语言与认知能力的发展一直是儿童早期成长的重要方面。因此，如何科学、有效地评价学前儿童的语言与认知发展，成了教育实践中的一个核心问题。建立科学的评价体系，不仅能够帮助教育者全面了解儿童的成长进程，还能够为制定更加个性化和针对性的教学策略提供重要依据。为了实现这一目标，教育者需要采用多元化的评估方法，以确保评价过程全面、客观且富有成效。

科学的评价体系首先要建立在多元化的评估方式之上。传统的评价手段往往以纸笔测试为主，这种单一的方式可能无法充分反映儿童在日常生活中的实际语言使用和认知能力。因此，教育者需要结合观察法、访谈法、测试等多种评估方式，以获取更加全面和多维度的信息。例如，通过日常的课堂观察，教师可以随时记录儿童在语言表达和思维活动中的表现，从而对其语言理解能力和认知发展进行实时监测。观察法能够帮助教师捕捉到儿童语言与认知能力发展中的细微变化，尤其是那些不易通过书面测试反映出来的方面。此外，观察可以结合儿童的社会互动，了解其在集体活动中的语言使用情况，进一步评估其在语言交流、合作和情感表达方面的能力。

访谈法也是一种重要的评价工具，尤其是在评估儿童的认知发展时，访谈法能够通过与儿童的互动，直接了解其思维方式、语言组织能力及对周围世界的理解。访谈法不仅可以对儿童的语言表达能力进行深入挖掘，还能够通过非语言的方式，观察儿童对信息的处理能力。例如，通过简短的对话，教师可以评估儿童对常识问题的理解能力、推理能力及在面对新知识时的反应。访谈法具有灵活性，能够根据不同年龄阶段和个体差异，调整提问的方式和内容，从而获得最贴近儿童认知实际情况的信息。

除了观察法和访谈法，测试也是不可或缺的评价手段。虽然纸笔测试有其局限性，但它依然能够在一定程度上反映儿童的语言理解和应用能力。通过设计不同难度和形式的测试题目，教育者能够较为客观地评估儿童在特定语言领域中的表现，如词汇量、语法结构的掌握情况、语音的辨识能力等。而且，随着儿童年龄的增长，测试可以逐步增加难度，涵盖更多抽象的语言能力和认知能力的内容。测试能够有效量化儿童的语言水平和认知能力，为进一步的教育干预和个性化教学提供数据支持。

然而，任何单一的评估方式都有其局限性。单纯依赖某一种评估方法，容易忽视儿童在实际生活中表现出来的多样化语言能力和认知策略。因此，科学的评价体系应当是多维度的，它不仅包括对语言能力的量化评估，还应结合儿童的社会情感发展、情境理解能力及创造性思维等方面。教师在评价过程中，应注重不同评估方式之间的互补性，通过综合评估，全面了解儿童的发展情况。

科学评价体系的核心目标是发现儿童在发展过程中可能存在的问题，并提供及时的干预和支持。这要求教育者在实施评价的同时，要始终保持对儿童个体差异的关注。在学前儿童的语言和认知发展中，个体差异表现得尤为明显，部分儿童可能在某一方面的表现较为突出，而在其他领域则相对较弱。因此，科学的评价不仅是发现问题，更重要的是能够帮助教师找出儿童潜在的优势和不足，从而为其制定有针对性的教育干预方案提供依据。例如，对于语言发展较为迟缓的儿童，教师可以通过开展个性化的语言训练，促进其语言表达和理解能力的提升。而对于认知发展较为成熟的儿童，教师则可以通过更具挑战性的活动，进一步激发其潜力，促进其思维能力的进一步发展。

科学的评价体系还应当具备一定的动态性。儿童的语言和认知能力是不断发展的，教育者应当根据儿童发展的不同阶段，灵活调整评价方式和内容。随着儿童年龄的增长，其语言能力和认知水平会不断提升，因此，评价标准和评价工具也应随之调整。例如，在幼儿期，评价更多关注儿童的语言表达、听说能力和基本认知能力，而到了学前期，评价则需要更加关注儿童在逻辑思维、问题解决及创造性思维方面的能力。因此，科学的评价体系不仅要求在评价时进行细致的观察，还要求在评价后进行反思和调整，以确保评价结果真实、准确并具有可操作性。

建立科学的评价体系，不仅是为了评估儿童的语言与认知发展水平，更是为了帮助教育者更好地理解儿童的成长轨迹和个体需求。通过科学的评价，教师能够获得精准的信息，进而为每个儿童量身定制适合其发展的教育方案。此外，科学的评价体系还能够为教育政策的制定提供数据支持，推动学前教育整体水平的提升。总之，科学的评价体系不仅是一种工具，更是一种促进学前儿童全面发展、提高教育质量的重要手段。

二、评估工具的有效性与应用

评估工具在语言与认知发展评价中扮演着至关重要的角色，是评估体系中不可或缺的一部分。它不仅能够帮助教师科学地衡量儿童的学习进展，还能为教育决策提供客观依据。然而，要确保评估工具的有效性，我们必须从多个维度进行深入思考。一个理想的评估工具，首先应当与儿童的发展特点高度契合。这意味着，所选工具必须能够反映儿童在特定发展阶段中的认知能力与语言能力的实际水平，而非局限于某一单一的能力测量维度。儿童的语言与认知发展是一个复杂而多样的过程，它在不同年龄段和不同个体之间呈现出显著的差异。因此，评估工具的设计要能够充分体现儿童的成长规律，具备较强的适应性和广泛的适用性，才能更好地满足评估需要。

在选择评估工具时，教师需关注工具的操作简便性与高可信度。操作简便性是指评估工具在使用过程中不应增加过多的复杂程序或要求。过于烦琐的操作流程不仅会降低教师的工作效率，还可能影响到评估的准确性。简便的操作流程可以使教师在实际教学过程中更加便捷地应用评估工具，确保评估结果的及时性与有效性。同时，工具的可信度则直接影响到评估结果的科学性和公正性。高可信度的评估工具能够提供客观、可靠的评估数据，减少人为因素的干扰，从而为教师提供真实的、具有高度反应力的数据支持。在进行评估时，教师应当依据工具所获得的数据，结合儿童的具体表现，形成全面的分析报告，并且依据这一报告制定相应的教学策略。

评估工具的有效性不仅体现在其操作的便捷性和数据的准确性上，还在于其灵活性。在实际教学过程中，儿童的需求常常存在差异性，教师在进行评估时，应能够根据每个幼儿的不同发展需求和个性化特点，灵活调整评估的方式和内容。这种灵活性要求评估工具能够在多个层面进行调整，譬如可以在评估内容上做出一定的调整，或者在评估方式上进行创新，以便更好地匹配儿童的实际发展情况。针对一些特殊的教育需求，教师还需要根据不同情境设计适合的评估方案，确保每个幼儿都能在符合其认知特点的评估方式中展现出真实的能力水平。

个性化教学是现代教育理念的重要组成部分，而个性化教学的有效实施离不开灵活性强、反应及时的评估工具。评估工具不仅是衡量学习成果的工具，更是指导教育实践的指南。在个性化教学的框架下，评估工具为教师提供了依据，使得教师能够根据不同儿童的学习进度、语言能力、认知能力等方面，制定切实有效的教学策略。这种基于评估结果的个性化教育，能够有效地促进儿童在语言与认知方面的全面发展。教师在运用评估工具时，应当关注如何通过工具所提供的数据支持，帮助每个儿童发挥其潜能，改善其学习效果。

为了确保评估工具的科学性与实用性，教师应定期对所选工具进行评估与反思。随着儿童语言与认知能力的不断发展，评估工具的适用性可能会发生变化。因此，教师需要根据评估结果和教育实践中的反馈，不断调整和优化评估工具，以确保其始终能够贴合儿童的成长需求。这种动态调整过程是评估工具长期有效性的保障，也是评估工作能够持续改进与优化的关键。

评估工具的有效性还要求其具备全面性。只有全面的评估工具才能够在语言与认知发展的各个方面进行有效的测量。例如，在语言发展方面，评估工具应能够同时考虑到词汇量、语法运用、语言理解与表达等多个维度；在认知发展方面，评估工具应能够反映出儿童在记忆、注意力、问题解决能力、逻辑推理等多方面的能力。全面性的评估工具能够为教师提供多角度的评估结果，从而帮助教师更准确地判断儿童的成长轨迹和存在的问题。

三、优化语言与认知发展策略

优化语言与认知发展策略是提升幼儿园教育质量的核心任务之一。教师在日常教学中面临着如何有效促进儿童语言和认知能力发展的挑战。通过综合评估的方式，教师能够及时发现教学中存在的短板与不足，进而对教学策略进行有效的调整，以确保每个儿童都能在其语言和认知发展的过程中得到充分的支持。评估作为反馈机制，在教师的教学活动中起到了至关重要的作用，它不仅为教学提供了数据依据，还帮助教师反思和改进教育过程中的各个环节。

语言是人类认知的基础，早期语言发展对幼儿的认知能力产生深远的影响。在幼儿教育中，教师通过语言刺激为儿童提供了多样化的学习资源，激发了儿童的语言表达与理解能力。然而，在实际的教育活动中，教师的语言刺激是否充足、是否能够根据儿童的认知水平进行恰当的调整，是影响教学效果的关键因素。某些教师可能会在教学中忽略语言的层次性和递进性，使得语言的刺激和儿童的语言学习之间脱节。此时，通过对教育活动的评估，教师能够及时识别出这些问题所在，并根据评估结果调整教学策略，提升语言输入的质量与有效性。

认知任务设计则是又一个影响儿童发展质量的关键因素。认知任务不仅是知识的传递，它更强调儿童思维能力的发展。对于不同年龄段和发展水平的儿童，认知任务应当具有不同的难度层次。过于简单的任务可能无法激发儿童的思维潜力，而过于复杂的任务则可能导致儿童产生挫败感，从而影响其学习兴趣和认知能力的发展。评估结果能够为教师提供有价值的信息，帮助教师认识到认知任务设计中的问题，进而对任务的难度、复杂度及呈现方式进行调整。例如，教师可以通过调整任务的分解方式，逐步挑战儿童的认知，使得任务在层次上更加适合儿童的认知发展阶段。这样不仅能提升儿童的认知能力，也能增强他们在面对不同任务时的自信心。

教师还应关注语言与认知发展的内在联系。语言不仅是认知发展的工具，也是认知发展的载体。儿童通过语言来表达自己的思维，同时也通过语言来构建思维框架和认知结构。在此过程中，教师的语言输入、反馈与引导起到了桥梁作用。因此，在教学过程中，教师需要通过评估结果来分析儿童语言表达和认知能力之间的相互影响，发现其中的潜在问题。例如，当儿童的语言能力落后于认知发展水平时，教师应调整语言刺激的内容和方式，为儿童提供更多语言发展的机会，帮助他们在语言和认知两个方面同步提升。

为了更好地优化语言与认知发展的策略，教师还需要注重个性化的教育方式。每个儿童的语言发展和认知能力都具有独特性，因此，评估结果也应当关注儿童个体差异，为个别化教学提供依据。在幼儿园教育中，教师可以通过对评估结果的深入分析，识别出儿童在语言和认知发展中的具体需求。例如，对于语言发展较为缓慢的儿童，教师可以提供更多的语言输入，增加互动和对话的机会，通过个性化的语言支持，促进其语言能力的提升。对于认知能力较弱的儿童，教师可以设计更加简化或富有趣味性的认知任务，让儿童在愉悦的氛围中逐步建立起对复杂认知任务的掌控能力。通过这种个性化的教育方式，教师能够帮助每个儿童在其独特的语言与认知发展轨迹上获得更好的支持。

评估结果还能够为教师提供关于教学内容和方法调整的重要信息。在实际教学过程中，教师常常会面临如何选择教学内容和确定教学方法的问题。不同的儿童对于不同内容的接受度与理解力各异，因此，教师必须根据评估结果及时调整教学内容的难度与广度，确保内容的选择能够满足儿童语言与认知发展的需求。同时，教学方法也需要根据评估结果的反馈进行不断优化。例如，当评估结果显示某些教学方法对儿童的语言发展没有达到预期效果时，教师可以尝试采用更加生动、直观或互动的方式，如故事讲述、角色扮演等，来促进儿童语言能力的发展。认知任务的设计也可以根据评估结果的反馈进行相应的调整，使其更加贴合儿童的认知能力与思维特点。

评估结果为教师的自我反思与专业成长提供了重要的依据。教师在教学过程中应当不断进行自我评价，评估自己的教学策略是否有效，是否能够满足儿童语言与认知发展的需求。通过系统的评估，教师能够发现自己在教学过程中存在的不足，及时进行调整与改进。这种反思不仅有助于教师提升自己的教育实践能力，也能促使他们不断更新教育理念与方法，保持对教育创新的敏感性和实践的灵活性。

在优化语言与认知发展策略的过程中，教师不仅要关注每个儿童的个性化需求，还应关注教学活动的整体效果。通过持续的评估和调整，教师能够在不断优化的过程中提升教育质量，推动儿童语言和认知能力的全面发展。最终，优化的策略能够为儿童创造一种更为丰富、支持性强的学习环境，帮助他们在语言与认知发展的道路上走得更远。

第十二章 亲子关系与家庭教育对学前教育的影响

家庭教育是学前教育的重要组成部分，亲子关系的质量直接影响儿童的情感发展、社会适应能力及认知水平。家庭教育不仅是家庭成员对儿童的教育行为，还涉及家庭对儿童成长环境的整体支持。学前阶段是儿童最早接触家庭教育的时期，亲子关系的建立和家庭教育的方式将对儿童的价值观、行为模式和学习习惯产生深远影响。本章我们将探讨亲子关系的理论与实践，分析亲子关系如何通过日常互动影响儿童的情感和认知发展。家庭教育对学前教育的支撑作用也将是本章的重要内容，我们重点梳理出如何通过家庭教育为学前教育提供积极的支持。家庭教育模式的创新与挑战也是本章关注的重点，随着社会变革和教育理念的更新，构建适应现代社会需求的家庭教育模式，帮助家长更好地参与儿童教育，将对学前教育产生深远影响。此外，本章我们还将探讨家庭教育与学前教育的协同发展，指出如何在家校合作中实现资源共享和教育目标的一致性，确保儿童在家庭和幼儿园两种环境中的健康发展。

第一节 亲子关系的理论与实践

一、亲子关系的心理学理论

亲子关系作为家庭系统中的核心组成部分，其对个体的心理发展具有深远影响。在心理学研究的不同流派中，亲子关系的作用被多方面探讨，揭示了亲子关系不仅是生物学上的血缘关系，更是深刻影响儿童心理成长与社会适应的一种重要心理机制。从依附理论到社会学习理论，不同的心理学流派从不同的视角解读了亲子关系对儿童自我认知、情感调节及行为模式塑造的作用。

依附理论的提出者约翰·鲍比认为，儿童与照顾者之间的情感依附是儿童社会化的基础。这一依附不仅是生物学的需求满足，更是心理安全感的源泉。鲍比指出，儿童通过与父母或其他主要照顾者的互动，形成了对外部世界的信任和对自我能力的认知。在早期的依附关系中，安全型依附的儿童能够在亲密关系中获得情感的支持和认同，这为其未来的人际交往与情感管理奠定了基础。相反，若存在不安全型依附（如回避型依附或焦虑型依附），则儿童可能会在情感调节和人际关系方面表现出更多的困难。依附理论强调，亲子关系的质量对儿童的情感稳定性和社会适应性起着决定性作用。

在依附理论的基础上，社会学习理论进一步揭示了亲子关系在行为塑造中的作用。班杜拉通过观察学习理论表明，儿童通过观察父母或其他重要人物的行为及其后果，内化这些行为模式，并以此为模板进行模仿。这种通过模仿和强化机制形成的行为模式，决定了儿童在社会环境中的行为适应性。父母作为儿童最初的榜样，其行为的正面或负面后果直接影响儿童的价值观、行为模式及情感表达方式。社会学习理论强调，亲子关系中的互动不仅是情感和认知的传递，还是社会行为的学习和情感表达的训练场。通过对父母行为的观察，儿童学会了如何与他人建立关系、如何应对冲突及如何管理情感，因此父母的教养方式在塑造儿童人格、行为习惯及社会适应能力方面起着不可忽视的作用。

亲子关系对儿童自我认知的发展也起着深远的作用。自我认知是个体对自我特点、能力及价值的认知，它受到家庭环境，尤其是亲子互动的强烈影响。研究表明，父母的评价、关注及情感回应对儿童自尊心和自信心的发展有着直接的塑造作用。在健康的亲子关系中，父母为幼儿提供了情感支持和认同，这帮助儿童建立起积极的自我形象，增强其自我效能感和探索欲望。相反，过于严格或忽视的亲子关系可能导致儿童自我认知的扭曲，表现为自卑、焦虑或对外界评价过于敏感。因此，父母的情感交流和行为方式是儿童形成自我认同的关键因素之一。

亲子关系的质量还直接影响儿童的情感调节能力。情感调节指的是个体对情绪的识别、表达及调整能力，它是个体社会适应和心理健康的重要标志。亲子关系中的情感互动为儿童提供了学习情感管理的模型。良好的亲子关系能够帮助儿童识别和理解不同的情绪体验，进而学会适当的情感表达和调节方法。父母在儿童情感表达中的反应方式，决定了儿童未来在面临负面情绪时的处理方式。如果父母能够适当地回应儿童的情感需求，儿童更容易采取积极的情感调节策略，学会用健康的方式表达和管理情绪。而缺乏情感支持或过度惩罚性的反应则可能导致儿童情感调节障碍，表现为情绪冲动、易怒或情感抑制等。

亲子关系对儿童行为模式的塑造，除了通过依附和社会学习的机制，还通过更广泛的家庭教育发挥作用。父母的教养方式、家庭环境的稳定性及父母之间的互动质量，都在不同程度上影响儿童的行为模式。温暖而有控制感的教养风格，能够培养出具有良好行为规范、情绪稳定和有社会责任感的儿童。相反，过度溺爱、忽视或严苛的教养风格则可能导致儿童行为失调、情绪不稳定及社会适应问题。在这一过程中，父母的态度、行为和情感态度不仅直接影响儿童的行为模式，还通过长期的互动塑造了儿童的情感反应、社会认知及道德观念。

除了上述心理学理论的影响，亲子关系还在儿童社会认知和情感依赖的形成过程中扮演着重要角色。社会认知理论指出，儿童通过与父母的互动，学习如何理解他人的情绪、动机及行为意图，这一过程是社会化的基础。通过父母的示范和指导，儿童不仅学会了情感的表达，也学会了如何进行社会互动、如何建立和维持友谊及如何在冲突中采取合适的解决策略。因此，亲子关系为儿童提供了一个探索外部社会和内在情感的安全平台，是儿童社会化过程中不可或缺的组成部分。

二、亲子互动的实践模式

亲子互动作为幼儿教育过程中不可或缺的一部分，直接影响到幼儿的情感发展与社会行为模式。建立良好的亲子关系不仅是父母与幼儿之间日常的简单交流，更是通过持续的互动和情感沟通，父母的言传身教及对幼儿的教育支持来共同促进幼儿的成长。在这个过程中，父母不仅是幼儿的生理供给者，更是心理支持的核心来源。父母的教育方式、情感支持及管教风格不仅会影响到幼儿的情感稳定性，还会在更深层次上塑造幼儿的社会适应能力，进而影响其未来的人际交往和社会适应等。

良好的亲子互动需要父母与幼儿之间频繁且高质量的情感交流。这种交流并不仅是语言上的互动，更是父母通过非语言的方式，如身体接触、表情、眼神交流等多方面的互动，来增强亲子之间的情感联系。对婴幼儿而言，这种交流尤其重要，父母通过拥抱、抚摸、微笑和眼神接触来传达对幼儿的关爱。随着幼儿年龄的增长，父母的教育方式逐渐涉及更多的语言交流和思想层面的沟通，在与幼儿的互动中父母不仅是情感陪伴者，更是指导者和榜样。

父母在情感支持方面的角色是不可忽视的。儿童的情感发展深受家庭氛围和父母情感投入的影响。情感支持不仅是在幼儿生病或情绪低落时给予安慰，更重要的是在幼儿日常生活中进行细微关怀。父母通过关心幼儿的学习进程、参与幼儿的日常活动，甚至在幼儿遭遇挫折时提供适当的鼓励和帮助，能够有效地提升幼儿的自信心和心理韧性。这种情感支持能帮助幼儿逐步形成对自我能力的认知，培养其面对困难时的应对勇气，从而在社会适应中占据有利位置。

父母的教育方式和管教风格对幼儿的行为模式产生深远的影响。父母采取的教育方式通常反映了一定的文化背景和社会价值观，而这些价值观和行为规范会在潜移默化中影响幼儿的思维模式与行为习惯。严格而富有规则性的管教方式往往会培养出顺从且有责任感的幼儿，但如果过于苛刻或缺乏灵活性，则可能导致幼儿的叛逆心理或自卑情结。相反，宽松和包容的教育方式虽然能够提升幼儿的创造力与独立性，但若缺乏有效的纪律，也可能导致幼儿在行为规范和社会适应上出现问题。因此，父母在教育过程中需要平衡严格与宽松，既要给予幼儿足够的自由空间去发展个性，又要设定合理的行为边界，帮助幼儿学会自我管理与社会适应。

除了父母的直接影响，家庭成员之间的互动也是影响亲子关系的重要因素。家庭中的每一个成员，无论是父母、兄弟姐妹，还是其他亲戚，都在不同程度上参与幼儿的成长过程。多元的家庭成员互动能够为幼儿提供更多元化的情感支持和教育示范，特别是在父母角色之外，其他家庭成员的教育观念和行为规范，也可能对幼儿产生影响。因此，家庭教育的质量不仅取决于父母单一的行为表现，家庭成员的互动和家庭文化的建设同样具有不可忽视的作用。

父母作为幼儿的第一任教师，其言传身教在幼儿的认知与情感世界中占据重要地位。父母的行为和价值观通过无声的示范传递给幼儿。幼儿通过观察父母的言行举止，学习到如何处理日常生活中的问题，如何表达情感，如何与他人交往。这种潜移默化的学习，往往比显性的教导更具影响力，能够在幼儿的心中深深扎根，成为其日后行为规范的重要依据。与此同时，父母也需要具备良好的情绪管理能力，以确保他们在与幼儿互动时，能够以更加积极和理智的方式处理冲突和问题，避免因情绪波动而做出过激的反应，从而影响亲子关系的质量。

在这一过程中，父母的教育支持不仅体现在学业的辅导上，更体现在幼儿的社会性教育和情感发展方面。父母应通过与幼儿的互动，帮助幼儿了解社会规范、道德准则和行为准则，培养其责任感、合作精神和社会适应能力。父母的角色不仅是知识的传授者，更是价值观的引导者、情感的支持者和行为的榜样。通过这种多层次的互动，父母能够为幼儿的全面发展奠定坚实的基础，使其能够在未来的社会生活中更加自信、独立地面对各种挑战。

然而，亲子互动中的挑战也不容忽视。随着社会的快速发展和家庭结构的多样化，现代家庭中的亲子关系面临着越来越多的挑战。忙碌的工作和生活节奏使得父母与幼儿的互动时间日渐减少，电子设备的普及也使得幼儿与父母之间的互动趋向于形式化。为了有效改善亲子关系，父母需要主动采取措施，确保亲子互动的质量而非仅仅关注其频率。只有在日常生活中通过多样化的互动方式，包括共同参与活动、讨论问题、表达情感，我们才能真正促进亲子关系的健康发展，为幼儿的情感稳定性和社会适应能力的培养提供坚实的支持。

因此，亲子互动不仅是父母与幼儿之间的简单沟通，更是一个深刻的、持续的关系维系过程。这一过程中，父母的教育方式、情感支持和管教风格无时无刻不在影响着幼儿的情感稳定性、社会适应性及未来的行为发展。通过有效的亲子互动，父母能够为幼儿提供充足的情感支持、社会教育及行为示范，帮助幼儿在健康的家庭氛围中茁壮成长，为其今后的社会生活和心理发展打下坚实的基础。

第二节　家庭教育对学前教育的支撑作用

一、家庭教育在儿童社会化中的作用

家庭教育在儿童社会化中的作用是不可忽视的。作为儿童最初接触社会的环境，家庭不仅是其学习生活的起点，也是他们行为模式、情感反应和价值观念的初步形成地。父母作为家庭教育的主要承担者，对儿童的成长具有深远影响。从儿童出生的那一刻起，家庭便开始通过语言、行为、情感表达等多种方式对幼儿进行潜移默化的影响，这种影响在儿童的社会化过程中起着至关重要的作用。

家庭教育对儿童社会化的影响是多方面的。首先，家庭为儿童提供了他们最初的社会互动经验。在这一阶段，父母与幼儿之间的互动不仅是情感交流的表现，更是儿童初步理解社会规范、学习社交技能的关键。父母的行为模式、言语交流方式及他们对外部世界的态度，都会成为儿童社会化的范式。家长在日常生活中的举止言谈、情感反应、处理冲突的方式，潜移默化地影响幼儿与他人沟通、理解人与人之间的关系。这些早期的社会化经验，会在儿童后续的社会交往中发挥重要作用。

其次，家庭教育通过对儿童行为规范的塑造，促进儿童内化社会规范，帮助他们形成行为习惯。父母不仅是幼儿模仿的对象，也是规范行为的直接影响者。家长的行为规范常常成为儿童行为的初步标准。从教育幼儿遵守家庭规则到教导他们如何礼貌待人，父母通过不断的示范和引导，帮助儿童理解何为社会期望的行为规范。这些规范性行为的培养对于儿童未来在幼儿园、社会中的适应至关重要。无论是通过家庭规则的设立，还是通过日常生活中的榜样作用，父母在幼儿心中建立了对"应当如何行事"的基本认知。

在情感发展方面，家庭教育为儿童提供了情感认知和表达的基础。父母的情感表达方式，以及他们如何处理情感冲突，都会在幼儿的情感世界中留下深刻的烙印。家庭环境中的亲密关系、父母的情感互动及亲子之间的关爱和支持，是儿童情感发展最为重要的来源。通过与父母的互动，幼儿学会了如何理解和表达自己的情感，同时也学会了如何识别和回应他人的情感需求。良好的情感表达方式，不仅有助于儿童在成长过程中更好地管理自己的情绪，也为他们日后的社会交往奠定了坚实的基础。

家庭教育的影响并不限于行为和情感的发展，还在价值观的形成上发挥着至关重要的作用。儿童在早期通过与父母的互动，逐步建立起对世界的基本认知。父母的言行举止、价值观念及对社会现象的态度，都通过潜移默化的方式影响幼儿的价值观。例如，父母在面对社会问题时的态度，幼儿往往会将其内化为自己的观点。父母对公正、道德、诚信等核心价值观的传递，帮助儿童在未来的社会生活中形成对这些价值观的认同，并将其作为行为决策的标准。因此，家庭教育不仅是传授知识和技能的过程，更是价值观和人生观形成的过程。

二、家庭教育对学前教育的情感支持

家庭教育对学前教育的情感支持在儿童发展的过程中占据了至关重要的地位。儿童早期的情感发展与其未来的社会适应能力、认知能力、学习动机及情绪管理等密切相关。家长作为幼儿的第一任教师，其情感投入直接影响着幼儿的心理健康和学前教育的效果。父母的情感支持和家庭教育环境不仅是儿童情感需求的主要来源，更是其个性、行为和认知能力发展的基础。因此，家庭教育在学前教育过程中所起的情感支持作用，具有无可替代的意义。

情感支持通常指的是家长通过与幼儿的互动，为其提供的关爱、理解、接纳及安全感。在儿童的心理发展阶段中，尤其是在学前阶段，幼儿对情感的需求尤为强烈。研究表明，亲密的父母关系和温馨的家庭环境能够为幼儿提供情感上的稳定支持，使其在面对学前教育中的挑战时，能够表现出更高的适应能力和更强的学习兴趣。具体而言，父母在情感上对幼儿的支持表现为多种形式，诸如给予幼儿足够的关注与陪伴、及时回应幼儿的情感需求、创造和谐的家庭互动氛围等。这些形式的情感支持不仅能够帮助幼儿缓解焦虑和压力，增强其情感认同感和安全感，还能够促进其自信心的建立，进一步激发幼儿对学习和探索的兴趣。

在学前教育的过程中，情感支持对幼儿的行为模式、学习习惯和社会交往等方面产生了深远的影响。幼儿园的教育活动通常要求幼儿在集体环境中与其他同龄儿童互动并参与多种学习任务。此时，家庭给予的情感支持尤为重要。如果幼儿在家庭中缺乏情感支持和积极的亲子关系，他们可能会在幼儿园环境中感到不适应或情绪低落，进而影响到他们在教育活动中的参与度和学习效果。相反，来自家庭的积极情感支持能够为幼儿提供心理上的安全网，使其在面对集体生活中的各种挑战时，能够保持乐观、开放的态度，并勇于表达自己的观点和需求。

父母的情感投入不仅局限于提供物质上的保障，更多的是通过细腻的情感交流来建立与幼儿之间的情感纽带。这种情感支持为幼儿提供了情绪调节的工具和自我认知的基础。学前阶段的儿童在情感上尚未完全成熟，他们需要父母的引导来理解和管理自己的情绪。家长通过与幼儿的日常互动，能够帮助幼儿识别不同的情绪状态，学会用适当的方式表达自己的感受。例如，当幼儿感到沮丧或困惑时，父母通过耐心的倾听和温暖的安慰，可以帮助幼儿缓解情绪，并逐步学会控制自己的情感反应。这种情感支持不仅对幼儿在学前教育中的表现有积极影响，也有利于幼儿在未来的学习和生活中形成更强的情感管理能力。

家庭情感支持的作用同样体现在幼儿的社会性发展上。学前教育阶段不仅是知识学习的重要时期，也是儿童社会性发展的关键期。家庭中父母的情感支持对幼儿在社会互动中的表现起着导向作用。幼儿在家庭中学会了如何与他人建立亲密关系、如何合作与分享、如何应对冲突等社会交往技能。这些技能将在幼儿进入幼儿园后得以进一步发展和完善。具有较强情感支持的家庭环境能够为幼儿提供充足的情感安全感，使他们更愿意与他人分享、合作，并在集体活动中表现出更强的社交能力和同理心。

与此相对，缺乏足够情感支持的幼儿往往缺乏自信和社会交往的能力。在学前教育中，这类幼儿可能更容易出现依赖性强、情绪波动大、难以适应集体活动等问题。缺乏家庭情感支持的幼儿，往往在面对困难时更容易产生焦虑和恐惧，导致他们在学习中缺乏动力和勇气。此外，家长与幼儿之间的情感疏离还可能使幼儿在情感表达方面存在障碍，影响他们与同伴和老师的互动，进一步影响其学前教育的效果。

通过家庭教育对学前教育的情感支持，我们可以有效促进幼儿在认知、情感和社会性方面的全面发展。情感支持并非单一的关怀与爱护，而是通过父母与幼儿的日常互动，培养幼儿的情感认知能力、情绪调节能力和社交能力。研究表明，情感支持较强的家庭环境能够促进儿童在学前阶段更好地适应教育环境，增强其学习动机和社会参与感。在这种环境下成长的幼儿通常表现出更好的情感稳定性和更高的学业成就。

第三节 家庭教育模式的创新与挑战

一、家长教育理念的转变

随着社会的发展和教育观念的不断更新，家庭教育的理念也经历了深刻的变化。过去，传统的家庭教育主要受到父母权威和父母主导的影响。在这种教育模式下，家长往往将自己置于家庭教育的主导地位，注重对幼儿行为的约束和规范，以确保幼儿的顺从和纪律性。这种"权威型"教育方式在一定时期内发挥了积极的作用，但随着时代的进步，它的局限性逐渐显现出来，尤其是在对幼儿个性和自主性发展的关注方面。因此，家庭教育理念逐步向更加尊重儿童自主性、强调亲子互动和共同成长的方向转变。

家长教育理念的转变不仅是单纯的思维方式更新，更是整个家庭教育结构和方式的根本性改变。在传统教育模式下，家长更多地关注幼儿的知识传授和行为规范，强调的是家长的引导作用和权威地位，幼儿的自主性和个性往往被忽视。而现代教育理念则强调家庭教育应该尊重儿童的独立性和创造性，关注幼儿的心理发展和情感需求。在这种新的理念下，家长不再仅仅是幼儿教育的"传声筒"，而是更多地扮演引导者和陪伴者的角色，注重与幼儿的沟通和互动，以促进幼儿情感和思维能力的全面发展。

此外，家庭教育理念的转变也反映了社会整体教育思想的变革。传统社会注重培养幼儿的社会适应能力、道德规范和行为准则，这一切都基于对父母权威和社会传统的认同。然而，现代社会更加注重多元化和个性化，鼓励幼儿在尊重规则的前提下自主探索、自我表达。教育不再是单向的知识传递，而是双向的互动过程。家长和幼儿之间不再是单纯的命令与服从的关系，而是一种相互理解、共同成长的伙伴关系。

这种转变对家庭教育模式的创新有着深远的影响。在新的教育理念指导下，家长开始重新审视与幼儿的关系，不仅关注幼儿的学业成绩，更注重幼儿的心理健康、情感发展和个性培养。家长意识到，幼儿的成长不仅依赖于外部的知识灌输，更重要的是通过与幼儿的情感交流和互动，培养幼儿的自信心和独立性。家长在教育中逐渐转变为"陪伴者"和"支持者"的角色，与幼儿一同面对成长的挑战，而不再仅仅是"指挥者"和"管理者"。

从教育实践的角度来看，家长教育理念的转变对幼儿的成长有着重要的意义。研究表明，尊重儿童自主性和独立性的家庭教育方式有助于幼儿更好地发展自我认知和情感管理能力。当幼儿在一个充满尊重和理解的环境中成长时，他们能够更好地应对学习和生活中的各种挑战，表现出更强的适应能力和解决问题的能力。此外，家长教育理念的转变还促进了家庭成员之间的沟通与合作。在这种理念的指导下，家长与幼儿的关系更加和谐，父母对幼儿的期望和要求也更加符合幼儿的兴趣和发展需求，从而提升了家庭教育的质量。

然而，尽管家长教育理念的转变已成为社会发展的必然趋势，但在实践中仍然存在许多挑战。许多家长仍然受制于传统教育观念，认为幼儿需要严厉的管束和规范，难以摆脱"控制"幼儿行为的思维模式。此外，家长对现代教育理念的理解也存在较大差异，部分家长仍然对尊重儿童自主性和个性发展存在误解，认为这种方式可能导致幼儿缺乏纪律性，甚至产生叛逆心理。因此，推动家长教育理念的转变需要更多的教育培训和社会支持，帮助家长理解和掌握现代教育理念，使其能够更好地调整家庭教育方式，适应时代的需求。

二、家庭教育中的困难与挑战

家庭教育在现代社会中占有重要的地位，然而在实际操作过程中，家庭教育面临着许多困境和挑战。这些挑战不仅影响了家庭教育的效果，而且在一定程度上制约了教育模式的创新与优化。家庭教育中的困难，既源于家庭本身的多重局限，又受到社会环境与文化背景的深刻影响。尤其在现代化进程中，家庭教育逐渐暴露出一系列亟待解决的问题。

一个显著的困难是家庭资源的匮乏。在当今社会，许多家庭面临着经济压力，尤其是中低收入家庭，其教育资源的配置相对紧张。这种资源的短缺直接影响到幼儿教育的全面性和多样性。从基础的教育设施到课外活动，家庭经济水平较低的家长难以为幼儿提供多元化的教育体验和学习机会。教育的质量不仅依赖于幼儿园的教学内容和方法，更与家庭的支持密切相关。由于家庭资源不足，许多幼儿无法接受丰富的课外辅导，这在一定程度上限制了他们的全面发展。家庭教育的贫乏直接影响到幼儿的学业成绩及心理素质，进一步加剧了教育的不平等性。

家长教育水平的参差不齐也是现代家庭教育面临的一大挑战。随着社会经济的快速发展，家庭成员的教育背景呈现出多样化的趋势。部分家长对教育理念和方法缺乏系统的了解，甚至存在错误的教育观念。例如，有些家长过度关注幼儿的学术成绩，而忽视了幼儿的心理健康和综合素质的发展；而另一些家长则可能过度溺爱，未能有效培养幼儿的自律性和责任感。家长教育水平的参差不齐，不仅影响到幼儿的日常教育，也影响到家庭教育模式的有效实施。只有提高家长的教育能力，我们才能为幼儿提供更为健康和有益的成长环境。

随着信息化教育的逐步普及，家庭教育的方式和手段发生了深刻的变化。然而，信息化教育的普及在不同家庭之间并不均衡，尤其是在一些资源相对贫乏的地区，信息化教育的获取途径相对较少。互联网和智能设备的普及为教育创新提供了全新的可能，但在很多家庭中，尤其是经济条件较差的家庭，家长对信息化教育的接受程度较低，幼儿也未必能够获得足够的网络教育资源。许多家庭无法有效利用网络资源进行学习，这使得教育信息的分配出现了不均衡现象，直接影响了幼儿的教育质量。在这种背景下，家庭教育模式的创新显得尤为重要。为了有效解决这一问题，政府和社会应加大对信息化教育资源的投入，缩小城乡之间、贫富之间的教育差距。

除此之外，现代社会生活节奏的加快，也使得家长难以在日常生活中投入足够的时间和精力进行有效的教育。许多家长在工作、生活压力的双重影响下，往往无暇顾及幼儿的教育问题。特别是在一些双职工家庭中，父母由于工作繁忙，无法抽出时间关注幼儿的成长和心理发展。家长的缺席或疏于教育直接导致幼儿的成长环境不完整，心理问题和行为问题的发生概率增大。这一问题不仅影响了幼儿的学业成绩，更对其情感发展、社会适应能力及人格塑造形成了长远的影响。

社会对家庭教育的认知也有一定的局限性。在传统观念中，家庭教育往往被认为是家长的私事，社会各界对家庭教育的重视程度相对不足。虽然近年来国家和社会各界逐渐认识到家庭教育在幼儿成长中的重要性，但在实际操作中，家庭教育的创新仍然停留在表面，未能得到系统性的支持和指导。在很多地方，家长对于如何进行科学的教育和有效的家庭教育仍然缺乏基本的认知和培训。这种缺乏专业指导的状况导致家庭教育效果差异较大，也制约了教育模式的创新。

因此，解决家庭教育中的这些困难与挑战，我们需要从多个方面入手。首先，政府和社会应加强对家庭教育的关注，为家长提供必要的教育培训与资源支持，通过举办讲座、培训班等形式，提高家长的教育水平和理念，使其能够更好地理解和运用科学的教育方法。其次，家庭资源的优化配置也至关重要。我们特别要注重社会福利和教育资源的公平分配，尽可能地为家庭提供更多的教育支持，尤其是在经济条件较差的地区。最后，推动信息化教育资源的普及和共享，让更多家庭能够平等地享受到优质的教育资源，也是一项值得推荐的方法。

家庭教育模式的创新是一个系统性的工程，需要家长、幼儿园、政府及社会各界的共同努力。通过改善家庭教育的环境和条件，提高家长的教育水平，推动信息化教育的普及，我们可以在一定程度上解决当前家庭教育面临的困境，为幼儿提供更加健康、全面的成长空间。而这也为家庭教育模式的创新提供了坚实的基础，为促进教育公平和社会进步做出了重要贡献。

第四节　家庭教育与学前教育的协同发展

一、家校合作中的沟通与信息共享

家校合作是学前教育中不可或缺的一个环节，对于幼儿的全面发展起着至关重要的作用。有效的家校合作不仅能够帮助家长更好地理解和支持幼儿园的教育理念和教学方式，还能为教师提供家长在家庭教育中的观察和建议，从而促使教师与家长共同努力，推动幼儿健康成长。为了实现这一目标，家校之间的沟通与信息共享尤为重要，它不仅是家校合作的基础，更是建立信任关系的桥梁。在这一过程中，家校之间的互动不仅停留在家长会等形式化的交流，更包括日常的细节沟通、信息平台的建设、反馈机制的完善等方面。

家长对学前教育的理解和支持对于幼儿的发展至关重要。然而，许多家长可能由于自身的文化背景、教育水平或信息渠道的限制，无法充分了解学前教育的价值和实施策略。因此，建立一个有效的信息共享平台，让家长能够随时获取与幼儿教育相关的信息，成为促进家校合作的关键一环。这个平台不仅是为了传播教学内容，更应当为家长提供与教师互动的机会，使家长能够理解教师在课堂上实施的教育方法和策略，进一步加强对教师工作的认同与支持。在这一过程中，教师应当根据幼儿的成长需求和家庭的特点，通过多种方式向家长展现教育理念和教学目标，让家长能够理解并参与其中。

教师不仅是课堂上知识的传授者，更是在家校合作中的信息传播者和沟通者。教师需要通过多种方式与家长保持密切联系，如定期举办家长会、召开个别交流会，通过家园联系册、微信群等方式与家长沟通。通过这些方式，教师能够将幼儿在园内的表现、学习进展、情感变化等反馈给家长，同时也能够及时了解家长对幼儿在家庭环境中教育的期望和需求。家长通过了解幼儿在幼儿园的学习和成长，能够更有针对性地在家庭中开展相应的教育活动，从而形成家庭教育与幼儿园教育的有机结合，进而促进幼儿的发展。

家长与教师之间的双向反馈机制也需要得到充分重视。在家校合作中，教师不仅要向家长提供关于幼儿在园表现的信息，还应当倾听家长对幼儿的教育意见和建议。家长是幼儿成长过程中的重要参与者，他们对幼儿在家庭中的表现、习惯及兴趣有着独到的观察与了解。因此，教师应当鼓励家长提供关于幼儿的行为、情绪、学习兴趣等方面的反馈，并根据这些反馈调整教育策略和教学方法。双向反馈机制的建立，不仅可以促进家长与教师之间的互动，更能够让教育更加符合幼儿个性化发展的需求，避免单向的信息流通导致的理解偏差或教育方式的僵化。

与此同时，家校合作中的信息共享也必须考虑到信息的透明性和及时性。信息共享不仅是对教育内容的传播，更包括对幼儿的教育需求、兴趣爱好、行为习惯等多方面进行信息交流。教师通过定期或不定期的报告、家长会、通讯册等方式将幼儿在幼儿园中的学习进展和情感变化向家长反馈，而家长则应当通过这种方式将幼儿在家庭中的情况，如生活习惯、健康状况、情绪反应等方面的信息反馈给教师。信息的及时性与准确性对于教育策略的调整至关重要，因此，在家校合作过程中，教师和家长都应当保持对信息共享的敏感性和责任感，确保信息流通的顺畅性。

然而，信息共享不是信息传递的单向过程，家校合作中的信息共享还应当注重家长的参与感和主动性。家长在这一过程中不仅是信息的接受者，更应当是信息的提供者和反馈者。教师应当通过合理设计的活动、交流平台和教育资源，激发家长的参与热情，鼓励家长表达自己对幼儿教育的看法和建议。通过这种互动，教师可以更加深入了解幼儿的成长背景和家庭情况，进而为每个幼儿量身定制更加个性化的教育方案。这种双向互动的信息共享机制不仅增强了家长的教育信任感和参与感，也为教师提供了更加丰富的教育资源，从而有助于教育质量的提高。

家校合作中的沟通与信息共享不仅是家长和教师之间的单纯交流，它更是幼儿教育的一部分，涉及幼儿的成长、发展和教育方向。因此，家长和教师之间的合作关系应该建立在相互理解、相互信任和共同目标的基础上。在这一过程中，教师应当尽力为家长提供清晰的教育目标和教育方法，而家长则应当主动参与到教育过程中，提供幼儿在家庭生活中的表现和需求信息。通过这种良性的互动和反馈，家校之间能够共同努力，为幼儿提供更为全面、系统的教育支持，促进幼儿的健康成长和全面发展。

二、协同发展的模式与实践

在现代学前教育的发展过程中，家庭教育和学前教育的协同发展已成为提升教育质量、推动儿童全面发展的关键路径。当前社会环境日新月异，儿童的成长需求也呈现出多样化和个性化的特点。因此，如何有效构建一个适应这一需求的教育模式，成为教育领域需要深刻探讨的课题。家庭教育与学前教育的协同发展不仅要求教育理念的统一，更需要在教学活动、家校资源共享等多个方面进行深度协调与整合，确保儿童在这两种重要教育环境中能够获得最佳的学习体验与发展机会。

家庭教育和学前教育在协同发展的过程中，教育理念的统一至关重要。教育理念是教育活动的核心，它直接影响到教学内容、教学方法及教育目标的设定。在当代社会，随着家长教育意识的不断提高，家庭教育逐渐成为儿童成长的重要组成部分。家庭与学前教育机构如果在教育理念上形成共识，能够确保教育目标的一致性，避免教育过程中出现理念冲突。教育理念的协调不仅体现在家长与教师对教育目标的理解上，还应体现在儿童发展的整体规划上。家长与教师应共同关注儿童在认知、情感、社交等方面的全面发展，避免过于侧重某一方面的教育，从而影响儿童的均衡成长。通过理念上的融合，我们可以实现家园教育的一体化，最大限度地发挥家庭和学前教育机构各自的优势。

在教学活动方面，家校协同的关键在于教学内容与方法的有效对接。在传统的教育模式中，幼儿园和家庭往往各自为政，家长对幼儿园的教育内容了解有限，幼儿园也很少考虑如何将家庭教育融入课堂教学中。然而，随着教育模式的转变，家校协同逐渐成为一种趋势。家长的教育经验与幼儿园的教学专业知识结合，能够为儿童提供更加丰富和多元的学习机会。教学活动的设计不仅要考虑到儿童在园内的学习需求，还需要将家庭教育中的一些有效经验进行整合。例如，教师可以通过家长会、家访等方式，了解家长在家庭教育中的做法，并将这些信息融入日常的教学活动中，以此来调整教学方法和内容，使之更贴近儿童的实际需求。反过来，家长也能够借鉴教师的专业方法，通过参与家庭教育活动，提升自身的教育能力，实现家校协同育人的共同目标。

除了教育理念和教学活动的协调外，家校资源的共享也是家园协同发展的重要组成部分。家长与学前教育机构往往各自拥有独特的资源，家庭具备一定的生活经验、情感支持及社会资源，而学前教育机构则拥有专业的教育知识和系统的教育环境。通过家校资源的共享，我们可以形成教育的合力，共同推动儿童的发展。例如，幼儿园可以通过开展亲子活动、志愿者服务等形式，邀请家长参与到幼儿园的日常活动中，让家长能够在实际操作中体会到教育的精髓。同时，幼儿园也可以提供一些教育资源，如育儿讲座、心理辅导等，帮助家长提高育儿水平，解决其在教育过程中遇到的困惑和难题。通过资源的互补，家长与幼儿园不仅能提升教育效果，还能促进双方在教育实践中的共同成长。

协同发展的模式并非一蹴而就，它需要家庭和学前教育机构共同努力、长期坚持。首先，幼儿园应当在制度建设上为家校协同提供保障。幼儿园可以通过设立家校联络员、定期举办家长会议等方式，搭建家校沟通的桥梁，确保信息的畅通与互动。幼儿园还可以开展家校合作的培训项目，帮助家长提高教育认知，并增强家长的教育参与感。与此同时，家长也需要在教育过程中扮演积极的角色。家长应当主动与教师沟通，了解幼儿园教育的内容和方法，并根据幼儿在幼儿园的表现，调整家庭教育的策略。家长的参与不仅限于幼儿的日常学习，还应当关注幼儿的情感变化与心理发展，做到关爱与支持并重。

协同发展模式的实践还需要关注社会环境的变化。随着现代社会的不断发展，家庭的结构和功能发生了深刻的变化，传统的家庭教育模式逐渐无法满足现代儿童的教育需求。与此同时，教育政策的变革、社会观念的转型也为家园协同发展提供了新的契机。在这种背景下，幼儿园和家庭不仅要在传统的教育理念上达成共识，还需要根据时代的变化，不断创新教育内容与方法。例如，在信息化时代，家校协同也可以通过网络平台、社交媒体等多种方式实现，实现更加便捷、高效的信息交流和资源共享。这种新的家校协同模式，既能够突破传统的时间和空间限制，又能够充分利用现代科技，提升教育的覆盖面和效果。

家园协同发展模式的成功实施，最终目标是为儿童创造一种更为健康、全面的成长环境。儿童的学习不仅是在幼儿园的课堂上进行，家庭对儿童性格、习惯及情感的塑造同样起着至关重要的作用。通过家园协同，家庭与幼儿园能够形成教育的合力，为儿童提供多方面的支持，从而促进儿童在认知、情感、行为等各方面的协调发展。家校协同不仅是一种教育理念的创新，更是一种实践模式的突破，它能够在现代教育改革的大背景下，为儿童的健康成长提供更为坚实的保障。

第十三章　学前教育中的多元文化与全球视野

随着全球化进程的加速，多元文化教育已成为当代学前教育的重要方向之一。儿童的早期教育不仅要关注其本土文化的传承，更要开阔其国际视野，提升其理解与接纳不同文化的能力。本章我们将从多元文化教育的必要性出发，探讨如何在学前教育中有效融入多元文化元素，帮助儿童在不同文化背景中建立认同感与归属感。全球化背景下，儿童面临着更为复杂的社会交往环境，文化差异成为儿童成长过程中的一大挑战。在这种背景下，多元文化教育显得尤为重要，它不仅帮助儿童了解世界各地的不同风俗和价值观，还能培养他们的全球视野和跨文化理解能力。本章我们将分析多元文化教育的实施路径，探讨如何在学前阶段设计多元文化课程和活动，帮助儿童了解和尊重不同文化，从而促进他们的社会性发展与情感成长。同时，本章我们还将深入探讨全球视野下的学前教育模式，分析国际学前教育的发展趋势和带来的启示，借鉴全球范围内的成功经验，以提升本土学前教育的整体质量。跨文化教育作为多元文化教育的重要组成部分，也将在本章中得到重点讨论，如何通过跨文化的互动与合作，促进儿童的全面发展，成为本章研究的核心问题之一。

第一节　多元文化教育的必要性与实施路径

一、多元文化教育的重要性与挑战

在当今全球化快速发展的背景下，儿童生活的环境日益多元化，文化的交融与碰撞已成为日常生活的一部分。多元文化教育在这一过程中扮演着至关重要的角色，它不仅是对不同文化的简单介绍，更是帮助儿童在认知、情感及社会行为层面上建立多元视角、提升跨文化理解与包容能力的必要途径。随着社会不断变化，儿童面对不同文化背景的同伴、家庭及媒体信息，如何引导他们以健康、积极的方式理解并接纳这些差异，成为当前学前教育领域亟待解决的问题。

多元文化教育的核心价值在于培养儿童对不同文化的认知和理解，而这一过程远非单纯的知识传递。它要求教育者超越传统的教学方法，构建一种能够激发儿童兴趣、促进其思维拓展的多元文化学习环境。通过这种教育，儿童不仅学会识别和尊重文化差异，还能够在更广泛的社会交往中展现出包容性和适应性。特别是在学前阶段，儿童的认知能力和社会情感能力正处于重要发展期，这一时期的教育经验对他们未来的世界观、人生观和价值观形成具有深远影响。

然而，尽管多元文化教育的意义和价值已被广泛认同，但其在学前教育中的实施依然面临着一系列的挑战。首先，教师的多元文化素养尚未得到普遍提高。由于长期以来教育体系的局限性和文化背景的单一性，不少教师在面对具有不同文化背景的儿童时，往往缺乏足够的敏感性和理解力。如何提升教师的文化敏感度，增强其在课堂上引导儿童接纳和尊重多元文化的能力，是一个亟待解决的问题。其次，教师对于如何在教学活动中有效融入多元文化内容、如何设计多元文化的教育活动，以及如何评估儿童在这一过程中获得的文化理解和认知成果等方面，往往缺乏足够的经验和系统的理论支持。

除了教师的培养，家庭和社会在多元文化教育中的作用也不可忽视。家长作为儿童最早的社会化代理人，其文化观念、教育理念直接影响着儿童的价值观和行为模式。许多家庭由于文化背景的局限，可能无法提供足够的多元文化教育资源和环境，这使得儿童在成长过程中难以具有更广泛的文化体验和视野。家长对于多元文化教育的态度、理解及支持程度，直接影响着儿童在家庭中的文化认同和接纳度。与此同时，社会环境的多元化程度也是影响多元文化教育成效的重要因素。在一些文化相对封闭的地区，社会对多元文化的接纳度较低，儿童在成长过程中面临的文化冲突和认知挑战较大，教育的难度和复杂性也随之增加。

多元文化教育的实施还需要应对教材和教育资源的匮乏问题。传统的学前教育教材和课程体系大多侧重于单一文化视角，缺乏对多元文化的充分呈现。尤其是在一些地区，教育资源相对匮乏，难以为儿童提供多元化的文化内容和体验。如何在有限的资源条件下，为儿童提供丰富的文化体验，如何设计出符合儿童认知发展规律的多元文化教育活动，是值得深思的课题。

尽管多元文化教育在学前阶段面临诸多挑战，但其重要性不容忽视。在全球化日益加深的今天，学前儿童不仅需要掌握基础的语言、数学等学科知识，更需要具备与不同文化背景的人交往、合作与共处的能力。通过多元文化教育，儿童能够从小树立起包容与尊重他人文化的意识，为他们未来融入更加复杂多变的社会打下坚实的基础。这种教育不仅能帮助儿童了解他人文化的丰富性，还能使他们认识到，文化差异并不意味着冲突和对立，而是可以在相互尊重与理解的基础上共同创造和谐的社会环境。

要有效推进学前教育中的多元文化教育，我们必须从教师、家庭、社会和社区支持等多个方面共同努力。首先，教师需要不断提升自己的文化素养，积极参与多元文化教育的培训与实践，掌握更为灵活和有效的教学方法，帮助儿童在早期教育中感知和理解多元文化。其次，教师应通过丰富的教学活动，激发儿童对多元文化的兴趣，促使他们主动探索不同的文化背景，并在此过程中培养出开放的心态和积极的社会交往能力。

家庭在多元文化教育中的作用也不可忽视，家长应当积极参与到教育过程中，通过日常生活中的言传身教，向儿童传递宽容、尊重、理解与合作的价值观。在家庭环境中，家长可以通过多元化的文化活动，如阅读不同文化背景的书籍、欣赏世界各地的音乐、参与异国的节庆等，丰富儿童的文化体验。

社会和社区的支持也对多元文化教育的实施至关重要。社区可以通过举办多元文化节、文化交流活动等形式，提供一个让儿童与不同文化背景的群体互动的机会，从而增强他们的跨文化交流能力。此外，社会媒体和大众文化的多元化发展，也为儿童提供了接触不同文化的渠道。

二、实施多元文化教育的策略

在当今全球化的背景下，学前教育承担着塑造儿童社会认知和价值观的重要任务。多元文化教育在学前阶段的实施不仅能够帮助儿童早期接触不同的文化形态，还能够为其日后的社会适应能力、跨文化交际能力及全球视野的培养打下坚实基础。因此，在学前教育中实施多元文化教育，成了促进儿童全面发展的关键环节。

实施多元文化教育的核心在于教育内容的多样化和教育形式的创新。在课程设计上，教师应当充分了解不同文化背景下的教育特点与实践方式，通过引入来自世界各地的文化元素，使儿童在学习中接触到多种文化。通过不同语言、传统、节庆、艺术、历史等内容的呈现，儿童不仅能增进对其他文化的了解，还能从中激发出探索新知的兴趣与好奇心。与此相对应的是，课程内容应当突破地域和传统的限制，尝试将多元文化的元素融入语言、艺术、音乐、游戏等各类活动中，通过丰富多彩的教学形式为儿童提供一个多维度、多层次的学习平台。

除此之外，教师在教学活动中的角色亦不可忽视。多元文化教育要求教师具有开阔的视野和高度的文化敏感性，能够理解并尊重儿童的文化差异，创造出一种包容与尊重多元文化的课堂氛围。教师不仅是知识的传授者，更是儿童理解与接纳不同文化的引导者与促进者。教师应通过自身的学习和实践，培养起与多元文化教育相适应的教学理念与教育技巧。通过在日常教学中采取灵活多样的教学方法，教师能够帮助儿童从多角度、多维度去理解文化差异，并引导他们学会尊重与包容他人的文化观点和习惯。这种教育实践，不仅能够提升儿童的跨文化沟通能力，还能够帮助他们在日后的社会交往中展现出更强的适应性和包容力。

在具体的教学活动中，教师可以通过组织跨文化交流活动来实现多元文化教育的目标。通过与其他国家或地区的儿童进行互动，幼儿能够亲身体验到文化之间的差异与共性，从而拓宽他们的视野，增强他们的文化认同感和自信心。在这些交流活动中，教师可以引导儿童了解其他文化中的生活方式、风俗习惯、语言表达、社会规范等，培养他们尊重和欣赏其他文化的情感。在此过程中，儿童不仅能够增进自身对文化差异的理解，还能在与他人的互动中建立友谊，培养更为深厚的人际交往能力。

除了跨文化交流活动，开展文化理解与尊重的专题讨论也是多元文化教育的重要组成部分。通过对不同文化主题的讨论，教师可以帮助儿童从多元文化的角度去思考和理解世界，培养他们的批判性思维和全球意识。在这些讨论中，教师应鼓励儿童表达自己的观点，并尊重他们的个性化表达，同时也要帮助他们从中发现文化背后的深层次含义，促使他们形成对不同文化的深刻理解。在讨论的过程中，教师要引导儿童注意到每种文化都有其独特的价值体系和生活方式，从而避免出现对其他文化的偏见和误解。

课外活动也是实施多元文化教育的重要途径。通过组织参观展览、观看电影、参加艺术表演等活动，教师能够为儿童提供更多的实践机会，让他们在真实的文化体验中感受到不同文化的魅力。例如，参观一个关于世界各国风俗的展览，能够使儿童亲眼看到各类文化的艺术品、生活用品，甚至是日常用语，从而在互动中加深对这些文化的认识。通过这种直观的文化接触，儿童能够在多元文化的语境下实现更加全面的自我发展。

需要注意的是，在实施多元文化教育时，教师的自我反思与专业发展至关重要。教师应当时刻保持对教育内容和方法的敏感性与批判性，在教学实践中不断调整和优化教育策略，确保教育活动始终贴近儿童的成长需求和多元文化的实际情况。同时，教师还应不断提升自身的多元文化素养，学习如何在多样化的文化背景下进行有效的教学和引导，以便更好地帮助儿童适应全球化社会的变化和挑战。

在此过程中，学前教育不仅进行单纯的知识传授，它更注重于对儿童个性和社会认知的培养。通过多元文化教育，儿童不仅能从中获得学术性的知识，更能在人际交往、情感理解、社会责任等方面得到成长。多元文化教育为儿童提供了一个宽广的视野，让他们能够从更高的层次去认知世界，理解不同文化之间的相互联系和相互依存关系，最终促使他们成为有责任心、有同理心的全球公民。

第二节　全球视野下的学前教育模式

一、全球化背景下学前教育需求的变化

在全球化日益加深的今天，学前教育的需求发生了深刻变化。全球化带来了不同文化和教育理念的交融与碰撞，儿童作为社会发展的未来主体，其成长和

教育也不再局限于单一的地域和文化框架内。全球化促使学前教育体系从传统的本土教育逐步具有更为广阔的国际视野，要求教育工作者重新审视并重构教育目标、教育内容和教育方法。由此，学前教育的需求呈现出多元化、国际化与全球适应性的新特点。

全球化让文化的边界愈加模糊，国际文化交流日益频繁，这不仅影响了成年人的社会行为，也对儿童的成长产生了深远的影响。学前阶段作为个体发展的重要起点，承载着儿童认知、情感、社会性等多方面的成长任务。因此，学前教育不再仅仅关注本土文化的传承与儿童的本地认同感培养，而是要拓展其视野，融入全球化的教育趋势。这要求学前教育在传授基本的文化知识的同时，更加注重培养儿童的跨文化理解与适应能力。儿童不仅需要理解和接受本国的文化价值观，还需要在多元文化的环境中学会尊重、接纳与共处。这种文化的多样性使得学前教育的内容与形式逐渐向开放性与包容性发展，既要保证本土文化的根基，又要拓宽视野，融入全球教育的发展潮流。

随着信息技术的迅猛发展，全球化的进程也加速了教育资源和教育理念的传播。不同国家和地区的教育模式、课程设置及教学方法相互渗透，形成了以"全球教育"为核心的趋势。学前教育不再是局限于某一国家或地区的教育体系，而是趋向全球化的教育范式，强调国际化的教育内容，强调跨文化的教育理念与方法。因此，在全球化的背景下，学前教育的需求不仅在于培养儿童的本土认同感，还在于提高儿童的全球竞争力，为他们未来在全球化社会中立足、发展提供必要的知识和技能。这种全球竞争力的培养，涵盖了语言能力的提升、跨文化交际能力的培养、创新思维的激发等方面，这些都成为学前教育的重要目标。

全球化背景下的学前教育，不仅强调知识与技能的传授，更重视儿童综合素质的全面培养。随着科技的发展和信息的全球化传播，世界各地的教育工作者逐渐认识到，培养具有全球视野的儿童，是适应未来社会变化、满足个人发展需求的关键。儿童在这个信息化、网络化、全球化的社会中，面临着更多元的文化背景与复杂的社会交往需求。为了使儿童能够在这一全球化的环境中茁壮成长，学前教育应当倡导跨学科的教学方法和具备丰富的教育资源。学前教育的目标不再仅仅是培养儿童基本的学术能力，更加注重其情感、社会性及文化素养的多维度发展。

　　同时，全球化背景下的学前教育逐渐认识到，教育不再只是单一的知识传授过程，而是一个全面发展个体的过程。学前教育不仅需要注重儿童的认知发展，还要关注他们情感、行为和社会互动能力的培养。在全球化的影响下，教育者越来越认识到，学前教育的成功不仅体现在幼儿能够掌握的知识和技能上，更体现在他们未来能够如何适应多元文化、跨文化的环境，并在其中找到属于自己的定位和角色。换句话说，学前教育的功能不仅是培养儿童的认知能力，更是他们情感、价值观、社会认知的建构，特别是在全球化背景下，这种培养将直接影响到他们的未来发展。

　　全球化使得教育模式的选择更加多元化。传统的单一教育模式逐渐被多样化的教学方法所取代，这为学前教育提供了更为广阔的实践空间。在全球化影响下，学前教育的课程内容不仅包括本国的传统知识，还包含了对其他文化的理解与学习。与此同时，新的教育理念和方法，如游戏化学习、探究式学习、情境学习等，也逐渐进入学前教育的实践中。这些教学方法强调儿童主体性的发展，倡导基于兴趣与体验的学习方式，以适应全球化背景下社会对创新思维和适应能力的要求。

　　随着全球化的深入，学前教育的国际化不仅是对教育内容和方法的扩展，更是对教育目标的重新审视。现代学前教育的任务不再是单纯的知识灌输，而是一个多层次、多维度的培养过程。教育不仅要培养儿童的学术能力，还要提高他们的社交能力、情感认知能力和跨文化适应能力。因此，全球化背景下的学前教育，要求教育工作者不仅要具备深厚的教育理论基础，还要拥有足够的全球视野和跨文化的教育敏感性，能够根据儿童的实际发展需求，设计与实施具有国际化视野和本土化特色的教育方案。

二、学前教育模式的创新与融合

　　随着全球化进程的加快和社会变革的不断深化，学前教育的模式也在不断经历创新与融合。现代学前教育不仅局限于传统的知识传授，而是越来越多地注重教育方式的多样化、灵活性与个性化，力求在培养幼儿基本认知与技能的同时，全面提升其情感、社会性、创造力和全球适应能力。在这种时代背景下，学前教育的改革和创新呈现出多元化的特征，体现了世界各国对于幼儿发展理解的变化，同时也体现出不同文化背景下的教育智慧。

学前教育的创新首先体现在教育理念的更新与拓展上。传统的教育理念往往强调学科知识的传授，倾向于以教师为中心的教学模式。然而，在全球教育理念日益融合的背景下，更多的国家开始倡导以儿童为中心的教育理念，认为教育应当从幼儿的兴趣、情感和需求出发，尊重儿童天性的发展。这一教育理念的转变强调儿童是学习的主体，教育应当为他们提供一个自由探索的空间，而非单纯的知识灌输。越来越多的国家开始将儿童的情感、社交能力及心理健康纳入教育的核心目标，认为这些方面的发展与认知能力一样，都是儿童成长不可或缺的重要组成部分。这种理念的创新不仅要求教育者具备更高的专业素养，还要求教育活动更加灵活、多元，能够根据不同幼儿的特点量体裁衣，真正做到个性化教育。

课程内容的创新也是学前教育改革的重要组成部分。在传统的学前教育中，课程内容往往局限于基础的语言、数学、科学等学科领域，主要围绕知识的积累与技能的训练。然而，随着社会发展与科技进步，全球范围内的教育体系逐渐认识到，学前教育不仅应当关注幼儿的知识技能的获得，还需要培养他们的跨文化理解、全球适应能力及多元视野。在这种大背景下，不少国家将社会情感教育、艺术教育、环境教育、信息技术教育等新兴领域纳入学前教育课程中，逐步构建起跨学科的、综合性的课程体系。通过对艺术、音乐、体育等活动的引导，我们不仅能帮助幼儿在认知发展方面取得成效，也促进了他们在情感、体能、创造力等方面的全面发展。此外，环境教育的引入，也帮助儿童从小培养起对自然环境的保护意识和对生态系统的基本认知，这不仅是他们认知能力的提升，也是对他们社会责任感的培养。

教育方法的创新与融合是学前教育模式变革的又一个亮点。在传统教育中，教师往往扮演着主导的角色，教育过程多为单向传递。然而，随着教育理念的转变，尤其是在儿童中心理念的指导下，教育方法也逐渐朝着更加互动、合作与探索的方向发展。当前，许多国家的学前教育都在促进互动性学习与探究性学习的结合，鼓励幼儿通过小组合作、情境模拟、游戏等形式主动参与到学习过程中，强化其自主学习和问题解决的能力。这种教育方法不仅能够提高幼儿的认知能力，还能促进他们社交能力、团队协作能力的提升。与此同时，信息技术的融入也在不断改变传统教育模式，许多国家的学前教育机构开始使用多媒体、互动白板等现代技术手段来辅助教学，提升学习的趣味性与互动性，尤其是针对幼儿的注意力问题，这种方法尤为有效。通过信息技术的创新应用，幼儿可以在更丰富、多样的学习环境中进行自我探索和成长，从而有效拓展其认知边界。

学前教育模式的创新和融合并非单一国家或地区的现象，而是一个全球化趋势。在世界各国学前教育的发展中，不同地区的教育理念、教育方式与文化背景不断碰撞与融合，形成了各具特色的教育模式，并且通过跨国教育合作的形式，互相借鉴与学习。这种全球教育模式的互动不仅体现在教师和教育理念的交流上，也体现在教育资源、教育技术的共享与应用上。例如，许多发达国家与发展中国家之间的教育合作项目为后者提供了宝贵的教育经验和先进的教学方法，帮助其提升教育质量与效果。这种跨国合作不仅推动了教育资源的均衡分配，也促进了教育理念与教学方法的全球流动，使得世界各国的学前教育都能够借鉴其他国家的成功经验，避免过度依赖单一的本土经验。

在全球视野下，学前教育的创新与融合还体现在教育目标的全球适应性上。随着全球化进程的推进，社会对幼儿的需求逐渐从传统的知识掌握转向对全球化、跨文化适应能力的培养。因此，许多国家的学前教育体系逐渐认识到，教育不仅是培养幼儿在本国社会中适应的能力，更是培养他们在全球化背景下生存和发展的能力。这种适应能力的培养不仅局限于外语学习，更包括对全球多元文化的尊重与理解、跨文化交流的能力等多方面内容。为了培养具有全球视野的下一代，许多学前教育机构开始引入更多的跨文化教育元素，通过故事、活动、游戏等方式，让幼儿从小感知不同文化的特点，培养他们开放的心态与包容的精神。

随着学前教育的不断发展与创新，全球化视野下的教育模式变得越来越多元化，互通有无、取长补短已经成为这一进程的重要特征。在这种大背景下，学前教育的目标不仅是培养具备学科知识的幼儿，更重要的是要培养具备适应未来社会挑战能力、具备创新意识和跨文化沟通能力的未来公民。这一目标的实现离不开全球视野下的教育模式创新，也离不开各国教育理念和实践的不断融合。

第三节　国际学前教育的发展趋势与启示

一、国际学前教育的主要发展趋势

国际学前教育的发展呈现出多样化、灵活性与创新性相结合的趋势。这一转变反映了全球化背景下社会对教育质量的更高要求，尤其是培养儿童的跨文化理解能力、社会情感能力和提升其认知发展水平，已成为学前教育的重要目标。随着全球化的不断深入，世界各国的学前教育越来越重视教育的包容性，特别是在语言和文化的多样性方面。对儿童双语或多语能力的培养逐渐被视为必不可少的教育内容，尤其是在那些多元文化交融的地区，学前教育被认为是幼儿接触不同文化和语言的第一站。通过多语环境的创设，幼儿不仅能提高语言能力，还能够在实践中学习到如何在不同文化和社会背景下进行互动与沟通。

这种教育趋势还进一步反映在学前教育课程内容的国际化上，越来越多的国家和地区在设计课程时，将全球化的视野和跨文化的教育元素融入其中，致力于让儿童在早期就能接触到世界各地的文化、历史和艺术形式。这不仅为幼儿打开了一扇了解全球文化的窗口，也为他们将来能够在更广阔的社会中立足提供了基础。例如，在一些教育体系中，艺术、音乐和历史等学科的课程设置，已经不再局限于本国的传统文化，而是扩展到了世界其他地区的艺术形式和文化。这种跨文化的课程设计，能够帮助儿童在认知层面早早感知到多元文化的价值，也为他们未来的国际理解能力和社会适应能力形成奠定了坚实基础。

除了知识层面的拓展，国际学前教育发展的另一大趋势是对情感发展、社会技能和跨文化理解等非认知能力的重视。当前，越来越多的教育者和学者开始认识到，学前阶段的教育不仅要进行认知能力的培养，儿童的情感和社交能力同样至关重要。在这一背景下，学前教育课程的设计不仅强调知识技能的传授，更加注重儿童情感和社会性发展，尤其是在家庭、幼儿园和社会之间的互动中，儿童的社会适应能力和合作精神逐渐成为教育评估的重要指标。这些能力的培养不仅能帮助儿童更好地适应日后的学习生活，也对他们未来成为具有同理心和社会责任感的公民起到了促进作用。

与此同时，非认知技能的培养还体现在儿童对情绪的理解和管理方面。情绪管理作为学前教育中不可忽视的内容，越来越被教育者赋予重要地位。通过设立情感教育课程或情绪调节活动，教师帮助儿童认识和表达自己的情感，学会有效地调节情绪，从而培养其自我管理能力。幼儿在学习如何应对挫折、冲突及同伴关系中的困惑时，能有效增强心理韧性，为今后的学习和社会生活打下坚实的心理基础。

随着全球学前教育逐步走向多元化、综合性，跨学科整合也成为其发展的重要方向之一。在这一趋势下，学前教育的内容不再是单一学科的知识传授，而是通过多学科的融合来实现对儿童综合能力的培养。例如，科学与艺术的结合、数学与语言的互通等，都在学前教育中获得了越来越多的应用。这种跨学科的教育模式能够激发儿童的探索欲望和创新能力，培养其批判性思维和问题解决的能力。通过跨学科的教学方式，教师能够帮助幼儿理解不同领域知识之间的联系，进而促进他们的全面发展。

这些变化背后有着深刻的教育哲学和理论支持，尤其是在儿童发展的理论视角上，国际学前教育的理念发生了显著的变化。过去，学前教育更多侧重于知识和技能的培养，而如今，学前教育的视野更加广阔，注重的是儿童在多个层面上的全面成长。从认知能力到情感与社会能力，教育的目标已不再仅仅是为幼儿提供知识的储备，而是帮助他们建立起更为健全的个人品质和培养其社会适应能力。因此，国际学前教育逐渐形成了一个以儿童为中心，强调个性化发展和多元化教育的体系。

这类教育趋势的不断发展，实际上是在回应当今社会对高质量教育的迫切需求。面对全球化带来的多元文化碰撞，现代教育的重点已经转向了如何培养具备全球视野、理解力和适应能力的公民。在这一过程中，学前教育无疑发挥了重要的基础性作用，它不仅为儿童未来的学习生活奠定了基础，更为全球社会的可持续发展培养了具备合作精神和跨文化理解能力的人才。

二、国际学前教育的启示与本土化实践

国际学前教育作为全球教育体系中的重要组成部分，提供了诸多丰富的教育经验和创新模式。然而，尽管国际化教育模式在很多方面为我们提供了宝贵的参考，如何将这些经验有效地引入本土教育体系，是一个复杂而又具有挑战性的问题。这个问题不仅涉及教育内容和方法的选择，还涉及如何在尊重和融合本土文化、社会需求及教育资源的基础上，进行教育模式的本土化调整。通过这种调整，我们能够使教育既吸取国际先进理念，又能切实符合本土实际需求，最终实现教育质量的提升与儿童素质的全面发展。

首先，学前教育的本土化调整需要以本土文化为基础，尊重本土社会环境和价值观念。每个国家和地区的文化背景、历史传统、社会结构及家庭教育习惯都有着独特的影响，这些因素在潜移默化中塑造了儿童的成长轨迹和认知方式。因此，在借鉴国际学前教育经验时，我们应考虑到这些文化因素的差异性，避免盲目模仿。对于中国而言，儒家文化深刻影响了社会和教育，尊重长辈、集体主义等文化特点，决定了教育实践中的价值导向。例如，儿童教育中的礼仪教育、集体活动的组织和合作精神的培养，都应与本土文化背景相契合，而不是简单地照搬国外的教育模式。这种文化的适配能够帮助儿童在教育过程中更好地接触和认同自己的文化，从而提升他们的社会适应能力和文化认同感。

其次，本土化的学前教育还需充分考虑到社会需求的变化，尤其是随着社会发展，教育模式的多样性和包容性也逐渐成为社会需求的一部分。在全球化背景下，许多国家的学前教育强调学科间的整合、技术的融入和社会情感技能的培养，这些方面的内容虽然在某些国际教育体系中已经取得了较好效果，但对于处于快速转型中的本土社会而言，需要结合其特殊的发展阶段来实施。在快速发展的城市化进程中，幼儿的社会认知、情感发展及创造力培养尤为重要。因此，如何将创新的教育模式与传统的教育价值观相结合，使儿童不仅能够获得基础知识，还能在情感、社交等方面得到全面的培养，是本土学前教育实践中的一个核心问题。

教育资源的合理配置也是本土化实践中的关键因素。国际学前教育系统通常具有较为完善的教育设施和丰富的资源支持，然而，在本土教育体系中，尤其是

在一些相对偏远和资源匮乏的地区，教育资源的短缺是不可忽视的问题。在这种情况下，如何优化现有的教育资源，利用有限的条件实现教育质量的提升，是本土化实践必须考虑的重要内容。基于本土的具体情况，我们可能需要在硬件设施、教学内容、师资培训等方面做出调整。例如，在教育设施方面，我们尽可能利用社区资源和本地特色文化，通过合理的设计和布局，使教育活动更符合本土的需求。同时，师资队伍的建设也不能简单依赖国际教育模式中的统一标准，而应该根据本土教师的实际情况和培训需求来定制课程内容和培训体系，提升教师的教育素养和教学能力。

本土化的学前教育要求教育者具备创新的思维和灵活的实践能力。教育模式的创新不仅要关注学术研究成果的应用，更要注重教育者在实践中的反思与探索。在这种探索过程中，教育工作者要理解儿童发展的内在规律，掌握适应性强的教育方法，并将其与本土化的教育需求相结合。在实际操作中，这种创新可以通过多样化的教学活动、灵活的课堂安排和亲和力强的师生互动来实现。教育者需要认识到，学前教育的核心不仅是知识的传授，更重要的是对儿童进行全面素质的培养。因此，学前教育的本土化创新要在教学内容的设置、教育手段的选择及师资培养的策略上进行调整，以确保教育能够真正服务于儿童的发展，提升他们的综合素质。

本土化的学前教育不仅能够推动教育质量的提升，还能够帮助儿童在多元文化的背景下，增强文化认同感和社会适应能力。随着全球化的推进，文化的交流与融合日益加速，本土学前教育通过与国际经验的结合，能够培养具有国际视野和本土文化认同感的儿童，这对于儿童未来的发展及其对社会的适应具有重要意义。通过尊重并结合本土的文化、社会需求及教育资源，学前教育可以在全球化的浪潮中保持独特性，最终为儿童的发展提供一个既具国际视野又符合本土需求的教育平台。

第四节　跨文化教育的实践与发展

一、跨文化教育的核心理念与实践路径

跨文化教育的理念和实践路径在全球化进程中逐渐成为教育领域的重要议题。尤其是在学前教育阶段，跨文化教育不仅是传授不同文化的知识，更关键的是培养儿童在多元文化背景下的认知、沟通能力和社会适应能力。学前阶段的教育为儿童未来的社会适应奠定了基础，因此，如何在这一阶段有效地实施跨文化教育，成为教育工作者亟须思考和解决的问题。

在跨文化教育的核心理念中，我们首先应强调的是对儿童文化认知的塑造。儿童在年幼时对外部世界的认知和理解往往受到家庭、社区和社会环境的影响，这一认知过程也直接决定了他们的跨文化理解能力。学前教育阶段，儿童的世界观尚在初步形成，教育者通过有意识的引导和教育，可以帮助他们认识到世界的多样性及不同文化的价值。教育不仅是文化知识的传授，更是文化价值的内化。通过跨文化教育，儿童能意识到不同文化之间的差异，理解不同文化的相似性，进而培养出一种尊重和包容的态度。

除了文化认知的培养，跨文化教育的又一重要维度是沟通能力的提升。语言是文化的载体，而沟通是文化交流的桥梁。儿童在学前阶段正处于语言发展的关键期，语言能力的提升不仅能帮助他们更好地表达自己，也为他们与他人之间的文化交流奠定基础。学前教育中的跨文化活动往往通过多语种的环境、互动游戏和情境模拟等方式，帮助儿童理解语言背后的文化意义，培养他们在不同文化背景下进行有效沟通的能力。此外，教育者还应鼓励儿童通过与来自不同文化背景的同伴交流，学习如何尊重他人的语言、习惯和表达方式，这不仅是文化认同的体现，也是跨文化沟通能力培养的一个重要方面。

社会适应能力是跨文化教育的再一个核心要素。在当今全球化的社会中，个体面临的文化差异和社会变迁愈加复杂。学前教育不仅是对儿童个体知识和能力

的培养,更重要的是培养他们适应多元社会环境的能力。通过跨文化教育,儿童能够在多样的社会背景中自如地调整自己的行为方式,学会如何与不同文化背景的人进行合作与互动。跨文化教育不仅局限于传统的课堂教学,它强调的是一种生活化、情境化的学习方式,鼓励儿童通过实际的文化交流活动和社会互动,增强自身的社会适应能力。

实践路径方面,跨文化教育的有效实施离不开有针对性的教育活动和课程设计。教师在实施跨文化教育时,不仅要关注课堂上的理论知识传授,更要通过丰富的实践活动来增强儿童的跨文化体验。跨文化交流活动是一种行之有效的教育方式,教师可以通过组织不同文化背景的儿童进行互动,增进他们对其他文化的了解。活动可以以游戏、合作任务或是角色扮演的形式展开,目的是通过亲身体验和互动,让儿童感受到文化差异,并通过交流与合作,培养他们的跨文化沟通能力。

课程设计也是跨文化教育实践的重要环节。在课程设置上,教育者应根据儿童的认知发展特点,设计多样化的文化内容。例如,教育者可以通过讲述不同地区的民间故事等,展示不同文化背景下的节日庆典和传统活动,帮助儿童了解世界各地的风俗习惯和生活方式。课程内容的设计应当既具备文化深度,也要有趣味性,使儿童在轻松愉快的学习氛围中自然地接触和吸收多元文化信息。

家庭和社区的参与是跨文化教育实施的又一个重要途径。学前教育的影响不仅限于幼儿园,家庭和社区环境同样对儿童的跨文化认知起到了关键作用。家长是儿童最早的文化教育者,他们的文化观念、价值观及对待不同文化的态度,都会直接影响到儿童的认知和行为。因此,教育者应当通过家长会、家庭教育指导等形式,鼓励家长参与到跨文化教育的过程中,通过家庭教育来强化对多元文化的认同和尊重。同时,社区作为儿童日常生活的重要场所,也是实施跨文化教育的重要场合。通过组织社区内的跨文化活动,如文化节、国际美食展示等,儿童能够更直接地接触到不同文化,进一步增强他们的跨文化理解和社会适应能力。

跨文化教育的实施效果并非不会立即显现,而要经历一个渐进的过程。在这个过程中,教师的角色至关重要。教师不仅是知识的传递者,更是文化桥梁的建设者。在教育活动的设计和组织过程中,教师应当充分考虑儿童的文化背景和个体差异，采取灵活多样的教学方法，鼓励儿童积极参与到跨文化交流中。教师还应当具备较强的跨文化素养和教育能力，能够敏锐地捕捉到儿童在文化学习中的困惑和挑战，及时调整教学策略，帮助儿童克服文化差异带来的障碍。

跨文化教育的目标不仅是培养儿童的跨文化理解能力和适应能力，更是帮助他们在全球化的背景下，成为具有社会责任感和文化宽容度的公民。在日益多元化的社会中，跨文化教育所传递的价值观和能力将为儿童的未来发展提供源源不断的动力。学前教育阶段的跨文化教育，作为全球教育体系中不可或缺的一环，正在为构建更加和谐、包容的社会贡献着重要的力量。

二、跨文化教育实施的挑战与应对策略

在当前全球化的背景下，跨文化教育的实施已成为学前教育中不可或缺的一部分，尤其是在多元文化日益交融的社会环境中，如何有效实施跨文化教育成了教育实践中的重要课题。尽管跨文化教育的理念得到了广泛的关注和倡导，然而其在具体实践中的挑战仍然不可忽视，从教师、家长到教育机构，均面临着多方面的挑战。这些挑战不仅涉及文化认知差异、语言障碍和社会适应问题，还包括教育资源的分配、教育理念的更新及跨文化教育的社会支持体系的建立等方面的问题。

文化认知差异是实施跨文化教育过程中最为突出的问题之一。不同文化背景的儿童在成长过程中接受的教育和社会化方式存在显著差异，这些差异会影响到他们的思维方式、行为模式及与他人交往的方式。例如，一些文化可能强调集体主义和合作，而另一些文化则更加注重个体主义和独立性。这种文化认知差异不仅体现在儿童自身的行为和反应上，也可能体现在教师和家长对儿童行为的解读和期待上。教师在教育过程中如果未能充分理解和尊重这些文化差异，可能会导致误解和教育效果的低下。因此，教师需要具备一定的跨文化素养，了解和尊重不同文化的特点，能够在教育活动中有意识地设计适合不同文化背景儿童的教育内容和方式。

语言障碍也是实施跨文化教过程育中亟待解决的一个问题。在多语言和多文化的背景下，儿童可能存在语言上的障碍，这不仅会影响他们的学习效果，也会

在日常的交往和沟通中带来困难。尤其是在学前教育阶段，儿童的语言能力发展尚未成熟，语言障碍可能更加明显。如果教师在语言教学中未能考虑到这些差异，或者家长在家庭教育中未能给予足够的支持，儿童可能会面临沟通不畅、理解困难及情感隔阂等问题，这对跨文化教育的顺利实施构成了极大的挑战。

社会适应问题也是实施跨文化教育过程中面临的重要挑战之一。对于来自不同文化背景的儿童来说，适应新的社会环境往往是一项复杂的任务。学前阶段的儿童往往缺乏应对多文化社会环境的经验，他们可能面临文化冲突、归属感缺失及社交压力等问题。尤其是在一些教育资源较为匮乏的地区，儿童在跨文化环境中难以获得充分的支持，可能会感到孤立和困惑，从而影响他们的身心发展和教育的成效。

为了有效应对这些挑战，学前教育需要采取一系列的措施。首先，提升教师的跨文化素养是解决文化认知差异问题的关键。教师作为教育实践的直接执行者，在跨文化教育中扮演着重要的角色。教师不仅要掌握文化差异的基本知识，还需要了解如何在教学过程中融入多元文化的元素，设计符合儿童认知特点的教学活动。这要求教师在日常教学中能够灵活运用不同的教学策略，尊重儿童的文化背景，避免单一文化观念的灌输。教师还应具备一定的跨文化沟通技巧，能够通过语言和非语言的方式与来自不同文化背景的儿童进行有效的互动和沟通。

其次，除了提升教师的跨文化素养外，设计符合儿童认知特点的教育活动也至关重要。学前教育的核心目标是促进儿童身心的全面发展，这不仅包括认知、情感和社会性的成长，还包括语言能力的培养和社交能力的提升。在跨文化教育中，教育活动的设计需要充分考虑到儿童的文化背景，避免因文化差异而造成的认知冲突。例如，针对不同文化背景儿童的美术教育活动，应注重多样性和包容性，鼓励儿童通过艺术展现自己的文化特征和情感体验。同时，活动设计还应符合儿童的认知发展规律，不仅能够激发他们的创造力和想象力，还能够帮助他们理解和尊重其他文化，从而促进跨文化的交流与融合。

再次，推动家庭和社区的合作也是应对跨文化教育挑战的重要策略之一。在学前教育阶段，家庭和社区对儿童的成长起着至关重要的作用。家庭作为儿童的第一个教育环境，对儿童的价值观、行为习惯和社会化过程具有深远影响。因此，家长需要在教育过程中积极配合教师，共同为儿童创造一种有利于多元文化教育的家庭氛围。家长应当意识到跨文化教育的必要性，支持并参与幼儿园组织的各类文化交流活动。同时，社区也应当发挥其独特的作用，通过多元文化的教育资源和活动，为儿童提供更多的学习机会和实践平台，帮助儿童更好地理解和适应多文化社会。

最后，现代信息技术的应用为跨文化教育的实施提供了新的可能性。随着信息技术的发展，教育活动不再局限于传统的课堂教学，教师和幼儿可以通过互联网和数字化平台进行远程互动和学习。信息技术不仅突破了时间和空间的限制，还能够为不同文化背景的儿童提供更加丰富和多元的教育内容。通过线上平台，儿童可以接触到来自世界各地的文化信息，参与到跨文化的互动和交流中。这种方式不仅能够克服地域和文化上的隔阂，还能够让不同文化背景的儿童在平等、开放的环境中进行有效的沟通和学习，提升他们的跨文化理解能力和包容性。

第十四章　学前教育的个性化
与差异化发展

　　个性化教育和差异化教育是学前教育中的重要教育理念，它们强调每个儿童的独特性和个体差异，并致力于为每个儿童提供量身定制的教育服务。本章我们将重点探讨学前教育中的个性化与差异化发展，分析如何根据每个儿童的兴趣、能力和发展需求，制订个性化的教育计划，以促进儿童的全面发展。学前阶段是儿童个性和兴趣迅速发展的时期，不同的儿童在认知能力、情感表现、社交能力等方面存在显著差异。传统的教育模式往往忽视这些差异，采用"一刀切"的教学方法，这种方法无法充分激发儿童的潜力，也不能满足儿童个性化发展的需求。因此，个性化教育和差异化教育在学前教育中的应用显得尤为重要。本章我们将探讨个性化教育的理论基础，分析如何根据儿童的个体差异设计教学内容和活动，帮助儿童发挥其独特的兴趣与潜力。同时，差异化教育的设计与实施也是本章的重点内容，如何在实际教学中运用差异化的教育策略，确保每个儿童都能在适合自己的教育环境中成长，将是本章深入讨论的核心问题。此外，个性化与差异化教育的挑战也是不可忽视的，如何克服教学资源有限、教师专业能力不足等问题，是实施个性化与差异化教育的现实难题。本章我们还将提出个性化教育的发展方向与策略，展望未来教育模式的发展趋势，提出如何通过创新教育理念和技术手段，推动学前教育的个性化与差异化发展。

第一节　个性化教育的理论基础

一、个性化教育的基本概念

个性化教育作为现代教育理论的重要组成部分，致力于尊重并挖掘每个儿童的个体差异，强调根据每个幼儿的独特特点和需求量身定制教育方案。这一教育理念的核心目标是为每个儿童提供能够促进其全面发展的个性化学习路径，从而帮助他们在情感、认知、社会交往等各个方面实现潜能的最大化。

从个性化教育的内涵来看，它的基础理念是尊重并关注个体的差异性。每个幼儿都有自己独特的学习方式和节奏，兴趣爱好和情感需求也各不相同。个性化教育并非简单地针对儿童进行个别化的知识传授，而是更加注重对幼儿的情感、动机、思维方式及其成长环境的整体考量。在这样的教育模式中，教师不再是单一的知识传递者，而是引导者和支持者，关注每个幼儿的内在需求，理解他们在特定情境下的表现和反应，为其提供适当的教学资源与环境。这种教育方式鼓励教师深入了解每个幼儿的特点，定期进行观察与反馈，从而及时调整教学内容与方法，帮助儿童在最适合自己的方式下获得成长。

在这一教育过程中，儿童的学习方式被认为是多样且独特的。传统教育体系常常强调对全体幼儿统一标准的要求，缺少对个体差异的重视。而个性化教育推崇的正是因材施教，即根据每个幼儿的兴趣、天赋和发展阶段设计相应的教学内容和方法。比如，一些幼儿可能在语言表达能力上具有较强的优势，而另一些幼儿则在艺术、数学或其他学科上展现出独特的才能。个性化教育强调为不同的学习者提供不同的教育体验，以便更好地激发他们的潜能。这不仅是在知识传授层面的差异化，更重要的是为每个幼儿创造一种支持其情感和心理发展的教育环境，让他们在成长过程中既能充分体验到成功的喜悦，又能学会在遇到困难时寻求解决方案，从而提高其问题解决能力和自信心。

个性化教育的实施需要在多方面进行创新，尤其是在课程设计和教师角色的转变方面。课程内容不再是单一的，而是根据幼儿的具体情况进行调整。对于兴趣浓厚的幼儿，教师可以根据他们的兴趣拓展更深的内容。对于学习较慢的幼儿，教师则可以给予更多的关注和支持，帮助他们在自己的节奏下进行学习。此外，个性化教育还要求幼儿园和教师能够灵活地调整教学方式，创造出适合每个幼儿的学习环境。比如，一些幼儿可能更适合通过动手实践来学习，而另一些幼儿则可能通过讲解和讨论来达到最佳学习效果。个性化教育强调的是对每个幼儿的关注和理解，通过动态的调整帮助幼儿在不断变化的学习过程中保持积极性和主动性，真正做到以幼儿为本。

为了实现这一目标，教师的角色也在发生深刻变化。在传统教育模式中，教师通常充当的是"知识传授者"的角色，他们根据统一的教材和教学计划进行教学，缺乏对每个幼儿个别需求的细致关注。而在个性化教育模式中，教师需要更加灵活、敏锐地观察幼儿的学习状态，并根据幼儿的不同表现提供个性化的支持。教师不仅是知识的传播者，更是学习过程的引导者和调节者。在日常教学中，教师通过与幼儿的互动，了解每个幼儿的兴趣、情感变化及认知水平，从而根据这些信息来调整自己的教学方法。这种教学模式不仅增强了教师与幼儿之间的互动，还促进了师生关系的和谐发展，使幼儿能够在一种更加开放和自由的环境中学习。

个性化教育的实施离不开家庭和社会的支持。在个性化教育体系中，家长不仅是幼儿学习的支持者，更是教育的合作者。家庭教育应当与幼儿园教育形成良好的互动关系，家长应当更多地关注幼儿在成长过程中的情感需求、兴趣变化和心理发展，配合幼儿园的教育方式为幼儿提供更加全面的成长支持。社会资源的整合同样至关重要，社会各界的关注和支持可以为个性化教育提供更多的实践和发展空间。比如，社会上的各类公益机构、文化平台和志愿者组织，可以为幼儿提供丰富的课外活动和实践机会，帮助幼儿拓宽视野，增加实际操作经验。

二、个性化教育的理论背景

个性化教育作为一种关注儿童独特发展需求和学习特征的教育理念，构建于多种教育理论的基础之上，尤其是建构主义学习理论、发展心理学理论与情境学习理论。这些理论共同为个性化教育的实施提供了理论支撑和指导，使其不仅符合教育的基本目标，也能有效回应不同学习者的个性需求与发展潜能。

建构主义学习理论，尤其是皮亚杰和维果茨基的理论框架，深刻影响了个性化教育的实践。该理论主张学习者并非被动地接受知识，而是在互动与探索的过程中主动建构自己的知识体系。儿童通过与环境、同伴及教师的互动，在不断试探和调整中，构建出符合自己理解和需求的知识结构。因此，个性化教育强调学习者的主动性和创造性，尊重每个儿童在知识学习中的独特路径。儿童并非以统一的方式接受知识，而是在自己的节奏下，依据兴趣、理解深度和认知特点进行自主选择。在这种学习模式下，教育的重点不再是单纯的知识传递，而是为儿童提供一种宽松、开放的学习环境，让他们能够根据个人兴趣与需求，选择适合自己的学习内容和方式。

发展心理学对儿童成长过程中的身心特点有着深入的研究，尤其是儿童在不同发展阶段所表现出的认知、情感及社交特点。个性化教育基于这一理论，为儿童提供有针对性的教育支持，以适应他们在各个发展阶段的需求。每个儿童在不同的年龄阶段具有不同的思维方式、情感需求和社会互动需求，这些特点在个性化教育的框架中得到充分体现。例如，幼儿阶段的儿童在语言发展、感官认知等方面的特点要求教育活动更加注重感官体验和语言交流，而进入小学阶段后，儿童的抽象思维能力开始逐步增强，这时教育内容的复杂性和深度也随之增加。个性化教育基于这些阶段性特征，设计出符合每个阶段儿童认知和情感发展的教学内容与方法，从而帮助每个儿童在合适的时间接受最适合自己的教育，最大程度地激发其潜能，促进其全面发展。

情境学习理论则强调学习必须是与个体的生活和实际经验紧密相关的。该理论由莱夫教授和独立研究者温格提出，主张学习应该发生在实际情境中，学习者通过在真实或模拟的情境中进行实践，才能更好地理解和掌握知识。情境学习理论认为，知识的获取不仅是对抽象概念的理解，更是在实践中通过反复尝试与体验得以内化。在此理论的指导下，个性化教育注重将学习情境与儿童的实际生活经验相结合，构建与其认知发展相契合的学习环境。教育者不再仅仅通过传统的课堂讲授传递知识，还通过游戏、探究、项目式学习等方法，让儿童在与实际生活紧密关联的情境中获得知识与技能。这不仅能提升学习的实用性与趣味性，也能更好地培养儿童的实践能力和解决问题的能力，使他们在实际的社会生活中能够灵活运用所学的知识。

个性化教育还关注学习者的情感和社交能力发展，这也是上述三种理论共同强调的一个重要方面。建构主义认为，儿童的情感与认知是不可分割的，学习不仅是理性认知的过程，也是情感认同的过程。儿童在学习过程中，往往受到情感因素的影响，尤其是当学习内容与其个人兴趣、情感需求相契合时，学习的效果才更加显著。发展心理学指出，儿童在成长过程中，情感的变化会直接影响其学习动机和学习态度，因此教育者应在提供个性化学习内容的同时，关注儿童情感的调节与支持。情境学习理论同样强调，学习情境的设计应该能够激发儿童的情感共鸣，增强他们对学习的投入与兴趣。在个性化教育的过程中，教育者不仅要关注儿童的认知发展，还应注重其情感与社交能力的培养，为每个儿童提供一种充满支持和理解的学习环境。

通过对这些理论的综合运用，个性化教育不仅是为了适应儿童的知识学习需求，更是要促进其全面发展。在实际教学过程中，个性化教育强调根据每个儿童的认知水平、兴趣爱好和情感需求设计差异化的教学活动，从而帮助他在适合自己的环境中成长。这种教育模式的核心在于尊重儿童的个性，支持他们在自主探索的过程中发现自己的兴趣和天赋，逐步培养其独立思考、解决问题和合作交流的能力。

随着教育理念的不断发展和社会需求的变化，个性化教育逐渐被广泛应用于各种教育阶段和不同教育领域。其在基础教育阶段尤其具有重要意义，因为这一阶段是儿童认知和情感发展的关键时期。个性化教育不仅帮助儿童在知识上取得成就，更为他们的全面发展奠定了基础。从心理学和教育学的角度看，个性化教育是对传统教育模式的一种重要补充，它不仅提升了教育的效率，也使教育更具包容性和灵活性，能够满足不同儿童的成长需求。

三、个性化教育的实施策略

在学前教育的实践过程中，个性化教育已经成了一种至关重要的策略，它要求教育者能够充分理解和尊重每个儿童的独特性，并根据儿童的兴趣、能力、发展水平及个体差异，调整教学内容和方法。个性化教育的核心目标不仅是满足儿童的基本学习需求，更是通过为每个儿童提供定制化的教育方案，最大化其潜力，并且促进其全方位地成长与发展。

个性化教育的实施首先要求教育者对每一个儿童进行细致的观察与评估。通过观察，教师可以更加深入地了解每个儿童的学习特点、认知水平、情感需求及社交能力。正是这种细致的观察，使得教师能够发现儿童在学习过程中可能遇到的困难与瓶颈，以及他们在某些领域表现出的独特天赋。在此基础上，教育者需要确定个性化的教学目标，这些目标应当既具挑战性又符合儿童的认知发展水平，能够激发他们的兴趣与积极性。

在实施个性化教育时，教学内容和形式的多样化是必不可少的。由于每个儿童的学习风格各不相同，一些儿童可能通过视觉材料更容易理解信息，而另一些儿童则可能通过动手操作或游戏方式获得更好的学习效果。因此，教师应当设计丰富多彩的教学活动，采用不同的教学方式和材料，以适应不同儿童的需求。例如，教师可以通过使用不同种类的绘画工具、游戏器具及多媒体设备等，帮助儿童在多样化的学习环境中找到最适合他们的学习方式。通过这种个性化的教学手段，儿童能够在宽松、自由的学习氛围中体验到学习的乐趣，同时也能够更加积极地参与到学习过程中，从而提高他们的学习动机与参与度。

然而，个性化教育不仅是教师在课堂上对儿童进行差异化教学，它还需要教育者不断地进行自我反思与调整。在教学实践中，教师应该定期对每个儿童的学习情况进行跟踪评估，了解他们在各个发展领域的进步和不足。通过持续的评估，教师能够及时发现儿童的学习需求变化，从而调整教学策略，使得每个儿童都能够在适宜的教育支持下得到充分发展。这种动态调整的过程，不仅是一种教育策略的体现，更是教师对每个儿童学习路径的精细化管理。

除了教师的教学实践，个性化教育的实施还离不开家庭和社会的积极参与。学前教育阶段作为儿童早期发展的重要阶段，其教育效果不仅依赖于幼儿园教育，还与家庭和社区的教育环境息息相关。教育工作者应当与家长建立密切的联系，通过家访、座谈会、家园共育等多种形式，让家长更好地了解儿童在学前教育中的表现与成长。同时，教师也应当鼓励家长根据儿童的兴趣和需求，提供适当的家庭支持与资源。通过家庭教育的配合，儿童能够在家中获得与幼儿园教育一致的学习经历，从而增强其学习的连贯性和一致性。

与此同时，社会的支持同样对个性化教育的实施起到了重要作用。在现代社会，儿童的成长与发展不再局限于幼儿园和家庭，社会环境的变化和多元文化的冲击为儿童提供了更多元化的学习机会。在这一背景下，教师和教育机构应当主动与社会资源对接，将社区活动、公共文化资源、社会实践等融入学前教育的过程中。儿童被带入更广阔的社会环境中，可以获得不同的学习经验，这不仅能够丰富其认知内容，也能促进其社会性的发展。

在实施个性化教育的过程中，教师的角色至关重要。作为儿童教育的引导者与支持者，教师不仅需要具备扎实的专业知识与教育技能，还应当具备敏锐的观察力和灵活的应变能力。教师应当成为儿童学习的支持者与陪伴者，而不是单纯的知识传授者。教师的任务不仅是引导儿童掌握知识，更重要的是激发他们的好奇心与求知欲，培养其自主学习的能力。在这一过程中，教师应当根据儿童的兴趣和需求，不断调整教学内容和方式，以便最大限度地激发他们的潜力。

个性化教育的成功实施离不开教育理念的更新与教师专业素养的提升。教育者应当不断学习和借鉴先进的教育理论与实践成果，丰富自己的教学经验与方法。通过参加专业培训、交流与合作，教师能够不断提升自身的教育能力，从而更好地满足每个儿童的个性化需求。

个性化教育不仅是一种教学策略，更是一种全新的教育理念，它强调尊重儿童的差异，注重个体的全面发展。在这一理念的引领下，教师不仅是知识的传授者，更是儿童学习和发展的促进者与支持者。实施个性化教育，使儿童能够在充满关爱与支持的环境中自由发展，展现出他们独特的潜力与创造力。因此，个性化教育的实施，不仅能够促进儿童的学术能力发展，更能够帮助他们在情感、社交、心理等多方面获得全面的成长，为其未来的学习和生活打下坚实的基础。

第二节　差异化教育的设计与实施

一、差异化教育的概念与重要性

差异化教育作为一种教育理念，强调根据幼儿之间在学习能力、兴趣、背景、经验等方面的差异，为每个幼儿提供个性化的学习支持。这种教育模式在课堂教学中被广泛应用，旨在通过灵活的教学设计，满足不同幼儿的学习需求，使每个幼儿在适合自己的方式和进度下得到充分的发展，从而最大程度地激发其学习潜能。差异化教育与传统的"一刀切"式教学不同，它并不是对所有幼儿采用相同的教学方式，而是根据幼儿的差异进行有针对性的教学安排，从而有效提高学习效果，促进幼儿全面发展。

差异化教育的核心在于认识到每个幼儿的独特性。每个幼儿在认知水平、学习方式、情感需求、动机及背景经验等方面都有显著的差异，这使得传统的统一教学方法往往无法满足所有幼儿的学习需求。因此，差异化教育提出要在教学活动中充分考虑这些差异，并通过调整教学内容、方法、节奏和评估方式等多个方面，为幼儿创造更多的学习机会，帮助他们在个性化的学习过程中实现自身潜能的最大化。

在实践中，差异化教育的实施并不是一蹴而就的，它需要教师根据幼儿的具体情况进行不断的调整和优化。这种教学方式通常涉及对幼儿进行全面的差异化分析，包括对幼儿的学习能力、兴趣、背景和个性特点的评估。通过这些评估，教师可以确定每个幼儿的学习起点，并设计出适合不同幼儿的教学活动。在课堂上，教师可以通过分组、任务调整、资源配置等方式，根据幼儿的学习进度和需求进行个性化辅导，确保每个幼儿都能够在自己舒适的学习区间内获得最佳的学习体验和效果。

差异化教育在培养幼儿的学习兴趣和积极性方面发挥了至关重要的作用。传统的教学模式往往忽视了幼儿的兴趣和个性，导致部分幼儿因为无法跟上统一的教学进度或因学习内容与个人兴趣不符而产生厌学情绪。而差异化教育则根据幼儿的兴趣进行针对性的教学设计，有效地调动幼儿的学习积极性，让他们在参与的过程中获得更多的知识。此外，通过关注幼儿的差异性，教师还能够为幼儿提供更丰富的学习资源和机会，从而帮助他们在多样化的学习环境中找到适合自己的学习方式。

在促进幼儿全面发展的过程中，差异化教育的重要性也得到了广泛的认可。差异化教育不仅注重幼儿的学业成绩，更加关注幼儿的情感、社交、创造力等多方面的能力发展。每个幼儿的成长轨迹都是独特的，差异化教育为幼儿提供了一种包容和支持的学习环境，帮助他们在学习过程中获得更多的自信和成就感。同时，这种教育模式还为幼儿提供了更多的选择，使他们能够根据自身的兴趣和发展方向进行深入的学习，从而提升幼儿的综合素质。

在当前教育改革和发展的大背景下，差异化教育的实施显得愈加重要。随着社会的多元化和信息化发展，幼儿的需求和期望也变得更加多样化。传统的"一刀切"式教学已经无法满足这些需求，因此，差异化教育成为了实现教育公平和个性化发展的重要途径。通过差异化教育，教师不仅可以帮助幼儿克服学习中的困难，还可以引导幼儿在适合自己的学习道路上取得更好的成绩。

差异化教育的实施还需要教师具备较高的教育专业素养和运用灵活的教学策略。教师需要具备敏锐的观察力，能够及时发现幼儿在学习过程中遇到的问题，并通过不同的教学方式进行有效的干预。此外，教师还应具备丰富的教育资源和教学手段，以便根据幼儿的不同需求调整教学活动，确保每个幼儿都能在课堂上得到充分的关注和指导。

尽管差异化教育在理论上具有诸多优点，但在实际操作中也面临一些挑战。首先，由于每个幼儿的差异性极大，教师需要投入大量的时间和精力来进行个性化教学，这对教师的工作能力和专业能力提出了较高的要求。其次，在一些幼儿园和班级中，幼儿的差异性可能较大，如何合理地组织教学活动，以避免幼儿之间的差距过大，成了差异化教育实施中的一个难题。最后，差异化教育的效果也受限于教育资源的分配情况，尤其是在一些教育资源较为匮乏的地区，如何为每个幼儿提供适合的学习材料和教学支持，仍然是一个亟待解决的问题。

尽管如此，差异化教育的实践效果还是得到了广泛认可。差异化的教学安排使幼儿能够在适合自己的方式和节奏下进行学习，从而提高了学习成绩和兴趣。教师的角色也发生了转变，从传统的"知识传授者"变为"学习引导者"和"资源提供者"，这种转变不仅有助于幼儿能力的全面提升，也促进了教师教学理念和方法的不断创新。

二、差异化教育的教学设计原则

在当今教育领域，差异化教育的理念已成为教学设计的重要导向。随着教育对象的多元化，传统的"一刀切"教育模式已不再适应现代教育的需求。为了更好地激发幼儿的潜能，促进其个性化发展，差异化教育的教学设计原则应以"尊重差异、因材施教、优化资源"为核心。这一原则的实施，不仅要求教师对幼儿的个体差异有深刻的认识和敏锐的判断，还需要通过灵活多样的教学策略，以确保每个幼儿都能在适宜的环境中得到最有效的学习支持。

差异化教育的起点是对儿童个体差异的尊重。每个幼儿的认知能力、情感发展、社交技能及兴趣爱好等方面都存在独特性，因此教师在设计教学活动时，必须首先识别和理解这些差异。通过科学的观察、评估和记录，教师能够了解幼儿在各个领域的具体表现，并据此进行个性化的教学安排。这种以幼儿为中心的教学理念，强调了教育应从幼儿的需求出发，而非仅仅以教师的教案为中心。在此基础上，教师可以设计出不同层次、不同类型的教学活动，以确保每个幼儿都能够在适合自己的学习节奏和方法中获得最佳的学习体验。

为了更有效地满足幼儿的个性化需求，差异化教育强调因材施教的教学策略。因材施教意味着教师不仅要关注幼儿的学习成绩和认知水平，还要重视幼儿的兴趣、情感态度及个性特征。通过对幼儿的全面分析，教师可以根据每个幼儿的特点确定适合的教学任务和学习目标。对于学习能力较强的幼儿，教师可以提供更具挑战性的任务，以激发他们的潜力；而对于学习能力较弱的幼儿，教师则可以提供更多的支持与辅导，帮助他们克服学习中的难点。此外，因材施教还可以通过设计多样化的教学活动来实现，例如通过小组合作、个别指导等方式，为不同能力水平的幼儿提供更多的互动和反馈机会。

在差异化教学中，教学资源的优化配置同样至关重要。教师需要根据幼儿的不同需求，灵活调整教学内容、教学方法及评估标准。资源的优化并不意味着简单地增大教育投入，而是要在现有资源的基础上，最大化其效能。教师可以通过灵活运用课外阅读、数字化资源、教师间的协作等手段，为幼儿提供个性化的学习支持。例如，针对认知水平较低的幼儿，教师可以通过更多的视觉化、操作性强的教学资源来帮助他们理解抽象的概念；而对于那些认知水平较高的幼儿，教师则可以引导他们通过探究性学习或深度学习来拓展其思维和能力。

差异化教育的教学设计也体现在评估方式的多样性上。传统的评价模式往往侧重于统一标准下的测试和考试，而差异化教育则提倡根据幼儿的不同特点来设定多元化的评估方式。这种评估不仅局限于学业成绩的衡量，还包括对幼儿的参与度、创新思维、情感态度等方面的综合考量。通过综合评估，教师能够更全面地了解幼儿的发展情况，并根据评估结果进行有针对性的教学调整，从而实现持续的教育改进。

差异化教育的实施，不仅有助于幼儿的个性化发展，也能够促进课堂教学的多样性和互动性。在差异化教学环境中，幼儿可以根据自己的学习需求选择适合自己的学习方式和学习内容，从而增强学习的主动性和兴趣。教师在教学设计中不仅要关注如何满足幼儿的个性化需求，还应注重课堂氛围建设，创造一种包容、开放、多元的学习环境。在这样的环境中，幼儿能够在与他人互动、合作的过程中，激发自己的创新能力和独立思考能力。

从更宏观的角度来看，差异化教育的设计也要求幼儿园在整体教育体系上进行调整与优化。幼儿园应当为教师提供相应的培训和支持，使其能够掌握差异化教育的理论和实践方法，同时也要建立健全的评价体系，鼓励教师在教学设计中灵活运用差异化教学策略。教育行政部门则应当为幼儿园提供必要的政策保障与资源支持，确保差异化教育能够在更广泛的教育环境中得到有效实施。

第三节　个性化与差异化教育的挑战

一、资源限制与教学环境的挑战

在学前教育的实践中，个性化与差异化教育作为强调根据每个幼儿的独特发展需求调整教学内容和方式的教育理念，面临着一系列资源限制和教学环境的挑战。这些挑战不仅涉及传统的教学资源，还包括教师的专业素养、教育理念的更新及教学环境的适应性等多个维度。尽管个性化与差异化教育的理念逐渐得到广泛认可和推广，但在实际操作中，尤其是对于许多教育资源相对匮乏的幼儿园和学前教育机构而言，这一目标的实现仍然面临不少困难。

资源限制是制约个性化与差异化教育实施的一个核心因素。在当前的教育体系下，尤其是在一些经济相对落后的地区，教育资源的分配和配置往往存在明显的不均衡。人力资源的短缺，尤其是高素质教师的匮乏，直接影响到教育的质量和效果。许多幼儿园教师并没有接受过专门的个性化教育培训，导致他们在面对多元化幼儿群体时，无法根据不同幼儿的学习特点和心理需求采取有效的教学策略。教师的专业水平、教育理念和教学方法的多样性影响个性化教育真正落地。然而，现实中，由于教师队伍的稳定性和质量难以保障，教师往往无法全身心地投入到个性化教学的实践中，而更多地依赖于标准化的教学方案，这使得差异化教育的效果受到限制。

除了教师的资源问题外，教学材料的缺乏也是个性化与差异化教育面临的一大障碍。在传统教育模式下，教材和教具往往是"一刀切"的，难以满足不同幼儿的兴趣、发展水平及学习风格的需求。个性化教育强调根据幼儿的个体差异设计学习内容和方法，然而在许多幼儿园，教育资源尤其是教具和辅助材料的匮乏，迫使教师不得不采用固定的教学材料进行教学，限制了教学方法的多样性和灵活性。尤其是在一些经济条件较差的地区，幼儿园在设备和教具的配置上往往力不从心，无法为幼儿提供丰富的教育资源，从而使得个性化教育的实施更加困难。

教室环境的局限性也是制约个性化教育实施的一个因素。在一些幼儿园，由于教室空间狭小、布置单一，教师无法根据不同幼儿的需求创造出适宜的学习环境。教育环境不仅是指物理空间，还包括教师与幼儿的互动氛围、教学内容的组织方式及教学活动的设计。在一种资源紧张的环境中，教师往往难以为每个幼儿提供符合其个性需求的学习空间和活动材料，甚至连基础的教育设施如投影仪、音响设备、计算机等教学工具的配置都十分有限。教育环境的单一性和局限性无疑会影响幼儿的学习兴趣和创造力，也制约了个性化教学目标的实现。

在面对资源限制和环境挑战的情况下，教育者如何有效地整合资源、创新教学方式，成为解决这一问题的关键。有效的资源整合和创新不仅依赖于资金的投入和设施的改善，更需要教师在实践中灵活调整教育策略。教师可以通过多种方式实现资源的合理调配。例如，利用合作学习、同伴互助等方式，充分发挥集体的力量，以解决教师人力资源不足的问题。教师还可以通过共享教育资源平台，利用网络和电子设备获取和使用各种教学材料，以补充不足的教具和教学资源。此外，教师还可以利用身边的自然环境和社区资源，开展户外教学活动，让幼儿在更广阔的空间中进行学习，拓展他们的视野和思维。

在教育环境方面，教师可以通过灵活调整教室布置，创建不同的学习区域，使幼儿能够根据自己的兴趣和需求自由选择学习内容和活动方式。例如，教师可以将教室划分为创意角、安静角、动手实践角等不同的功能区域，提供丰富的学习材料和工具，激发幼儿的好奇心和创造力。通过合理的环境设计，我们不仅能够提升幼儿的学习兴趣，还能够满足他们在不同发展阶段的个性化需求，从而促进他们的全面发展。

教育者还可以通过家庭和社会的协同作用，拓宽教育资源的来源。家庭是幼儿教育的重要支持系统，家长与教师的合作可以在个性化教育中发挥重要作用。教师可以定期与家长沟通，了解幼儿在家庭中的发展情况，及时调整教育策略；家长则可以通过参与教育活动，为幼儿提供更多的学习机会和资源。社会资源，特别是社区的文化活动和社会实践，也可以成为丰富教育内容和形式的重要方式。通过这些渠道，教师能够打破资源的限制，借助外部力量提升教育质量，推动个性化与差异化教育的实施。

在当今快速发展的教育环境中，个性化与差异化教育的实现不仅是教育者的责任，更需要社会各方的共同努力。教育资源的整合与创新，是应对资源有限性挑战的有效途径之一。通过教师的专业化发展、资源的合理配置、教学环境的优化及家庭与社会的共同参与，个性化与差异化教育有望在学前教育中取得更大的突破，从而更好地满足每个幼儿的个性化发展需求，促进其全面成长。因此，尽管面临资源限制和环境挑战，我们依然有理由相信，通过不断探索和创新，个性化与差异化教育在学前教育领域的广泛实践和应用将会逐步实现。

二、教师的专业能力与发展挑战

在当前的学前教育体系中，教师的专业能力成为影响教育质量的关键因素之一。随着教育理念的逐步更新和多样化的教育需求的产生，个性化与差异化教育的实施已成为重要的教育发展趋势。为了顺应这一趋势，教师在专业能力方面面临着前所未有的挑战。个性化教育不仅要尊重每个儿童在认知、情感和行为等多方面的差异，还要求教师具备深刻的教育思维和实践能力。教师不仅要根据儿童的不同需求设计教学内容，还要灵活调整教学方法，确保每个幼儿都能够在适合自己的节奏和方式下获得最大的学习效益。

然而，实际情况是，很多学前教师的专业发展与教育需求之间存在一定的差距。尽管多数教师都具备了基本的教育教学能力，但在面对个性化教学和差异化教育的需求时，很多教师仍显得力不从心。传统的教学培训体系往往侧重于教师的基础教学技能，如课堂管理、教育理念等，但在面对如何根据每个儿童的独特需求进行精准教学时，教师往往缺乏足够的准备。这种不足不仅表现在对教育理论的掌握上，还体现在教学实践中。由于缺乏对个性化教学的深度理解和应用经验，教师往往无法在教学过程中及时调整自己的教学策略，从而影响到教育效果。

个性化教育要求教师具备更加细致入微的观察力和敏锐的洞察力。每个幼儿都有自己的独特性，无论是在学习进度、兴趣爱好、情感需求还是思维方式上，这些差异都要求教师能够在日常教学中做到因材施教。然而，许多教师在面对这些差异时常常感到手足无措，缺乏应对这些挑战的经验和技巧。教师不仅要在教学过程中观察到这些差异，还需要能及时发现每个幼儿的潜力和需求，并根据这些差异来调整教学策略。教学的个性化设计要求教师能够创造性地选择教学内容、形式和方法，以便最大限度地激发幼儿的学习兴趣和潜力。因此，教师的观察力、创新能力和教学设计能力显得尤为重要。

在实际的教学中，教师面对的又一个重要挑战是如何将个性化教育理念与具体的教学实践相结合。个性化教育的实现不仅需要教师具备敏锐的观察力和教学设计能力，还需要能够有效地将这些能力转化为具体的教育行动。然而，当前许多教师的专业发展仍存在较大不足，尤其是在将理论与实践相结合方面。教师往往能够理解个性化教育的重要性，但在具体操作过程中却缺乏足够的应对策略和实践经验。这种理论与实践的脱节，使得教师在面对复杂的教学情境时，往往会感到无所适从。因此，提升教师的专业能力，尤其是在个性化教育方面的能力，已经成为学前教育发展的一个重要课题。

教师的专业发展也面临着与教育改革相适应的问题。随着教育理念的更新和教育模式的不断变化，教师必须不断地适应新的教育要求，更新自己的教育观念和教学技能。教育教学的改革不断推进，尤其是在学前教育阶段，个性化和差异化教育已成为改革的重要组成部分。为了应对这一变化，教师不仅要积累自己的学科知识，还要增强教育理念的更新能力和创新能力。教育教学方法的更新和教育技术的应用，要求教师能够迅速适应并掌握新的教学工具和手段，确保能够有效地将这些工具和手段运用到日常教学中。

然而，目前大多数教师的职业发展机会和培训资源仍存在一定的不足。在传统的学前教育培训体系中，教师更多地接受的是统一化、标准化的培训内容，而个性化教育所需要的教师能力却往往没有得到充分的关注。许多教师没有得到足够的机会去学习如何根据每个儿童的不同特点进行个性化的教学设计，也没有机会接受更专业的个性化教育培训。因此，如何为教师提供更加专业化、多样化的培训，特别是个性化教育理念和实践方面的培训，已成为当前教育发展的重要任务。

应对这些挑战，提升教师的专业能力，尤其是在个性化教育方面的能力，不仅需要改进教师的职业发展路径，还需要为教师提供更多的支持和资源。教育管理者应当更加注重对教师个性化教学能力的培养，并为教师提供更为广阔的培训平台和实践机会。此外，教育研究者也应深入探索个性化教育的实施路径和策略，为教师提供更加具体的操作指导和实践范例。在这种多方协同的努力下，教师的专业能力才能不断得到提升，进而为学前教育的高质量发展奠定坚实的基础。

三、家长和社会对个性化教育的认知误区

个性化教育和差异化教育近年来已成为教育领域的重要话题，其理论基础和实施效果逐渐受到越来越多教育者和研究者的关注。然而，尽管相关理念在学术界得到广泛认可，家庭和社会对其仍存在诸多误解。特别是在教育实践层面，家长对个性化教育的理解和支持并不总是与教育理论所倡导的目标一致，这一问题在各类教育环境中普遍存在，尤其在幼儿园及基础教育阶段表现得尤为突出。

个性化教育的核心在于根据每个幼儿的独特特点、兴趣、需求和发展潜力，制定适合的教育策略。这种教育方式不仅注重幼儿的学业成绩，还考虑到情感、社会能力和心理健康等方面的发展。通过适应幼儿的个体差异，个性化教育力图培养具有全面素质的幼儿，而非仅仅注重某一学科或单一标准的达成。然而，许多家长对于这一教育理念的理解存在偏差。部分家长依然把学术成绩视为衡量幼儿成功与否的唯一标准，这种狭隘的教育观念让个性化教育的实施遇到了不小的挑战。

在一些家长看来，个性化教育的最大优势在于能够为幼儿提供更多的自由和选择。然而，他们往往未能认识到，个性化教育不仅是为幼儿提供选择空间，更重要的是根据幼儿的实际情况进行针对性的教育设计。这种设计需要教师具备足够的专业素养和灵活的教学策略，同时还要充分调动家长的积极性，以确保教育目标的有效实现。家长对于这种教育模式的认知局限，常常导致他们无法与教育工作者进行有效的沟通和协作，进而影响幼儿的个性化教育效果。

一些家长对个性化教育的误解还体现在对教育公平性的担忧上。个性化教育强调根据幼儿的不同起点设计教学内容，可能导致幼儿之间的学习进度和水平出现较大差异。一些家长担心，这种差异化的教育方式可能会让一些幼儿处于不利位置，影响他们的竞争力，甚至影响幼儿的未来发展。在这种观点的影响下，个性化教育可能会面临家庭内部的强烈反对，尤其是在强调集

体主义和统一标准的传统教育观念深厚的家庭中，家长对于差异化教育可能存在排斥心理。实际上，个性化教育并非否定公平，而是寻求通过差异化的支持和资源配置，让每个幼儿都能在其自身的发展轨迹上获得最合适的教育机会。

除了家长的认知障碍，社会对个性化教育的理解也存在一定的误区。在传统教育体系下，统一的教育标准和评价体系长期占据主导地位。社会普遍认为，教育应该遵循一种标准化的模式，所有幼儿都应该在同一时间内完成相同的学习任务，并且通过统一的考试来衡量幼儿的学业成就。然而，随着社会的进步和教育理念的更新，越来越多的学者开始强调教育的多元性和个性化发展，认为每个幼儿的成长路径应当是独特的。因此，个性化教育的实施不仅是教师和家长的责任，更需要社会对这种教育模式予以认同和支持。然而，由于传统教育观念根深蒂固，社会普遍对个性化教育的实施持怀疑态度，认为这种教育模式可能会导致教育资源的不平衡和社会阶层的固化。

尤其是在教育资源配置较为紧张的地区，个性化教育的推行常常面临着现实困难。教育机构往往没有足够的资金和人力来为每个幼儿提供量身定制的教育服务，导致个性化教育的理念虽然在理论上被倡导，但在实际操作中常常难以落地。社会对个性化教育的不理解和资源的缺乏，进一步加大了这一教育模式的实施难度。

对于这种局面，教育界呼吁通过多方协作，共同推动对个性化教育的认知改革。家长和社会应当摒弃传统的"一刀切"教育观念，认识到每个幼儿的差异性，并且支持多元化的教育模式。此外，教育部门应当在资源配置上进行更加合理的规划，为教育工作者提供更多的专业培训，帮助他们更好地理解和实施个性化教育。同时，我们也应当鼓励家长和社会积极参与到个性化教育的探索和实践中，通过家校社的协同作用，共同为幼儿的个性化发展创造更加有利的环境。

个性化教育的目标并不是单纯地追求学术成就的差异，而是希望为幼儿提供一个更加宽广的发展平台，帮助他们在多元化的教育体系中找到适合自己的成长路径。因此，推动家长和社会对个性化教育的正确认知，消除他们的偏见和疑虑，是当前教育改革中亟待解决的重要问题。通过深化教育理念和创造教育实践，我们可以逐步克服这些认知挑战，使个性化教育在实践中取得更好的效果，真正实现教育的公平与质量提升。

第四节　个性化教育的发展方向与策略

一、教育技术的融合与创新应用

教育技术的融合与创新应用已成为当前教育领域发展的重要方向，尤其在学前教育的美术教学中，教育技术的有效运用不仅改变了传统的教学模式，还为个性化和差异化教育提供了实施的可能性。随着科技的不断进步和智能化设备的普及，教育技术的应用日益深入教育教学的各个层面，从课堂管理到对幼儿个性化学习的支持，技术创新无处不在，尤其是在美术教育领域，它为教师和幼儿之间的互动、学习方式的多样化及教育效果的提升提供了坚实的技术保障。

在学前教育阶段，儿童的认知和心理发展特点决定了其学习需求的个体差异性。这一阶段的教育应尊重儿童的差异性和独特性，注重每个幼儿的发展潜力和兴趣的培养。传统的教学模式往往存在"统一化"倾向，难以满足每个幼儿不同的学习需求，特别是在美术教育这一更具创造性和表现力的领域，儿童之间的差异更加明显。在这一背景下，教育技术的融合为学前美术教育提供了新的视角和实践路径。智能学习平台、虚拟现实技术、增强现实技术等工具，可以有效地为儿童提供定制化的学习内容，并根据幼儿的兴趣和发展进程调整学习计划，从而实现个性化教育的目标。

个性化学习软件在此过程中发挥了重要作用。这些软件通常根据儿童的学习进度、兴趣、反馈等多个维度，通过数据分析为儿童量身定制学习路径，使每个儿童都能按照自己的节奏进行学习。例如，某些个性化学习平台能够自动识别儿童在美术创作中的强项与弱项，并及时调整教学内容，确保儿童在探索艺术的过程中既能发挥自己的优势，又能在薄弱环节得到必要的支持。这种技术的应用，不仅让幼儿在自由的创作空间中得到充分的发展，同时也为教师提供了实时反馈，帮助他们及时调整教学策略，确保每个幼儿都能得到更合适的教育。

技术的应用不仅限于提供个性化内容，它还通过实时数据追踪和反馈功能，为教师提供了一种精确了解儿童学习状态的途径。通过对学习数据的分析，教师可以更加清楚地了解每个幼儿的艺术表现、兴趣倾向、动手能力及情感表达等多方面的信息。这些数据不仅可以帮助教师在日常教学中更好地把握儿童的学习进度，还能为儿童在学习过程中提供及时的鼓励与支持。与此同时，教师也能通过这些数据更好地发现儿童的潜力和问题，进而调整教育策略，帮助幼儿在艺术学习的道路上走得更远。

教育技术的创新应用还为学前美术教育提供了更多富有创意和互动性的学习方式。以虚拟现实技术和增强现实技术为例，幼儿可以通过身临其境的沉浸式体验来感受艺术创作的过程。例如，通过 VR 设备，幼儿可以进入一个虚拟的美术工作室，与各种虚拟工具和材料互动，进行创作，这不仅打破了传统课堂上物理材料的局限，还能够激发幼儿的创造力和想象力。AR 技术则通过将虚拟艺术元素与现实环境融合，让幼儿在探索现实世界的同时，体验艺术创作的乐趣。这种技术的运用使得幼儿的学习过程更加生动、有趣，同时也提升了他们对艺术的兴趣和参与度。

除此之外，教育技术的运用还促进了教师和家长之间的互动与合作。通过智能化的学习管理平台，教师可以实时与家长分享幼儿在美术活动中的表现和学习进度。这种跨时间和空间的沟通方式使家长能够及时了解幼儿在艺术学习中的表现，并给予积极的反馈和支持。同时，家长也可以通过平台对幼儿的创作进行评价和建议，这种家校互动的模式，不仅为幼儿提供了更全面的教育支持，也促进了教师与家长的紧密合作。

除了教师和家长，教育技术的广泛应用还增强了同伴之间的互动和协作。在以项目为导向的学习模式中，儿童通过集体创作和互动，学习如何与同伴合作，分享创意并共同解决问题。借助智能技术，幼儿可以在虚拟空间中与同伴一起进行艺术创作，无论是在空间中交流构思，还是在虚拟环境中共同完成作品，这种方式都能培养幼儿的团队协作精神和解决问题的能力。此外，技术也为幼儿提供了展示自己作品的舞台，儿童可以通过数字化平台展示自己的美术创作，获得来自他人和社会的认可与肯定，这种成就感不仅激励幼儿继续进行创作，也促进了他们对艺术的热爱和追求。

然而，教育技术的融合与应用并非没有挑战。在学前美术教育的技术应用过程中，如何促进技术工具与传统教育理念的融合是一个关键问题。过度依赖技术可能导致教师与幼儿之间的互动减少，幼儿也可能在享受技术带来的便捷与趣味时忽视了艺术创作中实际动手操作的过程。因此，如何在技术应用中保持教育的本质——关注幼儿的全面发展，特别是在情感、认知和社会性发展方面的需求，是技术应用中需要特别关注的问题。

二、教育理念的更新与整合

在当今教育体系中，随着社会环境、科技进步和教育需求的不断变化，教育理念的更新与整合成了一个亟须关注的议题。尤其是在个性化与差异化教育日益受到重视的背景下，教育理念的变革显得尤为重要。个性化教育的提出，标志着对每个幼儿独特需求的关注，而差异化教育则进一步强调尊重个体差异，提供与幼儿发展水平相匹配的教学内容和方式。这种转变要求教育理念不仅要突破传统的"一刀切"模式，而且要更多地去关注儿童的整体成长和个体差异。教育不应仅仅局限于知识的传授，还应更加注重儿童情感、社交、创造力及其他非认知能力的培养。

个性化教育的目标并非仅仅停留在学习成绩的提升上，它提倡的是对每一个幼儿全面发展的关怀。随着个体差异化需求的不断增多，教育理念的创新应着眼于促进幼儿在多方面能力上的平衡发展。从学术能力的提高到情感智力、社会交往技能、动手能力等各个维度，教育应从多个维度进行渗透与培养。每个幼儿都有独特的天赋和发展潜力，传统的教育方法可能无法使他们的优势得到充分发挥，反而可能忽视了幼儿的某些方面的个性化需求。因此，教育理念的更新不仅是知识传授模式的转变，更是对幼儿全面、个性化发展的一种重新审视。

这一转型不仅是学术界和教育工作者的责任，也涉及家庭教育的协同作用。家庭教育与幼儿园教育之间的互动合作，能够为儿童的个性化成长提供更广泛的支持和资源。家长与教师的紧密合作，可以共同为幼儿情感、社交、行为习惯等方面提供指导和关爱。家庭和幼儿园的联动，不仅能够帮助幼儿在学术上取得进步，还能够促进其心理健康和人际关系的建立，培养更具社会适应力的个体。家校合作的重要性在于，通过共享教育理念、同步教育目标和方法，双方能够形成合力，减少教育中的信息孤岛，确保教育内容和方式的统一性与连贯性。

在这个过程中，教育理念的整合尤为关键。传统教育模式往往以知识和考试为核心，忽视了对幼儿情感、人格及社会责任感的培养。而随着教育的多元化趋势逐渐发展，这种传统模式逐渐显现出局限性。新时代的教育理念应强调个性化与差异化并存，并提倡一种更具包容性的教育环境。教育不再只是传递知识的工具，而应当成为幼儿自我发现、自我提升和全面发展的平台。在这种背景下，教育理念的更新不仅是对教学内容、教学方法的创新，更是对教育整体价值观的深刻再塑造。

教育理念的创新和更新，与时代的需求密切相关。科技进步、社会结构变化及教育政策的调整都推动着教育理念的不断深化与发展。过去，幼儿园教育的目标主要集中在知识的积累和考试的通过，而如今，随着信息技术的普及与发展，幼儿的学习方式、学习内容和教育模式发生了深刻的变化。现代教育更加注重培养幼儿的创新思维、批判性思维及团队合作能力等非学术性技能。这些技能的培养不仅与幼儿的学术成绩挂钩，更与他们未来的职业发展和社会适应能力息息相关。

同时，教育理念的创新还要求教育实践与教育理论的深度融合。教育者应当根据幼儿的个体需求，设计出更为灵活、开放和创新的教学方案。这种教学方案不应局限于单一的课堂教学，而应结合多元化的教育资源和教学手段，从而满足不同幼儿的发展需求。通过课堂内外的互动、跨学科的合作及课外活动的参与，幼儿能够在更广泛的情境中锻炼自己的综合能力，发展多元智能，进而实现全面素质的提升。教育理念的更新与整合为这一目标提供了理论指导和实践框架。

然而，要实现教育理念的有效更新和整合，教育的各个层面需要同步推进。从课程设置到教师培训，从教学方法的创新到教育资源的整合，各个方面都需要注重与现代教育理念相契合。只有在这些方面得到有效落实，教育理念的创新才能真正从理论走向实践，成为教育变革的重要推动力。此外，政策层面的支持也是教育理念更新的重要保障。教育政策应当鼓励和引导教育者不断探索创新的教育理念和教学模式，为个性化与差异化教育的实施提供必要的政策保障和支持。

个性化与差异化教育的实施并非一蹴而就的过程，它需要教育理念的持续更新和不断完善。只有在理念更新的基础上，教育才能真正服务于儿童的个性化发展，推动他们在多元化的教育环境中全面成长。教育的核心目标应是帮助每个幼儿发挥其最大潜力，无论是学术成就，还是个人品质、情感表达、社交技能等各方面的综合素质。教育理念的更新与整合，为这一目标的实现提供了强大的理论支撑和实践指南，也为儿童的全面发展创造了更加广阔的空间。在这个过程中，家校合作更是实现教育理念更新和整合的关键因素。通过家长和教师的共同努力，儿童的个性化发展才能有更加充分的支持与保障。

三、教师专业发展的持续推进

教师专业发展的持续推进在当前教育环境中尤为重要，尤其是在个性化与差异化教育不断发展的背景下。教师作为教育活动的主导者，其专业能力的提升直接影响到教育质量的提升与教育目标的实现。因此，教师的专业发展不仅是一个个体的成长过程，更是教育体系整体优化的核心环节。个性化与差异化教育的实施要求教师能够灵活调整自己的教学策略，以适应不同幼儿的需求，这一过程需要教师不断更新和深化知识、技能、理念等。

教师专业能力的提升，首先要求教师具备一定的教育理论基础，并且能够在日常教学中灵活运用这些理论。教师通过参加各种形式的培训，能够及时了解和掌握最新的教育理念和方法，尤其是当前教育界盛行的个性化和差异化教学理念。这些教育理念强调根据幼儿的不同学习需求、兴趣特长及发展水平，制定不同的教学方案。这要求教师具备较强的教育设计能力和对幼儿差异的敏感性。在教学过程中，教师不仅要关注幼儿的知识掌握情况，更要关注幼儿的思维发展、情感变化和个性成长，从而形成针对性的教育策略。

然而，教师的专业发展并非仅依赖于个人的努力，幼儿园和教育管理部门也需要为教师提供系统的支持。为了促进教师专业能力的不断提升，幼儿园应当为教师提供定期培训的机会，尤其是个性化与差异化教育方面的专项培训。这些培训可以是学术讲座、研讨会、教学观摩等，以确保教师能够接触到不同的教育视野与最新的教育技术。同时，教师在培训中不仅要学习新的知识，还要反思自己的教育实践，分析自己在教学中遇到的困难与挑战，从而不断优化自己的教学方法。

幼儿园应当积极营造一种支持教师专业发展的氛围。首先，幼儿园可以通过组织定期的教学交流活动，鼓励教师分享教学经验，讨论教学方法。在这些交流活动中，教师可以分享自己在实践中积累的成功经验和失败教训，从而为彼此的教学提供借鉴。其次，幼儿园应当鼓励教师进行教学创新，尤其是在个性化和差异化教育的实施中。教师在教学创新中所面临的挑战和进行探索，不仅有助于教师个人专业能力的提升，也能推动幼儿园整体教学水平的提高。幼儿园可以通过设立教学创新奖励机制，激励教师尝试新的教学模式与方法，从而为幼儿提供更加丰富和灵活的学习体验。

除了提供专业培训和教学交流，幼儿园还应为教师创造更加灵活的教学环境，使其能够更好地适应个性化与差异化教育的需求。在当前的教育实践中，教师往往受到传统教学模式、班级人数、教学时间等多方面因素的制约，导致个性化教学的实施效果有限。幼儿园应当通过合理进行课程设置和课堂管理，为教师提供更多的时间和空间进行教学创新。同时，幼儿园可以借助现代信息技术手段，如在线教育平台、虚拟课堂等，为教师提供更加丰富的教学资源与支持。通过这些方式，教师可以更加灵活地根据幼儿的个性化需求进行教学设计，同时也能够通过技术手段实时跟踪幼儿的学习进度，从而更有效地实施差异化教学。

教师的专业发展不仅限于知识和技能的提升，更包括职业发展路径的规划。在这一过程中，幼儿园应当为教师提供多元化的职业发展机会。教师的职业发展不仅体现在职称晋升上，还包括教学研究、教育管理等方面。幼儿园可以为有潜力的教师提供参与教育科研项目、担任教育管理岗位的机会，从而促进教师在专业领域的全面发展。同时，幼儿园应当关注教师的职业成长需求，帮助教师制定个性化的职业发展规划，使其能够根据自身的兴趣与发展方向不断调整职业路径，从而实现职业生涯的长远发展。

学前教育的核心是幼儿，而教师的专业发展直接影响到幼儿的学习质量和全面发展。在个性化与差异化教育日益普及的今天，教师的专业能力和职业素养必须不断提高，以适应新的教育要求。只有通过不断推进教师的专业发展，我们才能确保教育质量的持续提升，进而推动幼儿的全面发展。因此，教师的专业发展不仅是教师个体的责任，更是整个教育体系的共同使命。通过多维度的支持和资源配置，我们可以帮助教师克服教学中的难题，提升教学效果，从而推动教育事业的发展。在这一过程中，教师、幼儿园及教育管理者的共同努力是实现教育目标的关键。

第十五章　学前教育模式的发展趋势

在全球化、数字化和信息化的背景下，学前教育的模式也面临着巨大的变革和挑战。未来的学前教育将如何应对日益复杂的教育需求，并适应社会、文化、技术等多方面的变化，成为学术界和教育实践者关注的焦点。本章我们将探讨未来学前教育模式的发展趋势，分析数字化与智能化教育的兴起对学前教育模式创新的推动作用。随着信息技术的迅速发展，智能化教育工具在学前教育中的应用日益广泛，数字化资源和互动教学平台的出现为教育者提供了更多创新教学的可能性。数字化教育不仅改变了儿童的学习方式，也为教育者提供了更加高效、灵活的教育手段。智能化教育工具和个性化学习平台将帮助教师根据儿童的学习进度和兴趣提供定制化的教育内容，为儿童的成长提供更多元的选择。本章我们将分析这些新兴技术在学前教育中的应用，探讨它们如何促进学前教育的持续创新。此外，全球化背景下，学前教育的跨文化交流与合作也将成为未来教育模式的重要发展方向之一。本章我们将展望未来学前教育模式的演变，提出面向未来的教育策略，帮助教育者和政策制定者应对不断变化的教育需求，推动学前教育向更加开放、包容、创新的方向发展。

第一节　全球化背景下的学前教育

在全球化的浪潮中，学前教育作为人生教育的起点，正面临着前所未有的机遇与挑战。全球化不仅加速了信息的流动和文化的交融，也为学前教育的理念、内容和方法带来了深远的影响。

一、全球化对学前教育的影响

（一）教育理念的多元化

全球化促进了不同国家和地区的教育理念交流与碰撞。西方的"以儿童为中心"理念、蒙台梭利教育法等在全球范围内广泛传播，而东方的集体主义价值观和对幼儿品德教育的重视也逐渐受到国际关注。这种多元化的理念交流，促使学前教育工作者不断反思与相互借鉴，推动学前教育理念的更新与发展。

（二）课程内容的国际化

随着全球化的推进，学前教育课程内容不再局限于本国文化，而是融入了更多国际元素。例如，许多国家的幼儿园开始引入其他国家的民俗文化、经典故事和艺术作品，让幼儿从小接触多元文化，培养其全球视野和跨文化理解能力。同时，科学、环保等全球性主题也逐渐成为学前教育的重要内容，引导幼儿关注人类共同面临的挑战。

（三）师资培养的国际化

全球化背景下，学前教育师资培养也呈现出国际化趋势。一方面，国际教育交流项目不断增加，许多学前教育工作者有机会到其他国家学习先进的教育理念和实践经验；另一方面，国际化的师资培训课程和认证体系也逐渐兴起，为学前教育师资的专业发展提供了更广阔的平台。

二、全球化背景下学前教育面临的挑战

（一）文化冲突与同质化风险

全球化带来的文化交融并非总是和谐的。在学前教育领域，外来文化的涌入可能与本土文化产生冲突，导致幼儿对本土文化的认同感减弱。同时，过度追求国际化可能导致学前教育课程和方法的同质化，忽视了本土文化特色和教育

传统。

（二）教育公平与资源分配不均

全球化加剧了不同地区之间的经济差距，这种差距也反映在学前教育的资源分配上。发达国家和地区的学前教育在师资、设施和课程资源上具有明显优势，而发展中国家和欠发达地区则面临资源匮乏、师资不足等问题，这进一步加剧了全球学前教育的不公平性。

（三）教育质量与标准的差异

不同国家和地区的学前教育质量与标准存在较大差异，全球化使得这种差异更加明显。一些国家的学前教育注重幼儿的全面发展和个性化教育，而另一些国家则可能更侧重于知识传授或行为规范。如何在全球化背景下建立统一的学前教育质量标准，是当前亟待解决的问题。

三、应对策略

（一）坚守本土文化，融合多元文化

学前教育应以本土文化为基础，同时积极吸收多元文化的精华。将本土文化与国际文化有机结合，既能增强幼儿对本土文化的认同感，又能培养其跨文化理解能力，使其在全球化时代中具备文化自信和多元思维。

（二）加强国际合作，促进教育公平

各国应加强学前教育领域的国际合作，通过资源共享、经验交流和项目合作等方式，缩小不同地区之间的学前教育差距。发达国家可以向发展中国家提供技术支持和师资培训，共同推动全球学前教育的公平发展。

（三）建立国际标准，提升教育质量

在全球化背景下，建立统一的学前教育质量标准是提升全球学前教育水平的关键。各国应加强对话与协商，结合国际先进经验和本土教育实践，制定科学合理的学前教育质量标准，为学前教育的发展提供明确的方向和规范。

全球化为学前教育带来了新的机遇，也提出了新的挑战。学前教育工作者应积极应对全球化带来的变化，坚守本土文化，吸收国际先进经验，推动学前教育的国际化、多元化和高质量发展，为幼儿的未来奠定坚实的基础。

第二节　数字化与智能化教育的兴起

一、数字化教育工具的广泛应用

在当今数字化时代，信息技术的迅猛发展极大地推动了教育领域，尤其是学前教育的发展。数字化教育工具的广泛应用不仅提高了教育资源的可得性，还为教师和幼儿提供了更加灵活、高效的学习方式。这些工具的使用使得学前教育在个性化、互动性和教育质量方面均得到了显著的提升，尤其是在美术教育领域，数字化教育工具的融入为幼儿美术活动的设计、实施和评估带来了全新的视角和可能性。

现代智能化设备，如互动白板、平板电脑及专门为儿童设计的教育应用，正逐步成为幼儿园教育的核心组成部分。这些设备与传统教学手段相比，不仅增强了课堂的互动性，还能够实时跟踪儿童的学习进度。这些技术手段使得教师能够在较短时间内获得关于幼儿学习情况的详尽数据，从而根据每个幼儿的个性化需求调整教学内容和策略。例如，通过使用数字化平台，教师可以根据幼儿在互动学习中的表现，及时调整美术活动的难度，确保每个幼儿都能够在适宜的挑战中提高自己。这种个性化的教育方式，不仅使教学更加精准，也促进了幼儿创造力的自由发展。

数字化教育工具的优势不仅体现在个性化教学上，还极大地增强了学习过程中的互动性。互动性作为学前教育中的一个重要因素，能够激发幼儿的兴趣和积极性，促使其主动参与学习过程。在传统的美术教育中，幼儿更多的是被动接收老师的指导，而在数字化教育环境下，幼儿能够通过触摸、拖拽、绘画等互动形式积极参与到课堂中。通过触摸屏或者平板电脑，幼儿可以直接参与到美术作品的创作中，例如在虚拟画板上涂鸦、设计色彩搭配、模拟图形绘制等。这种方式不仅能让幼儿更好地理解美术技巧，还能锻炼他们的创造力和动手能力，从而为他们后续的艺术学习打下坚实的基础。

数字化工具还在幼儿的学习中引入了更多的游戏化元素。这些工具通过设计生动有趣的互动游戏，能够让幼儿在玩乐中获得学习的动力。例如，许多平板电脑上的美术应用程序通过色彩匹配、图案识别等游戏化任务，不仅锻炼幼儿的观察力和专注力，还能激发他们对于美术创作的兴趣和热情。游戏化的设计使得原本可能枯燥的教学内容变得更加生动和有趣，这不仅提高了幼儿的参与度，也增强了他们对美术活动的持续兴趣。

随着数字化教育工具的进一步发展，这些工具的智能化和个性化功能将更加完善。智能化教育工具能够通过大数据分析实时捕捉幼儿在学习过程中的动态信息，进而生成个性化的学习报告。这些报告不仅帮助教师更加全面地了解每个幼儿在美术学习中的优点与不足，还能为后续的教学决策提供数据支持。例如，教师可以通过分析幼儿在某一绘画任务中的表现，了解他们对色彩搭配的掌握情况，进而设计更加精准的教学活动，以帮助幼儿克服学习中的困难。这种基于数据分析的个性化教学方式，不仅使得教育更加高效，还能最大程度地发掘每个幼儿的潜力。

数字化工具还可以为教师提供更多的教学资源，打破了传统教育中资源匮乏的局限。在过去，学前教育美术教学常常受到场地、材料、教师水平等因素的制约，而数字化工具的应用则在很大程度上弥补了这些不足。例如，虚拟画板和各种美术设计软件的出现，使得幼儿无需依赖纸笔或颜料，就能够进行绘画创作。通过这些工具，幼儿可以尽情发挥他们的创造力，而不必担心由于材料不足而限制了他们的表达。与此同时，这些工具还可以模拟多种不同的艺术表现形式，如水彩画、油画、拼贴艺术等，进一步丰富了幼儿的艺术体验。

在这种数字化教育工具的支持下，教师不仅能够更加高效地进行教学设计，还能通过分析学习数据及时发现和解决教学中的问题。借助智能化平台，教师可以实时了解幼儿的学习进度和困难点，从而在课堂中做出调整。例如，教师可以通过观察幼儿在绘画过程中的行为轨迹，判断他们是否遇到了理解上的困难，并根据实际情况调整教学策略。这种动态调整的教学模式，使得教师能够更加精准地帮助每个幼儿克服学习中的障碍，从而提高教学效果。

然而，数字化教育工具的广泛应用也对教师提出了新的要求。教师不仅需要掌握传统的教学技能，还需要具备一定的信息技术能力，以便能够熟练使用各种数字化工具。此外，教师还需要不断更新自己的教育理念，利用这些工具创造更多符合幼儿发展需求的教学活动。因此，教师的专业发展和培训成为实现数字化教育工具有效应用的关键。只有不断提升教师的数字化教育能力，我们才能确保这些工具能够真正发挥其在学前教育中的潜力。

二、大数据与人工智能在学前教育中的应用

在当今科技迅速发展的背景下，大数据和人工智能在各行各业的应用逐渐深入，学前教育领域亦不例外。这些技术的引入不仅改变了教育的方式，也为教育者和学习者提供了全新的支持与发展空间。特别是在学前教育阶段，儿童的认知与发展具有高度的个体差异，如何精准把握每个幼儿的学习需求与成长轨迹，一直是教育实践中的难题。大数据和人工智能的结合，为解决这一问题提供了强有力的技术支持和创新思路。

大数据技术的应用使得学前教育不再仅仅依赖教师的经验与直觉，而是能够通过对海量教育数据的采集、分析与处理，揭示出儿童学习的规律与发展需求。这些数据不仅源于幼儿在课堂上的表现，还包括他们在日常活动中的行为、情绪波动、社交互动等各方面的信息。这些多维度的数据为教育者提供了一个全景式的视角，使得他们可以从更细致和全面的角度来了解每个幼儿的个性特征、兴趣爱好、认知发展水平及预测可能的学习障碍。通过对这些数据的深度分析，教师能够获得更为清晰的指导方向，为教育决策提供数据支持，从而实现教学内容和方法的精准匹配。

与此同时，人工智能的引入进一步增强了这一过程的智能化和个性化水平。AI技术在学前教育中的应用，逐渐从最初的辅助工具转变为可以与教师共同参与教育决策的智能化平台。基于人工智能的自适应学习系统，能够通过实时追踪和

分析儿童的学习情况，动态调整学习内容与节奏。具体来说，这些系统通过对儿童行为数据的分析，能够判断幼儿在某一知识点上的掌握情况，进而在需要时调整教学方案。例如，对于某一幼儿在某一方面存在的困难，系统可以自动推送额外的辅助材料或调整学习任务，帮助幼儿更好地掌握相关知识。这种个性化的教育支持，能够确保每个幼儿在合适的时间和节奏下接受最适合他们的教育，从而促进其全面而均衡的发展。

大数据与人工智能的结合，不仅能够帮助教师实现更为精准的教学，还能够提升教育质量。传统的教学往往依赖教师的经验和课堂管理技巧，而随着儿童的个性化需求日益突出，教育者的经验和主观判断往往难以满足每个幼儿的独特需求。而大数据和人工智能则通过智能化的分析与反馈机制，帮助教师更全面地理解儿童的学习状况、兴趣偏好与发展潜力。这种基于数据的教育模式，能够帮助教师更加科学地评估每个幼儿的成长轨迹，从而制定出更具针对性的教学策略，推动幼儿在各个领域的长远发展。

大数据和人工智能在学前教育中的应用，不仅为个体幼儿提供了精准的支持，也为教育体系的整体优化提供了可能。通过系统的、长时间的教育数据积累，教育决策者可以更清晰地了解学前教育的实际效果与存在的问题。大数据分析可以帮助教育管理者识别教育资源配置的不均衡问题，找出教学中普遍存在的困难与瓶颈，进而推动教育政策和实践的改革与创新。人工智能则可以通过智能化的教学平台，促进教育内容和方式的不断创新，为学前教育的整体发展提供技术保障。

随着技术的不断成熟，未来的学前教育将更加依赖大数据与人工智能，特别是在教育决策和实践创新的层面。这些技术不仅能够实时监测儿童的学习状态和发展过程，还能够提供即时的反馈与调整方案，确保教育过程的个性化与精准化。在未来的学前教育中，教育者将不仅是知识的传递者，更是技术平台的使用者与管理者。教师需要具备一定的技术素养，能够理解并运用大数据和人工智能的分析结果，结合儿童的具体情况，灵活调整教学策略和方法。同时，随着技术的不断进步，人工智能与大数据的应用将不仅限于单一的教育平台，还将延伸到教育管理、家园共育等多个方面，推动学前教育的整体智能化转型。

在这一过程中，大数据与人工智能的技术优势也使得教育的公平性和可持续性得到了提升。借助这些技术，教师可以更加及时、有效地识别儿童的学习困难与发展需求，从而为所有儿童提供平等的教育机会。尤其是对于一些有特殊需求的儿童，通过个性化的教育支持，我们可以帮助他们克服学习障碍，实现更好的发展。这种智能化的教育方式，能够在教育资源有限的情况下，最大限度地提升教育效果，并确保教育的普及性与公平性。

第三节　学前教育模式的持续创新

一、个性化教育的深化与发展

随着社会对个体差异的认知不断深化，教育领域对个性化教育的探索愈加引起关注。特别是在学前教育阶段，个性化教育不仅是时代发展的必然趋势，也是对教育本质和目标的深刻反思。在传统教育模式中，许多课程内容和教学方法都是针对所有幼儿统一设计的，这种模式虽然在一定程度上保证了教学的普及性，但未能充分考虑到儿童个体的差异性。随着教育观念的更新，尤其是对儿童个体差异的研究逐步深入，教育工作者开始意识到，不同的儿童具有不同的学习需求、兴趣爱好、学习节奏和心理发展特点，因此在教育过程中我们必须更加重视和尊重每个幼儿的个性发展。这一变化为学前教育提供了广阔的改进空间，个性化教育的实施为儿童创造了更多展示自我、自由发展的机会。

传统的"一刀切"教育模式虽然在普及教育上取得了显著成果，但往往忽略了幼儿在性格、能力和兴趣等方面的个体差异，这种做法对幼儿个性发展和全面素质的培养构成了制约。随着现代教育理念的引入，个性化教育逐渐被提到更为重要的位置。个性化教育的核心在于尊重和理解每一个幼儿的独特性，通过合理的教学手段和策略，帮助幼儿在其最适合的环境和方式中成长。学前教育阶段正是幼儿个性和能力初步发展的关键期，此时给予幼儿更多的选择和发展空间，对长远的教育成效具有深远影响。

为了实现个性化教育，教育技术和教育工具的创新发挥了不可忽视的作用。

随着数字化技术的不断进步，各种教育应用和辅助工具的出现使得教师能够更加精准地把握每个幼儿的学习进度和兴趣特长。在这一过程中，信息技术为教育提供了强有力的支持，教师不仅能够通过数据分析了解幼儿在学习过程中的表现，还能根据分析结果及时调整教学策略。这种数据化、智能化的教育手段，提供了更多的定制化、个性化的教学方案。例如，通过学习分析系统，教师可以了解每个幼儿的学习轨迹和理解程度，从而根据其具体情况调整教学内容，确保每个幼儿都能在自己的节奏中获得最佳的教育效果。

个性化教育的深入发展也要求教师具备更高的专业素养和教育敏感度。在学前教育中，教师不仅要具备扎实的学科知识，还要能够敏锐地观察和分析每个幼儿的行为和情感表现。教师需要根据幼儿的兴趣、爱好和发展特点，设计出符合其需求的教学活动和课程内容。个性化教育的实施不仅要求教育内容的差异化，还包括教学方式、评估方法及学习环境的定制化。通过观察幼儿的成长轨迹和变化，教师可以为每个幼儿提供量身定制的教育体验，这种体验不仅能提高幼儿的学习兴趣，还能增强他们的学习动力和自主性。

个性化教育的发展与社会对教育质量的不断追求密切相关。在全球化和信息化的背景下，社会对人才的需求日益多元化，传统教育模式已经难以适应现代社会对教育的要求。个性化教育作为教育发展的重要方向，强调尊重幼儿的个性和独特性，致力于提供更加灵活、创新的教育方式。这一教育理念不仅关注幼儿学术成绩的提升，更注重他们综合素质的发展，尤其是创新思维、情感智力和社会交往能力等方面。在这一过程中，教师不仅是知识的传递者，更是幼儿学习成长的引导者和支持者。

学前教育阶段的幼儿正处于认知、情感、社会化等多个方面快速发展的时期，在这个阶段推行个性化教育具有特别重要的意义。个性化教育能够为每个幼儿提供最适合其发展的学习方式，帮助他们发现并培养自己的兴趣和潜能。通过这种方式，教育不仅能够激发幼儿的内在动力，培养他们的自主学习能力，还能促进其身心的全面发展。个性化教育的实施，不仅能够使幼儿在学术上取得更好的成绩，更能够在社会交往、情感表达、创造力等方面得到更为均衡的发展，进而为其后续的教育阶段打下坚实的基础。

随着教育理念的不断发展，个性化教育将成为学前教育的重要组成部分。未来，教育工作者将进一步探索如何在更大范围内推广个性化教育，如何有效整合现代科技和教学方法，以满足每个幼儿的独特需求。与此同时，个性化教育的实施还面临许多挑战，如教师的专业培训、教育资源的配置及家长的教育观念等。这些挑战不仅要求教育者具备更加广泛的知识储备和灵活的教学能力，还要求社会各界共同参与，形成合力，共同推动个性化教育的发展和普及。

二、跨学科整合教育的推广

在当今社会，随着教育理念的不断更新，学前教育模式也在发生着深刻的变革。尤其是跨学科整合教育，逐渐成为现代教育改革的重要方向。跨学科整合教育不仅突破了传统学科之间的壁垒，而且通过不同学科知识的交融，促进了幼儿综合能力的全面发展。学前教育阶段作为儿童成长和发展的关键阶段，尤其需要注重跨学科融合的实践，以促进幼儿多维度的成长和思维方式的拓展。

跨学科整合教育的核心在于将不同学科的知识、理念与方法进行有效融合。学前教育中的艺术、数学、科学、语言等学科不再是孤立的单元，而是通过整合性教学，形成一个有机的整体。这种整合不仅为幼儿提供了更加丰富的学习内容，也有助于他们在解决实际问题时，能够从不同的学科视角出发，培养综合思维与创新思维。尤其是艺术教育作为学前教育中的重要组成部分，通过与数学、科学、语言等学科的整合，能够激发幼儿的创造力，拓宽他们的认知视野，提升他们的综合能力。

艺术教育在跨学科整合中占据着独特的地位。它不仅是情感的表达，更是思维和逻辑发展的重要载体。艺术活动可以通过形象思维的引导，帮助幼儿理解数学的抽象概念，探索科学原理，甚至提升他们的语言表达能力。通过艺术作品的创作与分析，幼儿能够在无形中掌握数学中的几何知识，理解科学中的对称与比例，培养更为细腻的观察力和判断力。与此同时，艺术活动对幼儿情感和心理发展的促进作用也不容忽视。艺术教育的跨学科整合，能够使幼儿在轻松愉快的活动中，提升情感的表达能力与沟通技巧，增强他们的团队合作意识与社会适应能力。

数学学科作为跨学科整合中的重要一环，其逻辑性和抽象性在儿童的早期教育中起到了不可替代的作用。学前阶段的幼儿，虽然尚未掌握正式的数学知识，但通过与其他学科，尤其是艺术和科学学科的结合，能够在潜移默化中积累数学知识。比如，通过艺术创作，幼儿可以在绘画中理解空间关系与比例，通过科学实验，幼儿能够感知到数学运算在实际生活中的运用。这种跨学科的整合，能使幼儿在学习的过程中，看到不同学科知识之间的联系，从而培养他们解决实际问题的能力。

科学教育的跨学科融合，尤其是在学前教育阶段，也具有重要的意义。学前儿童的好奇心和探索欲望是他们认知世界的驱动力。在科学活动中，幼儿通过实际操作和观察，能够获得对自然界及社会现象的初步理解。当科学与艺术、语言、数学等学科相结合时，幼儿的学习不仅停留在知识的积累上，而是能通过实际体验来理解这些知识背后的原理。例如，在进行植物观察和绘制过程中，幼儿不仅能够学习植物的种类、结构等知识，还能够通过绘画活动，将自己的观察成果进行艺术化表达，这种跨学科的学习方式不仅丰富了幼儿的知识储备，更帮助他们提升了实践能力和创新意识。

语言教育作为学前教育中的基础性课程，与跨学科整合教育的结合也至关重要。语言不仅是沟通和表达的工具，更是思维发展的载体。通过跨学科的整合，幼儿能够在语言学习中，不仅学习如何表达和交流，还能够通过艺术作品的解读和科学实验的报告，提升自己的语言表达能力，提升逻辑思维能力和语言组织能力。例如，在参与跨学科的艺术创作过程中，幼儿需要用语言来描述他们的创意和思路，通过这种方式，他们的语言能力得到锻炼，同时也促进了他们思维的多元化和深刻化。

跨学科整合教育的推广，不仅要求教师在教学中打破学科的界限，更要求教师具备跨学科的教学能力和整合思维。教师需要通过对不同学科内容的掌握与理解，设计出富有创意和实践意义的教学活动。这要求教师不仅要有扎实的学科知识背景，还要灵活运用教学策略和方法，能够根据幼儿的兴趣和发展需求，将各学科内容进行有机整合。此外，教师还需要根据幼儿的认知发展规律，合理安排学科知识，避免过于生硬的跨学科融合，以确保教学效果的最大化。

　　跨学科整合教育的推广，要求教育者对幼儿的全面发展有着更高的关注和认识。在跨学科的教学模式下，幼儿不仅能够获得各学科的知识，还能够培养解决复杂问题的能力。通过跨学科整合，幼儿能够在丰富的学习内容和多元的教学方式中，发现知识之间的联系，逐步形成全面而开放的思维方式。这种跨学科融合的教育模式，不仅能帮助幼儿更好地适应未来的学习与生活挑战，更能够激发他们对知识的兴趣与探索精神，培养他们成为具备创新能力和综合素养的人才。

参考文献

［1］ 庄旖.打破传统框架：构建多元化、包容性的学前教育环境［J］.知识文库，
2024,40(22)：151-154.

［2］ 胡曼,修祺文,符丽琴."具身化"美学视域下幼儿美术教学活动评价实践［J］.
宁波教育学院学报,2024,26(5)：15-20.

［3］ 翟理红,程天宇.推动人才培养模式改革　培养学前教育优秀师资［J］.中国
民族教育,2024(10)：36-38.

［4］ 陈文梅.自然资源融入幼儿园美术教学应用探究［J］.基础教育论坛，
2024(16)：34-36.

［5］ 袁泽月.学前教育专业艺术课程体系构建与人才培养模式创新研究［J］.匠
心,2024(7)：73-75.

［6］ 陈桂花.基于信息技术的学前教育智慧课堂教学模式创新策略研究［J］.教
师,2024(19)：90-92.

［7］ 孙万莉."互联网+"时代学前教育专业教学模式创新改革路径探析［J］.中国
新通信,2024,26(4)：167-169.

［8］ 田一淇.基于"互联网+"的学前教育声乐教学模式创新研究［J］.电脑知识
与技术,2022,18(3)：128-129.

［9］ 史兴华.学前教育管理模式创新研究［J］.新课程,2021(52)：214.

［10］ 王洪.学前教育专业人才培养模式创新探究［J］.职业,2021(18)：65-66.

［11］ 王莹莹."互联网+"时代学前教育家园共育模式创新策略［J］.决策探
索,2021(7)：68-69.

［12］ 张平华.信息化背景下高职学前教育专业教育模式的创新［J］.大陆桥视
野,2021(7)：121-122.

［13］徐现珍,韩灵芝.学前教育管理模式创新研究［J］.智力,2021(8)：177–178.

［14］孙晓昕.学前教育管理模式创新研究［J］.新课程研究,2020(27)：107–108.

［15］王琦博.信息化背景下高职学前教育专业教育模式的创新［J］.科技资讯,2020,18(25)：44–45.

［16］张平奎,吴琼."学历+技能"人才培养模式创新实践与探究：评《学前教育教师发展：取向与路径》［J］.教育理论与实践,2020,40(24)：65.

［17］赵飞.浅析学前教育教学模式创新研究［J］.科幻画报,2020(3)：222.

［18］陈玉玲.学前教育专业人才培养模式创新探究［J］.知识经济,2020(3)：150–152.

［19］曹俊明.技能大赛背景下高校学前教育专业人才培育模式创新［J］.江西电力职业技术学院学报,2019,32(9)：41–42.

［20］李妍,郑敏.信息化背景下高职学前教育专业教育模式的创新［J］.西部素质教育,2019,5(4)：220.

［21］杨爽.学前教育实践教学模式创新［J］.青春岁月,2018(19)：166–167.

［22］田忠梅.浅析学前教育专业教育教学模式创新［J］.中国高新区,2018(14)：81.

［23］邓如.浅谈学前教育专业声乐课教学模式创新［J］.现代职业教育,2018(12)：178.

［24］戴超军.学前教育中创意水粉画教学模式创新探索［J］.吉首大学学报：社会科学版,2017,38(增刊2)：232–235.

［25］张晓玲.学前教育专业人才培养模式创新研究［J］.漯河职业技术学院学报,2017,16(6)：96–99.

［26］吴文青.幼儿学前教育模式的创新［J］.智库时代,2017(6)：145,147.

［27］苏宓.创新教育模式,提高学前教育水平：对家庭、幼儿园和社区合作共育的探讨［J］.福建教育,2013(15)：20–22